W0387023

Kohlhammer

Diemut Ophardt
Felicitas Thiel

Klassenmanagement

Ein Handbuch für Studium und Praxis

Verlag W. Kohlhammer

Umschlag: Gestaltungskonzept Peter Horlacher
Gesamtherstellung:
W. Kohlhammer Druckerei GmbH + Co. KG, Stuttgart
Printed in Germany

ISBN 978-3-17-022404-9

Inhalt

Einleitung

Wie Störungen effektiv zu beenden oder besser gleich zu verhindern sind, wie ein geschmeidiger Unterrichtsfluss möglichst ohne Unterbrechungen gewährleistet werden kann, wie das Handeln von Schülerinnen und Schülern mit unterschiedlichen Interessen und Voraussetzungen koordiniert und auf den Lerngegenstand ausgerichtet werden kann – all das sind Fragen, die die Kompetenzen zur Steuerung der Interaktionsprozesse im sozialen System Schulklasse unmittelbar berühren. Klassenmanagement meint nichts anderes als die Steuerung oder Koordination unterschiedlicher Handlungsimpulse von normalerweise 20 bis 30 Schülerinnen und Schülern in einer Schulklasse. Diese Koordination geschieht mit dem Ziel der Maximierung der Lernzeit – möglichst für alle Schülerinnen und Schüler.

Klassenmanagement zählt nicht nur zu den Faktoren des Unterrichts, die das Lernergebnis der Schülerinnen und Schüler maßgeblich beeinflussen (Brophy & Good 1986; Wang, Haertel & Walberg 1993; Marzano 2000; Marzano & Marzano 2003; Klieme & Rakoczy 2008; Hattie 2009; Kunter et al. 2011; Oliver, Wehby & Reschly 2011), sondern gilt zudem als die Anforderung, die von vielen Lehrkräften, insbesondere Berufsanfängerinnen und -anfängern, als besonders belastend erlebt wird (Veenman 1984, 153; Friedman 2006; Jones 2006).

Klassenmanagement kann als ein eigenständiger Kompetenzbereich der Lehrerexpertise beschrieben werden, der besondere Strategien und Techniken und damit auch besonderes Wissen erfordert: Wissen über die Einführung von Regeln oder Prozeduren, Wissen über die Wirkungen von Lob und Tadel zum gezielten Aufbau und zur Veränderung von Verhalten, Wissen über Kommunikations- und Interaktionsprozesse und soziale Kompetenzen sowie Wissen über gruppendynamische Prozesse.

Obwohl sich diese Bereiche des Wissens von anderen pädagogisch-psychologischen Wissensbereichen eindeutig abgrenzen lassen, steht Klassenmanagement im Unterricht doch in engem Zusammenhang mit der Anregung und Unterstützung der Informationsverarbeitung oder Wissenskonstruktion (kognitive Aktivierung) und mit der Stimulierung der Bereitschaft zur Aneignung des Lerngegenstands (Motivierung).

In der deutschsprachigen Didaktik und Lehrerausbildung hatte das Thema lange Zeit nur eine randständige Bedeutung. Seit einigen Jahren ist das Interesse an Kompetenzen des Klassenmanagements jedoch stark gestiegen. Abzulesen ist dies nicht nur an der Entwicklung unterschiedlicher Instrumente zur Messung dieser Teilkompetenz der Lehrerexpertise im Rahmen großer Studien (Voss, Kunter & Baumert 2011; König & Blömeke 2009), sondern auch an einer deutschsprachigen

Neuauflage des Klassikers der Klassenmanagementforschung »Techniken der Klassenführung« von Jacob Kounin (2006).

Selbst in der US-amerikanischen Lehrerbildung, wo Klassenmanagement bereits seit Jahrzehnten ein etabliertes Thema ist, wird allerdings beklagt, dass für dieses Thema oft ein kohärentes Curriculum fehlt, das den Zusammenhang zwischen unterschiedlichen Aspekten und Anforderungen herstellt, dass Begriffe und Theoriebezüge uneinheitlich verwendet werden und dass wenig konkrete Methoden für den praktischen Umgang mit unterschiedlichen Problemen des Klassenmanagements vermittelt werden (Jones 2006).

Mit dieser Einführung in das Thema Klassenmanagement geben wir einerseits einen Überblick über unterschiedliche Forschungstraditionen, die für das Thema Klassenmanagement relevant sind, andererseits wollen wir durch Reflexionsfragen, Fallbeispiele, Checklisten und Fragebögen eine Entwicklung von Kompetenzen des Klassenmanagements in Unterricht und Schule anregen und unterstützen.

Wir gehen von einem weiten Begriff des Klassenmanagements aus, der unterschiedliche Aspekte umfasst, und führen in diesem Buch verschiedene theoretische Ansätze zusammen.

Um zu verdeutlichen, welche besonderen Herausforderungen mit der Entwicklung von Kompetenzen des Klassenmanagements verbunden sind, betten wir unsere Ausführungen in allgemeine Theorien und Befunde zur Entwicklung und Weiterentwicklung des Wissens und der Kompetenzen von Lehrkräften ein.

Im *ersten Kapitel* stehen die Fragen im Zentrum, was das soziale System der Schulklasse auszeichnet, wie die Interaktion in Schulklassen institutionell gerahmt ist, wie sich Gruppenbildungsprozesse in Schulklassen vollziehen, welche besonderen Rollen hier zu unterscheiden sind und schließlich, wie Lehrkräfte das soziale System Schulklasse lerndienlich gestalten können.

Im *zweiten Kapitel* beschreiben wir Unterricht als die besondere Form, die die Interaktion im sozialen System Schulklasse annimmt, und fragen, wie Unterrichtsqualität beschrieben und gemessen werden kann, welche Faktoren für guten Unterricht eine zentrale Bedeutung haben, welche Expertise seitens der Lehrkräfte vorhanden sein muss und schließlich, welchen Stellenwert Klassenmanagement für eine hohe Qualität des Unterrichts hat.

Im *dritten Kapitel* wird der Begriff Klassenmanagement differenziert betrachtet. Welche Anforderungen verbinden sich mit der Steuerung von Interaktionsprozessen im Einzelnen und wie spielen diese Anforderungen zusammen? Am Schluss dieses Kapitels steht ein Modell, das drei unterschiedliche Anforderungsbereiche beschreibt.

Die folgenden Kapitel sind jeweils einem dieser Anforderungsbereiche gewidmet: Im *vierten Kapitel* geht es darum, wie Voraussetzungen und Rahmenbedingungen für effektiven Unterricht geschaffen werden können. Zunächst beschäftigen wir uns mit der Einführung von Normen und Regeln. Besonders ausführlich widmen wir uns den Fragen, wie erwartetes Verhalten gezielt aufgebaut und verändert werden kann und wie durch die Einführung von bestimmten Routinen und Prozeduren wiederkehrende Anforderungen möglichst geräuschlos und zeitsparend bearbeitet werden können. Schließlich werden am Schluss dieses Kapitels einige Grundprinzipien zur Einrichtung von Lernumgebungen skizziert.

Im *fünften Kapitel* geht es um die Steuerung des Unterrichtsflusses. Besondere Aufmerksamkeit schenken wir hier dem Umgang mit Störungen. Wir stellen ein Stufenmodell zur Störungsintervention vor, das zwei Aspekte gleichzeitig berücksichtigt: die zielführende Reaktion auf störende Schülerinnen und Schüler auf der einen Seite und die Aufrechterhaltung des Unterrichtsflusses in der gesamten Klasse auf der anderen Seite. Die Störungsintervention ist außerdem auch im Hinblick darauf zu beurteilen, ob sie das Arbeitsbündnis mit den Schülerinnen und Schülern nicht beschädigt.

Im *sechsten Kapitel* fragen wir, welche besonderen Maßnahmen des Klassenmanagements in schülerzentrierten Lernsettings zu ergreifen sind, in denen die Lehrkraft einen großen Teil ihrer Steuerungsfunktion an die Schülerinnen und Schüler abgibt. Welche Kompetenzen aufseiten der Schülerinnen und Schüler zur Selbstregulation vorhanden sein müssen und wie Lehrkräfte die Selbststeuerung der Lerngruppe indirekt unterstützen können, wird hier erörtert.

Das *siebte Kapitel* ist dem Umgang mit Konflikten gewidmet. Von Konflikten sprechen wir, wenn eine Störung so massiv auftritt, dass sie selbst zum Gegenstand der Kommunikation gemacht werden muss. Obwohl die Grenze zwischen Störungen und Konflikten im Unterrichtsalltag fließend verläuft, sind für eine nachhaltige Konfliktbearbeitung doch andere Strategien und Kompetenzen maßgeblich als für den Umgang mit Störungen im Unterricht. Wir gehen hier in erster Linie auf kommunikationstheoretische Ansätze und Theorien sozialer Kompetenzen ein und präsentieren abschließend Prinzipien zur Gestaltung von Konfliktgesprächen.

Im *achten Kapitel* erörtern wir zunächst die Entwicklung von Unterrichtsexpertise sowie die Lerngelegenheiten zur gezielten Förderung dieser Entwicklung. Vor dem Hintergrund eines Modells zum effektiven Feedback stellen wir anschließend konkrete Instrumente (Schüler- und Beobachterfragebogen) und Verfahren (Schüler-Feedback und kollegiales Feedback in der Form des Videozirkels) vor, die sich für Unterrichtsentwicklung des Klassenmanagements eignen.

1 Die Schulklasse als soziales System

Klassenmanagement wurde eingangs als Steuerung von Interaktionsprozessen im sozialen System Schulklasse beschrieben. Wie kann dieses besondere soziale System im Unterschied zu anderen sozialen Systemen charakterisiert werden? Was zeichnet die Interaktion zwischen Lehrkräften und Schülern aus? Welchen **sozialen Erfahrungsraum** stellt eine Schulklasse für die Schülerinnen und Schüler dar? Und schließlich: Was können Lehrkräfte tun, um den sozialen Erfahrungsraum Schulklasse lerndienlich zu gestalten?

Bei der Beantwortung dieser Fragen gehen wir zunächstvon soziologischen Ansätzen aus, die sich dem Strukturfunktionalismus und dem symbolischen Interaktionismus zurechnen und fragen mit diesen Ansätzen, was das **Interaktionssystem Schulklasse** von anderen Interaktionssystemen, wie beispielsweise der Familie, unterscheidet und welche besonderen sozialen Erfahrungen dieses soziale System jenseits der durch Lernziele und Lehrplan definierten Lernprozesse ermöglicht (1.1). Wir nähern uns in einem zweiten Schritt sozialpsychologischen und soziologischen Theorien zu **formellen** und **informellen Gruppen** und fragen, welche spezifischen Funktionen die Schulklasse als **Zwangsgruppierung** erfüllt, wie sich Gruppenbildungsprozesse vollziehen und welche Rolle die Führung durch die Lehrkraft spielt (1.2).

1.1 Die Schulklasse als sozialer Erfahrungsraum

Schulen sind in modernen Gesellschaften Institutionen von herausragender Bedeutung für die Formung individueller Lebensläufe. Sie leisten nicht nur die Versorgung der jeweils nachwachsenden Generation mit dem Grundbestand an Wissen, der für gesellschaftliche Teilhabe in Alltag und Beruf notwendig ist (**Qualifikation**), sie erbringen darüber hinaus spezifische Erziehungsleistungen, vermitteln Werte, Normen und Traditionen, die die Voraussetzung für den Fortbestand und die Weiterentwicklung einer Gesellschaft darstellen (**Integration**) und sie verleihen Zertifikate über erbrachte Leistungen, die für weiterführende Qualifikationsinstanzen, wie Universitäten oder die Berufsausbildung, Zutrittsberechtigungen darstellen und nehmen damit erheblichen Einfluss auf die spätere soziale Platzierung von Schülerinnen und Schülern (**Selektion**) (vgl. Fend 1981). Diese drei Funktionen bestimmen das Lernen in Schulklassen oder anders formuliert: Die

Einrichtung von Schulklassen ist eine Antwort moderner Gesellschaften auf die Fragen der Sicherung einer systematischen und effektiven Qualifikation, der Integration einer im Verhältnis zu vormodernen Gesellschaften stark individualisierten und pluralisierten Gesellschaft und der Verteilung von Chancen unter dem Vorzeichen der Leistungsgerechtigkeit. Die drei Funktionen stellen gewissermaßen die Geschäftsgrundlage für die implizite **Ordnung der Schulklasse** dar: Es ist nicht verhandelbar, dass spezifisches Wissen, das als allgemein im Sinne von gesellschaftlich relevant gilt, vermittelt wird, dass die Lernprozesse durch die Normen und Traditionsbestände, die das Selbstverständnis der Gesellschaft prägen, in grundsätzlicher Weise bestimmt werden und dass Leistungen beurteilt werden müssen – und zwar nach Maßstäben, die prinzipiell den Anforderungen der Gleichbehandlung und Fairness genügen.

Wenn wir Schule als **sozialen Erfahrungsraum** mit der Familie vergleichen, wird deutlich, welche konkreten Einschränkungen des sozialen Miteinanders sich aus den drei Funktionen ergeben. Die Teilnahme an Schule ist nicht freiwillig. Die Themen, über die kommuniziert werden darf, sind für den größten Teil der Schulzeit festgelegt. Lernprozesse sind nach relativ starren Zeitschemen organisiert, die den Wechsel vom einen zum anderen Fach, vom einen zum anderen Jahrgang und schließlich von der einen zur anderen Schulform genau definieren. Die Zusammensetzung von Klassen erfolgt nach dem Prinzip der Homogenisierung von Eingangsvoraussetzungen (Alter), von dem in der Regel nur dann abgewichen wird, wenn das Leistungsalter und das biologische Alter deutlich auseinanderklaffen (Überspringen, Sitzenbleiben).[1] Das Verhalten der Interaktionspartner ist durch **Rollenerwartungen** weitgehend festgelegt – wobei die Rollen von Lehrkräften und Schülern in einem asymmetrischen Verhältnis stehen. Die Lehrkräfte (insbesondere die Fachlehrer) sind als **Rollenträger** nur in einem ganz bestimmten Ausschnitt ihres Verhaltens wahrnehmbar. Schließlich muss vieles von dem, was gelernt wird, auch beurteilt werden, und um Fairness zu garantieren, sind nicht nur Prinzipien der Beurteilung, sondern auch die Normwerte für Übertritte in die nächste Klasse festgelegt.

Der Soziologe Talcott Parsons (1968) – und im Anschluss an ihn auch Robert Dreeben (1980) – haben die Bedingungen der Interaktion in der Schulklasse genauer analysiert. Im Vergleich mit der Schule erscheint der soziale Erfahrungsraum der Familie sehr viel weniger determiniert. Obwohl es in Familien sicher Tabuthemen gibt, sind die Inhalte der Kommunikation doch nicht in derselben Weise festgelegt, wie dies in der Schule der Fall ist. Es ist auch kaum zu bestreiten, dass in Familien Rollenerwartungen, z. B. an die Eltern oder die Geschwister, die Kommunikation prägen; die Mitglieder der Familie begegnen sich aber sehr viel stärker als individuelle Personen und nicht so sehr als Rollenträger. Anders als in Schulen kann deshalb beim Ausfallen einer Person, etwa durch den Tod eines

1 Gegenwärtig wird durch Flexibilisierungsmaßnahmen sowohl im Bereich der Schuleingangsphase als auch in der Sekundarstufe (12 oder 13 Jahre bis zur Hochschulberechtigung) eine stärkere Individualisierung bei der Zumessung der Lernzeit erreicht. Letztlich sind dies aber Maßnahmen zur Homogenisierung der Lerngruppe auf lange Sicht, die ihre Wirkung nach der flexiblen Eingangsstufe oder nach dem Übertritt in die Sekundarstufe entfalten sollen.

Elternteils, die Rolle nicht so einfach »wiederbesetzt« werden. Weil Individuen mit ihren unterschiedlichen Bedürfnissen wahrgenommen werden, ist es auch unvorstellbar, für alle den gleichen Maßstab anzulegen; im Gegenteil: Fortschritte werden nach individuellem Maßstab gewürdigt und jedes Mitglied erfährt im Idealfall die Unterstützung, die es benötigt: Nicht **Leistungsgerechtigkeit**, sondern **Bedürfnisgerechtigkeit** ist die übergeordnete Norm, an der sich das Verhalten der Erwachsenen gegenüber den Kindern orientiert. Konkurrenzverhalten widerspricht – obwohl es natürlich vorkommt – den Normen der Fürsorge und der Gemeinschaft. Grundvoraussetzungen für diesen besonderen Charakter des sozialen Systems der Familie sind – neben der Tatsache, dass es sich nach Zahl und Umfang um eine kleine Gruppe handelt –, dass sich ihre Mitglieder in ganz unterschiedlichen Situationen gegenseitig erleben und sich im Alltag beobachten können, dass zwischen den Mitgliedern eine starke affektive Bindung besteht und diese Bindung in der Regel von lebenslanger Dauer ist und schließlich, dass infolge der Betonung biologischer Faktoren wie Alter und Geschlecht die Unterschiedlichkeit der Individuen im Vordergrund steht (Parsons 1968; Dreeben 1980).

Der soziale Erfahrungsraum der Schule weist dagegen, wie oben beschrieben, ganz andere Merkmale auf und ermöglicht infolgedessen – so Parsons und Dreeben – ganz andere **Sozialisationserfahrungen.** Jenseits des Erwerbs fachlicher Kompetenzen lernen Schülerinnen und Schüler – so die These der strukturfunktionalistischen Theoretiker – wichtige Orientierungen und Erwartungen kennen, die für die Teilhabe an modernen Gesellschaften unverzichtbar sind. Die **Internalisierung** dieser Orientierungen ist eine notwendige Voraussetzung, um in der modernen Gesellschaft bestehen und in Berufsrollen erfolgreich handeln zu können. Vor allem in Schulklassen lernen Heranwachsende, dass

- Handlungserwartungen für alle Schülerinnen und Schüler ohne Ansehen der Person in derselben Weise gelten,
- sozialer Status auf Leistung und nicht auf askriptiven Merkmalen wie soziale Herkunft, Geschlecht oder Alter beruht und dass Leistungsorientierung mit sozialen Vergleichsprozessen und damit Wettbewerbsorientierung einhergeht,
- Rollen immer spezifische Erwartungen mit sich bringen und alle Gesellschaftsmitglieder in unterschiedlichen Rollen agieren und demnach Widersprüche zwischen diesen Rollen aushalten oder bearbeiten müssen,
- in vielen, vor allem beruflichen Interaktionen, affektiv neutrales Verhalten und gerade keine persönliche Zuwendung erwartet wird und
- sie selbst für die Gestaltung ihres Lebenslaufs Verantwortung übernehmen müssen.

Wie der Übergang von der Familie, in der vorwiegend partikularistische Orientierungen herrschen, in die Schule vonstatten geht, ist eine zentrale Frage gelingender Sozialisation (Tillmann 2000, 125).

Zwar sind die beschriebenen Erfahrungen, die Schule dem einzelnen Schüler zumutet, notwendige Voraussetzungen für den Erwerb zentraler Orientierungen moderner Gesellschaften, diese Erfahrungen geraten aber in der gesamten Schulkarriere immer wieder in Widerspruch zu Normen der Fürsorge, der Gemeinschaft, der persönlichen Zuwendung, der Einzigartigkeit von Individuen und stellen deshalb eine nicht versiegende Quelle für Störungen der Interaktion im Klassenzimmer dar. Festzuhalten ist auch: Im Unterschied zur Interaktion in anderen sozialen Situationen kann die Interaktion in der Schule in der Regel nicht abgebrochen werden, wenn es nicht gelingt, Rollenerwartungen und eigene Identität zur Deckung zu bringen. Der **Zwang zur Anwesenheit** wird auch in Situationen durchgesetzt, die für Schülerinnen und Schüler selbstwertbedrohlich sind. Aus der Sicht vieler Schüler besitzen die abstrakten, von der Institution Schule sanktionierten und im Machtvorsprung der Lehrkräfte verkörperten Rollenerwartungen nicht selten den Charakter der Repressivität, der Rigidität und der Kontrolle (Habermas 1973).

Den Vertretern der strukturfunktionalistischen Soziologie ist oft vorgeworfen worden, dass sie Sozialisation ausschließlich unter den Vorzeichen einer möglichst geräuschlosen **Integration** des Individuums in die Gesellschaft verstehen (Tillmann 2000, 135). Insbesondere Vertreter des symbolischen Interaktionismus haben diese Sicht scharf kritisiert und den Prozess der **Sozialisation** als konflikthaften Prozess beschrieben, in dem ein Individuum zwischen der eigenen **Identität**, die das Resultat mehr oder weniger reflektierter biografischer Erfahrungen darstellt, und den abstrakten Normen und Rollenanforderungen der Gesellschaft eine aktive Vermittlung herstellen muss. »Role-making« und »role-taking« (Mead 1968) greifen ineinander! **Empathie** und **Perspektivenübernahme**, **Frustrationstoleranz** (Fähigkeit, die Aufschiebung bzw. Verweigerung unmittelbarer Bedürfnisbefriedigung auszuhalten), **Ambiguitätstoleranz** (Fähigkeit, Uneindeutigkeiten und Widersprüchlichkeiten auszuhalten) und **Rollendistanz** (Fähigkeit, institutionalisierte Erwartungen zu interpretieren und zu bewerten) sind unverzichtbare Voraussetzungen für die aktive Bewältigung der Widersprüche zwischen den eigenen Ansprüchen und den Erwartungen der anderen (Habermas 1973). Anzumerken ist, dass insbesondere die Fähigkeit zur Rollendistanz, aber auch die Fähigkeit zur Perspektivenübernahme auf sprachliche und kommunikative Kompetenz angewiesen ist. Wir kommen im siebten Kapitel auf die Bedeutung von Perspektivenübernahme und Empathie für die produktive Bearbeitung von Konflikten zwischen Lehrkräften und Schülern zurück.

Der Psychologe Erikson hat in seinem Phasenmodell der Entwicklung die **Identitätsproblematik** der Adoleszenzphase zugeordnet (Erikson 1966). In der Jugendphase, die sich sowohl in körperlicher als auch in sozialer Hinsicht als krisenhafter Prozess vollzieht, findet die **Ich-Identität** ihre Gestalt: »Der Heranwachsende ist hier vor die Aufgabe gestellt, die ›in der Kindheit gesammelten Ich-Werte‹ zu rekonstruieren und zu integrieren«, schreibt Klaus-Jürgen Tillmann (2000, 214) in Anlehnung an Erikson. Am Ende einer gelungenen Integration steht die Überzeugung, eine unverwechselbare Persönlichkeit zu sein, die in einer prinzipiell verstandenen sozialen Welt handlungsfähig ist. Das Gegenteil einer gelungenen Integration wird von Erikson als **Identitätsdiffusion** bezeichnet: das Hin-und-Hergerissen-Sein zwischen unterschiedlichen Erwartungen und Anforderungen, begleitet von der Angst, diesen Erwartungen nicht gerecht werden zu können. Eine Voraussetzung für die gelungene Integration der Ich-Werte stellt die Möglichkeit des Experimentierens mit unterschiedlichen Orientierungen, Positionen und Verhaltensweisen dar. Dazu gehört für das jugendliche Individuum auch herauszufinden, wie »es im Vergleich zu seinem Selbstgefühl, in den Augen anderer erscheint« (Erikson 1966, 106). Unter Umständen nehmen diese Versuche den Charakter der Provokation von Reaktionen der sozialen Umwelt durch eine auffällige Inszenierung der Identitätsentwürfe an.

Ging Erikson, der seine Theorien vor dem Hintergrund der gesellschaftlichen Situation in den USA der 1950er- und 1960er-Jahre formulierte, noch von einem zwar widersprüchlichen, am Ende aber doch auf einen relativ homogenen Wertekosmos der Erwachsenenwelt ausgerichteten Prozess der Identitätsentwicklung aus, so ist heute festzustellen, dass sich die **Adoleszenzkrise** unter den Bedingungen der Risikogesellschaft (Beck 1986) deutlich verschärft hat. Nicht allein die Vervielfältigung normativer Orientierungen in einer hochindividualisierten, in unterschiedliche soziale Milieus ausdifferenzierten Gesellschaft steigern Unübersichtlichkeit und Unsicherheit und stellen damit an die Ambiguitätstoleranz ganz neue Anforderungen. Auch die Folgen der Flexibilisierung und Globalisierung des Arbeitsmarkts schaffen neue Unsicherheiten, die insbesondere bei leistungsschwächeren Schülerinnen und Schülern durchschlagen (Reißig & Gaupp 2007). Der letzte Aspekt stellt für die Entwicklung im Jugendalter eine besondere Herausforderung dar, weil die berufliche Orientierung für die Herausbildung der Ich-Identität in der Adoleszenzphase nach wie vor einen zentralen Stellenwert hat.

Die drei skizzierten Aspekte,

- der Widerspruch zwischen den Orientierungen der Schule auf der einen und der Familie und den Peergroups auf der anderen Seite,
- der »Zwangscharakter« der Schule,
- die Konfrontation mit neuen Unsicherheiten in der Risikogesellschaft,

schaffen vielfältige Anlässe für Konflikte und Störungen der Interaktion zwischen Lehrkräften und Schülerinnen und Schülern.

Aus Sicht des symbolischen Interaktionismus geht es bei der Interaktion in der Schulklasse für die Schülerinnen und Schüler immer auch um die Frage, wie der eigene **Identitätsentwurf** in die unterrichtliche Kommunikation eingebracht werden kann (Tillmann 2000, 150). **Störungen** erscheinen deshalb nicht zuletzt auch als Versuche, dem eigenen Identitätsentwurf Geltung zu verschaffen. Paradoxerweise kommt manchmal gerade in einer Verweigerung gegenüber abstrakten Anforderungen die Rollendistanz zum Ausdruck, die für die Bewältigung der alltäglichen Widersprüche und Bedürfnisverweigerungen notwendig ist und die im Übrigen durchaus auch ein Ziel allgemeiner Bildung darstellt. Insofern ist es wichtig, in diesem Zusammenhang zu unterstreichen, dass die Interaktion in Schulklassen auch für Lehrkräfte mit einigen Widersprüchlichkeiten behaftet ist.

Einen besonderen Stellenwert für den eigenen Identitätsentwurf hat die Auseinandersetzung mit **leistungsthematischen Situationen**. Anders formuliert: Wie Erfolge und Misserfolge verarbeitet werden, ist in hohem Maße identitätsrelevant.

Autoren des symbolischen Interaktionismus haben immer wieder darauf hingewiesen, dass eine angemessene Analyse der dynamischen Interaktionsprozesse die Berücksichtigung der Innensicht der Akteure erforderlich macht. Das erscheint, was die Leistungsthematik betrifft, besonders wichtig. Nicht nur das Wohlbefinden, die Bereitschaft zur Anstrengung und die Selbstwirksamkeitserwartungen werden von der Verarbeitung der Erfolge und Misserfolge geprägt, sondern auch der Identitätsentwurf. Psychologen sprechen hier vom **Selbstkonzept** und machen in Abgrenzung zu Vertretern der Sozialisationstheorien deutlich, dass bereichsspezifische Konzepte zu unterscheiden sind (Shavelson, Hubner & Stanton 1976), Identität mithin ganz unterschiedliche Facetten hat. Die Verarbeitung von Erfolg und Misserfolg in leistungsthematischen Situationen betrifft in erster Linie das **Fähigkeitsselbstkonzept** oder das **akademische Selbstkonzept**. Sie erfolgt über die Zuschreibung von Ursachen für Erfolg und Misserfolg. Um Schülerverhalten in leistungsthematischen Situationen zu erklären, ist es notwendig, diese Zuschreibungen quasi aus der Innensicht zu rekonstruieren. Dies leisten die sogenannten **Attributionstheorien.** Der Psychologe Heinz Heckhausen, der sich intensiv mit Leistungsmotivation beschäftigt hat, hat die unterschiedlichen Dimensionen der Beurteilung in einem Schaubild zusammengefügt (vgl. Abb. 1).

Muster der Kausalattribution für schulische Leistungen		
	Ursachenlokation	
Stabilität in der Zeit	*intern*	*extern*
stabil	Begabung	Schwierigkeit
variabel	Anstrengung	Zufall

Abb. 1: Attributionsmuster nach Heckhausen 1976, 107.

Zunächst ist zu fragen, ob Individuen ihre Leistung auf stabile oder variable Faktoren zurückführen. Anders formuliert: Wird die schlechte Leistung als Ausdruck einer zeitlich begrenzten oder zeitlich überdauernden Ursache betrachtet? Die zweite Dimension, die bei der Zuschreibung eine Rolle spielt, ist die der Ursachenlokation: Werden die Ursachen in der Person vermutet oder in deren Umwelt? Aus der Kombination beider Dimensionen ergeben sich vier Attributionsmuster.

Weil gegenwärtige Attributionen auf zukünftiges Verhalten Einfluss haben, ist es wichtig, sie bei der Gestaltung von Lernsituationen zu beachten. Ob Erfolg oder Misserfolg auf Anstrengung oder (fehlende) Begabung zurückgeführt werden, macht einen großen Unterschied. Grundsätzlich ist es mit Blick auf weitere Lernhandlungen günstig, wenn Schülerinnen und Schüler Misserfolge auf Anstrengung zurückführen und nicht auf fehlende Begabung. Bei Erfolgen dagegen ist die Rückführung auf Begabung in aller Regel günstig.

Im Laufe der eigenen Lerngeschichte entwickeln Individuen relativ stabile **Attributionsmuster.** Diese Muster stehen in Zusammenhang mit zwei unterschiedlichen Ausprägungen der Leistungsmotivation: Leistungs- oder besser: erfolgsmotivierte Schülerinnen und Schüler führen gute Leistungen auf ihre Begabung, schlechte Leistungen dagegen auf Zufall oder mangelnde Anstrengung zurück. Misserfolgsmotivierte Schülerinnen und Schüler glauben dagegen, dass ihre guten Leistungen dem Zufall oder einer niedrigen Aufgabenschwierigkeit geschuldet sind, schlechte Leistung erklären sie dagegen mit fehlender Begabung.

Lehrkräfte beeinflussen die Ausbildung stabiler Attributionsmuster durch ihre **Rückmeldung:** Wird eine Schülerin oder ein Schüler bei guten Leistungen immer für Fleiß und Anstrengung gelobt, während bei schlechten Leistungen mangelnde Begabung nahegelegt wird (»Na ja: Mathe ist halt nicht so dein Fach!«), wird ein ungünstiges Attributionsmuster gefördert. In diesem Zusammenhang ist es wichtig, darauf hinzuweisen, dass alle Rückmeldungen der Lehrkraft – sowohl Lob als auch Kritik – eine Information über die wahrgenommene Begabung enthalten. Dabei kann Lob auch negative Wirkungen entfalten: Wird die richtige Lösung einer einfachen Aufgabe ausführlich gelobt, ist das ein Hinweis darauf, dass die Lehrkraft die Begabung des Schülers sehr gering einschätzt, wogegen Kritik an der nicht erfolgreichen Bearbeitung einer leichten Aufgabe als Hinweis auf mangelnde Anstrengung gewertet wird. Wir kommen auf die paradoxen Wirkungen von Lob und Kritik zurück (vgl. Meyer 1984).

Was folgt aus den vorgestellten Theorien für die Gestaltung der Interaktion in der Schulklasse?

- Zunächst – so lehren es sowohl der Strukturfunktionalismus als auch der symbolische Interaktionismus – ist es wichtig, das Verhalten der Schülerinnen und Schüler auch als Ausdruck der Verarbeitung von Widersprüchen und der Geltendmachung des eigenen Identitätsentwurfs gegen die Rollenerwartung der Schule zu sehen.
- Es ist darüber hinaus von zentraler Bedeutung, dass Lehrkräfte die Muster der Verarbeitung von Erfolg und Misserfolg bei ihren Schülerinnen und Schülern einschätzen können und sowohl die Aufgabenschwierigkeit als auch die Leistungsrückmeldungen (Lob und Kritik) entsprechend formulieren.
- Grundsätzlich gilt: Die Bereitschaft zur Selbstreflexion und Kontrolle von möglichen Wahrnehmungsverzerrungen bei der Beurteilung oder voreiligen Schülertypisierungen, die den Schülerinnen und Schülern gelegentlich in Form deterministischer Entwicklungsprognosen erscheinen und wenig Spielräume für Veränderung lassen, ist zentral für die Schüler-Lehrer-Beziehung.
- Was die Akzeptanz der Definitionsmacht von Lehrkräften betrifft, ist die Transparenz der Leistungsanforderungen von entscheidender Bedeutung.
- Störungen und demonstrative Anstrengungsverweigerung haben – das sollte aus den vorausgehenden Ausführungen deutlich geworden sein – oft den Charakter von selbstwertdienlichen Bewältigungsstrategien oder der demonstrativen Inszenierung von Identitätsentwürfen, die sich an der institutionellen Realität der Schule reiben.
- Ein wichtiger Grundsatz zum Umgang mit Störungen und Konflikten, auf den wir in den folgenden Kapiteln immer wieder hinweisen werden, ist, die veränderbaren Aspekte zu betonen und deshalb Verhalten und nicht vermeintliche Eigenschaften zu kritisieren.

Jüngere Untersuchungen (vgl. zusammenfassend Robinson & Ricord Griesemer 2006) weisen darauf hin, dass die Interpretation der Ursachen für Störungen durch die Lehrkraft für eine produktive Bearbeitung der Störung entscheidend ist. Eine genaue Analyse der Gründe für normwidriges Verhalten ist ein sogenanntes

»functional behavioral assessment«. Eine **funktionale Verhaltensanalyse** bewahrt Lehrkräfte nicht nur davor, sich in einen Teufelskreis zu verstricken, also mit ihrem Verhalten die Störung zu verstärken und ihr eigenes Verhalten dann wiederum zu steigern usw., sondern sie erhöht die Wahrscheinlichkeit der Auswahl einer adäquaten Intervention, die den dem Störverhalten zugrunde liegenden Motiven gerecht wird (vgl. dazu ausführlich Kapitel 4.2).

Gerechtigkeit und Fairness scheinen aus Schülersicht neben fachlicher Kompetenz die wichtigsten Merkmale einer guten Lehrkraft (Ulich 2001, 104) und zentrale Voraussetzungen für das Schließen eines **Arbeitsbündnisses** (Oevermann 1996) unter den Bedingungen grundsätzlich widersprüchlicher und nicht selten selbstwertbedrohlicher Erfahrungen im sozialen Erfahrungsraum Schulklasse zu sein. Vor dem Hintergrund des von Ulich berichteten Datums, dass zwischen 15 und 20 Prozent der Schülerinnen und Schüler die Beziehung zu ihren Lehrkräften als »durchgehend … negativ« (Ulich 2001, 108) erfahren, erscheint die Arbeit am Arbeitsbündnis von entscheidender Bedeutung. Dass der Aufbau und die Aufrechterhaltung einer wertschätzenden Lehrer-Schüler-Beziehung mit der Durchsetzung der beschriebenen institutionellen Erwartungen und Normen durchaus in Konflikt geraten können, ist in Professionstheorien zum Lehrerberuf häufig beschrieben worden (vgl. Kapitel 2.2).

Fragen zur Reflexion

- Wo erleben Sie den Widerstand der Schülerinnen und Schüler gegen die institutionellen Normen der Schule?
- Wie äußert sich dieser Widerstand?
- Führen Sie sich das Verhalten eines Schülers/einer Schülerin vor Augen, der/die deutliche Widerstände gegen Ihren Unterricht zeigt! Skizzieren Sie, welchen Identitätsentwurf dieser Schüler/diese Schülerin Ihnen und der Klasse präsentiert!
- Führen Sie sich das Verhalten eines leistungsschwächeren Schülers/einer leistungsschwächeren Schülerin vor Augen. Überlegen Sie, wie er/sie auf Misserfolge reagiert. Welchen Attributionsstil glauben Sie identifizieren zu können?

1.2 Die Schulklasse als Gruppe

Dass die konkrete Zusammensetzung der Schulklasse einen wichtigen Einfluss auf das soziale Klima der Schulklasse und damit auf die Interaktionsprozesse hat, wird jede Lehrkraft bestätigen können. So ist das Auftreten von Störungen und Konflikten unter anderem auch davon abhängig, wie unterschiedliche individuelle Merkmale, etwa Geschlecht, soziale Herkunft, kognitive Voraussetzungen, in einer

Schulklasse »komponiert« werden, oder davon, wie viele Subgruppen es in einer Schulklasse gibt und wie diese sich zueinander verhalten.

Was kennzeichnet die Schulklasse als Gruppe?

Als **Gruppe** wird ein soziales Gefüge bezeichnet, in dem sich mehrere Individuen *face-to-face* über einen längeren Zeitraum begegnen und ein gemeinsames Ziel verfolgen. Die Sozialpsychologie entwickelt einen anderen Blick auf die Schulklasse als die vorausgehend dargestellten Ansätze des Strukturfunktionalismus und symbolischen Interaktionismus. Diese Perspektive steht im Folgenden im Mittelpunkt.

Von Klaus Ulich (2001) stammt die Formulierung, bei einer Schulklasse handle es sich um eine »**Zwangsgruppierung**« (51), weil wichtige Merkmale nicht auf sie zutreffen, die üblicherweise zur Charakterisierung von Gruppen herangezogen werden: So sind es nicht die Bedürfnisse und Interessen der Mitglieder, die die **Gruppenbildung** antreiben, stattdessen erfolgt eine institutionalisierte Zuordnung; es wird kein kooperatives, sondern kompetitives Verhalten nahegelegt und die Mitgliedschaft ist nicht freiwillig. Die soziale Integration und die Befriedigung sozial-emotionaler Bedürfnisse geschieht hier – ähnlich wie in Arbeitsgruppen im Betrieb und anders als in Freundschaftsgruppen – unter den Bedingungen äußerer institutioneller Zwänge.

Andererseits gilt für Schulklassen wie für andere Gruppen, dass es sich um relativ dauerhafte soziale Formationen handelt, in denen wechselseitige Interaktion stattfindet und in denen die Handlungen der Mitglieder auf gemeinsame Ziele ausgerichtet sind. Dauerhaftigkeit und wechselseitige Bezogenheit, d. h. wechselseitige Interpretation des Verhaltens des jeweils anderen, sind die Bedingungen für die Entwicklung einer gemeinsamen Geschichte und damit einer **Gruppenidentität**.

Der Prozess der Bildung einer Gruppe und die Interaktionsprozesse in der Gruppe sind Gegenstand der Theorien der **Gruppendynamik**. Im Allgemeinen werden sechs Faktoren unterschieden, die diese Prozesse beeinflussen: Persönlichkeitsfaktoren wie Bedürfnisse, Fähigkeiten oder Überzeugungen; soziale Faktoren wie soziale Herkunft, Alter, Geschlecht; die Gruppengröße; die Aufgabe; vorhandene Kommunikationsnetze sowie die Führung (Hare 1962).

Zwei Fragen sind von besonderer Relevanz:

- Wie formiert sich eine Gruppe, wie arbeitet/interagiert sie zusammen (Gruppenprozess)?
- Welche Struktur besitzt die Gruppe? Welche Funktionen übernehmen unterschiedliche Teile der Gruppe (Gruppenstruktur)?

Das von Bruce W. Tuckman bereits 1965 entwickelte Phasenmodell des **Gruppenprozesses** hat zwar inzwischen einige Erweiterungen erfahren, stellt aber immer noch den theoretischen Bezugsrahmen für die Erklärung gruppendynamischer Prozesse dar. Grundsätzlich unterscheidet Tuckman zwischen zwei Aspekten der Kommunikation in Gruppen: der **aufgabenorientierten Kommunikation** (hier geht es um die Analyse von Problemen und die Entwicklung von Hypothesen und Lösungsvorschlägen) und der **gruppenorientierten Kommunikation** (hier steht die Regelung der Beziehung zwischen den Mitgliedern und die Bestimmung des Einflusses der einzelnen Mitglieder im Vordergrund).

Tuckman, der sein Phasen-Modell auf der Basis von Untersuchungen unterschiedlicher Gruppen, wie Therapie- und Arbeitsgruppen, entwickelt hat, identifiziert vier Phasen, die er hinsichtlich der aufgaben- und gruppenorientierten Kommunikation charakterisiert:

	Aufgabenorientierte Funktion	*Sozio-emotional-integrative Funktion*
Forming	Identifikation der Aufgabe, der Kompetenzen der Mitglieder und gegebenenfalls fehlender Informationen für die Aufgabenbearbeitung	Einschätzen der Situation, Abtasten der Gruppenmitglieder, Orientierung über mögliche Unterstützung und Autorität
Storming	Auseinandersetzung mit der Aufgabe, Analyse von Schwierigkeiten und Problemen	Auftauchen von Gruppenkonflikten, Selbstdarstellungen, Positionskämpfe, Bildung von Untergruppen
Norming	Aktivierung von Wissen und Austausch von Informationen zur Aufgabenbearbeitung	Harmonisierung der Beziehungen, Herausbildung erster differenzierterer Rollen in der Gruppe, Normenbildung, Ansätze zur Entwicklung von Gruppenidentität
Performing	Arbeit an der Aufgabe, die Gruppe arbeitet strukturiert und verlässlich; Entwicklung von Lösungen	Bildung von funktionellen Rollen; auftauchende Konflikte werden bearbeitet; Kooperation; Wir-Gefühl ist vorhanden

Abb. 2: Phasen der Gruppendynamik nach Tuckman (1965).

Insbesondere die zweite Phase stellt für den Prozess der Entwicklung einer Gruppe eine kritische Phase dar. Einzelne rebellieren, demonstrieren ihre Individualität und Unabhängigkeit, wehren sich gegen die Übernahme von Verpflichtungen. Erst ein gelungener Übergang zur Phase des »*norming*« schafft die Voraussetzungen für die Herausbildung einer **Gruppenidentität** und damit die Bereitschaft »being more sensitive to one another« (Tuckman 1965, 396). In der Performing-Phase sind dann alle Voraussetzungen dafür erfüllt, dass die Gruppe ein »funktionales Instrument« der Aufgabenbearbeitung wird. Die Gruppe kann sich mit den unterschiedlichen Kompetenzen ihrer Mitglieder ganz in den Dienst der Aufgabe stellen. Tuckman hat explizit darauf hingewiesen, dass der Prozess in jeder Phase abbrechen kann.

Die von Tuckman identifizierten Phasen spielen vor allem dann eine Rolle, wenn eine Schulklasse sich als Gruppe konstituiert, wenn sich also aus einer willkürlich zusammengesetzten Gruppe von Kindern oder Jugendlichen ein **soziales System** entwickelt oder wenn bestimmte Aufgaben in Gruppenarbeit zu bewältigen sind. Die Etablierung von Klassennormen und die Entwicklung des Klassenklimas werden stark durch Gruppenprozesse und Gruppenstrukturen beeinflusst.

Der **Prozess der Gruppenbildung** kann wiederum durch die Lehrkraft beeinflusst werden. Um die Gruppe konkret zu unterstützen, ist es wichtig, zu wissen, ob die

Schwierigkeiten aus der aufgabenbezogenen oder aus der gruppenbezogenen Kommunikation resultieren. Treten Schwierigkeiten bei der Aufgabenbearbeitung auf, sollte die Lehrkraft in der Rolle eines **Tutors** Hinweise zur Lösung geben oder konkrete Unterstützung leisten. Treten massive Konflikte auf oder bilden sich Untergruppen, kann die Lehrkraft in der Rolle eines **Moderators** eine produktive Konfliktbearbeitung unterstützen (zu Techniken der Konfliktlösung vgl. Kapitel 7).

Ein grundsätzlicher Unterschied zwischen Schulklassen und den von Tuckman untersuchten Therapie-, Trainings- und Arbeitsgruppen besteht darin, dass ihre Konstitution nicht auf der Grundlage einer gemeinsamen Aufgabe erfolgt, die arbeitsteilig zu erledigen wäre, sondern, wie bereits ausführlich diskutiert, durch institutionellen Zwang. Es besteht zudem eine ausgeprägte Spannung zwischen den Leistungsanforderungen, die in der Regel im Wettbewerb erbracht werden und dem sozial-emotionalen Bedürfnis nach Anerkennung durch die Gruppe. **Wettbewerb** und **Gemeinschaft** sind zwei grundlegende soziale Koordinationsmechanismen, die zueinander in Widerspruch geraten können. Der Wettbewerbsmechanismus stellt die Voraussetzung für die eingangs beschriebene Selektionsfunktion der Schule dar. Der Vergemeinschaftungsmechanismus ist für die Integrationsfunktion der Schule zentral. Aus psychologischer Sicht stellt sich das so dar: Die Schülerinnen und Schüler müssen sich an einem sozialen Vergleichsmaßstab messen, um ein Fähigkeitskonzept auszubilden (Vergleichsfunktion). Sie bedürfen gleichzeitig der aktiven Auseinandersetzung mit den Ansprüchen und Erwartungen einer Gemeinschaft, um Normen und Prinzipien internalisieren zu können (Integrationsfunktion).

Ein bereits in den 1940er- und 1950er-Jahren durchgeführtes Experiment des Sozialpsychologen Muzafer Sherif hat gezeigt, dass auch willkürlich zusammengesetzte Gruppen einen Prozess der Gruppenbildung durchlaufen und eine **Gruppenidentität** (Wir-Gruppe) entwickeln, wenn sie eine Aufgabe im Wettbewerb mit anderen Gruppen bearbeiten müssen, wenn eine gemeinsame »Notsituation« wahrgenommen wird, wenn die Ausführung der Aufgabe positive gemeinsame Erfahrungen (z. B. Erfolgserfahrungen, Freude und Spaß) mit sich bringt und wenn ein gemeinsamer Vorteil realisiert werden kann (vgl. die Darstellung bei Hofstätter 1975, 108). Sherif hat seine Erkenntnisse bei der systematischen Beobachtung von Gruppen im Ferienlager gewonnen. Seine Erkenntnisse sind aber auf Schulklassen durchaus übertragbar. So ist offensichtlich, dass die **Gemeinschaftserfahrung** im Schullandheim, eine erfolgreich bewältigte Notlage (z. B. Finanzierung einer Klassenparty) oder der Wettbewerb mit anderen Klassen in Sport- oder Wissensspielen Klassenidentität entwickeln hilft.

Gruppenprozess und Gruppenstruktur sind natürlich nicht unabhängig voneinander zu sehen. Welche Rollen sich ausbilden und wie sie besetzt werden, ist einerseits von den Funktionen oder Aufgaben abhängig, die eine Gruppe zu erfüllen hat, und andererseits von den individuellen Voraussetzungen der Gruppenmitglieder.

Neben den Aufgaben und Bedürfnissen, Kompetenzen und Interessen der Mitglieder spielen die eingangs zitierten institutionellen Rahmenbedingungen eine zentrale Rolle für den Verlauf des Prozesses und die Ausbildung von

Strukturen. Aufgaben, individuelle Voraussetzungen und Rahmenbedingungen spielen hier zusammen!

Die **Struktur einer Gruppe** kann mit den Begriffen Position, Rolle und Status beschrieben werden (Dahrendorf 1965). **Position** bezeichnet einen bestimmten Platz in einem sozialen Gefüge. Dieser Platz wird durch bestimmte angeborene oder erworbene Merkmale beschrieben: Alter, Geschlecht oder Leistung. Diesem Platz entsprechen wiederum bestimmte Verhaltenserwartungen, Rechte und Pflichten, die als **Rollen** bezeichnet werden. Jede Position, jede Rolle ist mit einem bestimmten sozialen Ansehen verbunden, mit dem **Status.**

Das Verhältnis von Position, Rolle und Status beschreibt den Zusammenhang von horizontaler Differenzierung nach Funktionen/Aufgaben und vertikaler Differenzierung nach Einflusschancen. Einflusschancen ergeben sich entweder aus individuellen Kompetenzen und der Relevanz dieser Kompetenzen für das Erreichen individueller oder kollektiver Ziele (z. B. Unterstützung bei der Vorbereitung auf eine Prüfung) oder durch Verfügungsgewalt über knappe Ressourcen (z. B. Geld, bestimmte statusrelevante Gegenstände, aber auch soziale Anerkennung außerhalb der Schule).

Formelle Rollen spielen in Schulklassen vor allem dann eine Rolle, wenn eine Gruppenarbeit erwartet wird und damit eine gemeinsame Aufgabe bearbeitet werden muss (vgl. Kapitel 6). In manchen Unterrichtsskripts, wie z. B. beim *Problem Based Learning*, sind solche Rollen wie **Diskussionsleiter**, **Protokollant**, **Tutor**, **Präsentator** sogar in Kooperationsskripts festgeschrieben (vgl. zum *Problem Based Learning*: Dochy et al. 2003).

Ämter, wie z. B. Tafeldienst oder Schlüsselämter, bezeichnen wir nicht als Rollen. Sie haben für die Bewältigung der Aufgaben in Schulklassen, mit Ausnahme der Rolle des Klassensprechers, keine wirklich wichtige Funktion und begründen deshalb auch keine formelle Rolle.

Anders als formelle Rollen haben **informelle Rollen** in Schulklassen eine große Bedeutung. Ihre Herausbildung steht im Zusammenhang mit der Herausbildung mehr oder weniger stabiler, affektiver Wechselbeziehungen zwischen den Schülern. Folgende informelle Rollen werden im Allgemeinen unterschieden: der Tüchtigste (»**instrumental leader**«), der Beliebteste (»**emotional leader**«), der **Mitläufer** oder Ja-Sager, der **Opponent** oder Streber, der **Ausgegrenzte** oder Sündenbock und der **Opportunist.**

Besondere informelle Rollen bilden sich in Mobbingprozessen aus. Neben dem **Täter** und dem **Opfer** lassen sich hier die informellen Rollen der **Assistenten**, der **Verstärker** und der **Außenstehenden** identifizieren (Salmivalli et al. 1996).

Unter dem Begriff **Mobbing**, der in der Verhaltensforschung das aggressive Verhalten einer Gruppe von Tieren gegenüber dem Tier einer anderen Art bezeichnet, werden Ursachen und Folgen jugendlichen Ausgrenzungs- und Schikaneverhaltens systematisch erforscht. Im Unterschied zu anderen Formen aggressiven Verhaltens handelt es sich bei Mobbing um ein Gruppenphänomen von relativer Dauer, das durch den Wunsch nach einer relativen Verbesserung des eigenen sozialen Status motiviert ist. Zwei Merkmale erhöhen die Wahrscheinlichkeit für das Auftreten von Mobbing in Gruppen: Die Prägung der Gruppeninteraktion durch eine starre **hierarchische Ordnung** und eine geringe direkte Kontrolle der informellen Gruppenprozesse. Neben Schulklassen treffen diese Merkmale z. B. auch für das Militär zu. Die in diesen Gruppierungen »erzwungene« Anwesenheit erschwert es Opfern von Mobbing, ihren Tätern auszuweichen (Schäfer & Korn 2004).

Mobbing wird durch das soziale Dominanzstreben einzelner Schüler oder Schülerinnen in Gang gesetzt; Mitschüler übernehmen das Modellverhalten, wenn es Statusgewinne mit sich bringt. Dadurch verschieben sich langsam die Gruppennormen. Bei der **Verschiebung von Gruppennormen** handelt es sich um einen komplizierten Vorgang: Die Gruppe muss den Normbruch der Aggression gegen ein schwaches Gruppenmitglied als legitim empfinden, bevor Mobbing als akzeptiertes Verhalten auf Dauer gestellt werden kann. Dies gelingt nur, wenn der Aggressor beim Opfer Reaktionen provoziert, die ebenfalls als nicht normkonform gelten und nachträglich das Verhalten des Aggressors rechtfertigen. Es muss sich dabei nicht zwangsläufig um Gegenaggression handeln, auch ängstliches Verhalten und Sich-nicht-Wehren kann als Normbruch erscheinen. Schäfer und Korn (2004) gehen ganz im Gegensatz zu der populären These, den Tätern mangele es an sozialen Kompetenzen, davon aus, dass Täter über überdurchschnittliche sozial-kognitive Fähigkeiten verfügen. Sie müssen die Wirkung ihrer Provokationen beim Opfer und in der Gruppe relativ gut einschätzen können, um eine Verschiebung der Gruppennorm in Gang zu setzen. Beim Mobbing handelt es sich ja nicht um die Aggression eines Einzelnen, sondern um ein Gruppenphänomen.

Für Lehrkräfte ist es oft schwierig, Mobbing in der Schulklasse wahrzunehmen. Gelegentlich ignorieren Lehrkräfte Mobbingverhalten aber auch: Es betrifft den Unterricht ja oft gar nicht und ein striktes Vorgehen würde auf jeden Fall zu Konflikten mit den Aggressoren führen. Die Schärfung der Wahrnehmung und eine beherzte **Intervention** sind jedoch nicht nur im Interesse des Opfers geboten, sondern auch vor dem Hintergrund der im Zuge von Mobbing erfolgenden **Normverschiebung** in der Klasse. Da die referierten Theorien und Befunde nicht in erster Linie auf ein Defizit an sozial-kognitiven Fähigkeiten bei den Tätern hindeuten, sondern vielmehr auf ein ausgeprägtes Machtbedürfnis und Aggressionspotenzial, geht es bei einer Intervention auch zunächst um eine konsequente Täterkonfrontation. Dazu gehört: Täter und Assistenten einzeln mit dem Verhalten konfrontieren, deutlich Stellung beziehen und ihr Verhalten als inakzeptabel bezeichnen, Täter öffentlich machen, Sanktionen durchsetzen. Gleichzeitig muss das Opfer durch wirksame Maßnahmen geschützt werden und es muss an die Zivilcourage der Unbeteiligten appelliert werden. Wenn die Normverschiebung in der Gruppe nicht gelingt oder rückgängig gemacht wird, können Täter nicht mehr auf Statusgewinne hoffen. Ob es ausreicht, dem Täter die Konsequenzen seines Verhaltens, insbesondere die Folgen für das Opfer, vorzuführen, hängt vom Einzelfall ab. Bei wiederholten Vorfällen sind neben wirksamen Erziehungs- oder gar Ordnungsmaßnahmen auch Antiaggressionstrainings in Betracht zu ziehen.

Wie ist die **Rolle der Lehrkraft** in der Klasse zu beschreiben? Unbezweifelbar ist, dass es sich um eine **Führungsrolle** handelt. Im Begriff der **Klassenführung**, der als Synonym für den Begriff Klassenmanagement gilt, kommt dies zum Ausdruck.

Führer haben in Gruppen die Aufgabe, den Gruppenprozess im Sinne der Aufgabenerfüllung zu steuern, für ein positives Gruppenklima zu sorgen und die

Gruppe nach außen zu repräsentieren. Gelegentlich bilden sich mit der Trennung der Funktionen von **instrumenteller** und **emotionaler Führung** auch zwei unterschiedliche Führungsrollen heraus.

Bei der Führungsrolle der Lehrkraft handelt es sich um eine exklusive Rolle. Sie ist als **Amt** institutionalisiert und mit Machtmitteln ausgestattet, die den anderen Mitgliedern der Gruppe prinzipiell nicht zugänglich sind. Aufgrund dieser Exklusivität stellt sich die Frage der **Legitimierung** des Führungsanspruchs in besonderer Weise. Die Erfüllung eines institutionellen Auftrags erscheint den Schülerinnen und Schülern, darauf wurde bereits mehrfach hingewiesen, in vielen Fällen als Zwang. Für die Erfüllung der konkreten Führungsaufgaben im Unterricht, also für Zielsetzung, Vermittlung, Unterstützung, Motivierung, Beurteilung und insbesondere für die Herstellung und Aufrechterhaltung sozialer Ordnung, reicht der Zugriff auf institutionelle Machtmittel allein nicht aus. Lehrkräfte sind vielmehr immer auch auf eine prinzipielle Akzeptanz ihres Handelns durch die Schülerinnen und Schüler angewiesen. Anders formuliert: Trotz des institutionalisierten Machtvorsprungs bedarf das Führungshandeln der Lehrkraft einer Legitimierung durch die Klasse. Diese Legitimierung kann eine Lehrkraft durch vorbildliches Handeln erreichen, also die strenge Einhaltung der sozialen Normen, die auch von der Klasse gefordert werden: an erster Stelle Fairness, Impulskontrolle, Perspektivübernahme, Respekt, Kritikfähigkeit, durch die explizite Begründung ihres Handelns und durch kompetentes Führungshandeln, das zur erfolgreichen Aufgabenbearbeitung der Gruppe beiträgt.

Drei grundlegende Prinzipien für die **Legitimierung von Führung** im Klassenzimmer sollten Lehrkräfte demnach beachten:

- die von Schülern geforderte Loyalität durch das eigene Verhalten legitimieren,
- Handeln explizieren und begründen, das gilt in besonderer Weise für den Einsatz von Sanktionen,
- Machtmittel in den Dienst der Aufgabe stellen und nicht in den Dienst individueller Machtbedürfnisse.

Ein autoritärer Führungsstil wird diesen Prinzipien ebenso wenig gerecht wie ein Führungsstil des »Laisser-faire«. Im einen Fall werden die institutionellen Normen ohne Bemühen um ihre Legitimierung durchgesetzt, im zweiten Fall werden sie dagegen einfach ignoriert.

Die Ergebnisse der Untersuchungen von Diana Baumrind (1991) zum elterlichen Erziehungsverhalten lassen sich unschwer auch auf den **Führungsstil von Lehrkräften** übertragen: Baumrinds Befunde verweisen darauf, dass Kinder von Eltern, deren Erziehungsverhalten gleichermaßen durch klare Erwartungen, begründete Anforderungen und vorhersehbare Konsequenzen auf der einen Seite und Verständnis, liebevolle Zuwendung, Bereitschaft zur Unterstützung und Anerkennung auf der anderen Seite gekennzeichnet ist, deutlich optimistischer an neue Aufgaben herangehen, mehr Selbstvertrauen entwickeln und zufriedener sind als Kinder, deren Eltern einen autoritären oder Laisser-faire-Stil praktizieren.

Auch Untersuchungen zum **Klassenklima** verweisen auf den Stellenwert der Lehrer-Schüler-Beziehung. Nach Jerusalem & Schwarzer (1991) wird das Klassenklima mittels Schülerurteilen in vier Dimensionen bestimmt:

- Leistungsdruck, definiert als subjektive Einschätzung der schulischen Anforderungen,
- Konkurrenzdruck, definiert als die subjektive Erfahrung von Rivalität und Neid in der Beziehung zu Mitschülern,
- Anonymität, definiert als mangelnde Geborgenheit und soziale Unterstützung,
- Regellosigkeit, definiert als subjektive Erfahrung von Unvorhersehbarkeit, Planlosigkeit und Orientierungslosigkeit im Unterricht.

Die Wahrnehmung des Klassenklimas wirkt sich aus auf das Selbstkonzept, die Leistungsangst, Erfolgszuversicht und Hilflosigkeit (Jerusalem & Schwarzer 1991).

In einer neueren deutschen Längsschnittstudie beschreiben drei Viertel einen guten Zusammenhalt in der Klasse und nur etwa zehn Prozent beklagen Konkurrenz unter Schülern (König, Wagner & Valtin 2011, 141). Auch die in der Öffentlichkeit gelegentlich artikulierte These, dass eine positive Leistungshaltung von vielen Schülerinnen und Schülern als Strebertum bezeichnet werde, konnte die Studie nicht bestätigen. Bei Weitem nicht so positiv wird die Lehrer-Schüler-Beziehung beurteilt (König, Wagner & Valtin 2011, 140): So gibt nur rund ein Viertel der Siebtklässler an, von allen Lehrkräften ihrer Schule gerecht behandelt zu werden; in Klasse 9 sind es nur noch fünf Prozent. Ihre Lehrkräfte erleben nur rund ein Drittel der Schülerinnen und Schüler der siebten Klassen als verständnisvoll, in der neunten Klasse sind es nur noch etwa zehn Prozent und auch die Beantwortung der Frage, ob Lehrkräfte am Lernen der Schülerinnen und Schüler interessiert seien, wirft kein günstiges Bild auf die Lehrer-Schüler-Beziehung: Nur knapp acht Prozent sind der Auffassung, dass alle Lehrer der Schule daran interessiert sind, dass die Schülerinnen und Schüler etwas lernen. In der neunten Jahrgangstufe sind es nur noch gut drei Prozent, die dieser Aussage zustimmen.

Der oben bereits eingeführte Begriff des (individuellen und kollektiven) **Arbeitsbündnisses**, das eine Lehrkraft mit jeder einzelnen Schülerin/jedem einzelnen Schüler und mit der gesamten Klasse schließen sollte, umfasst die Aspekte des Führungsstils und des Klassenklimas. Die zentrale Herausforderung für die Etablierung und Aufrechterhaltung eines Arbeitsbündnisses besteht in der Vereinbarung von hohen Erwartungen an die Schülerinnen und Schüler mit einem grundlegenden Vertrauen in ihre Fähigkeiten. Wichtig ist auch, dass Lehrkräfte ihren Schülerinnen und Schülern eine grundlegende Bereitschaft signalisieren, sie bei Schwierigkeiten mit der Bewältigung der Anforderungen individuell zu unterstützen.

Die Frage, ob es sich bei der Schulklasse um eine Gruppe handelt, kann vor dem Hintergrund der vorausgehenden Ausführungen noch einmal aufgenommen werden.

Bei der Schulklasse handelt es sich eindeutig um eine Zwangsgruppierung, in der die Rolle des Führers qua Amt bereits festgeschrieben ist. Schülerinnen und Schüler interagieren in Schulklassen die meiste Zeit eher kompetitiv statt kooperativ.

Gleichwohl werden gelegentlich auch gruppenbezogene Aufgaben an die gesamte Klasse gestellt, etwa Entscheidungen über gemeinsame Unternehmungen, die Teilnahme an Wettbewerben oder – für Klassenmanagement von zentraler Bedeutung – die Abstimmung gemeinsamer Regeln des sozialen Umgangs (vgl. Kapitel 3.1).

Als Gruppe hat die Schulklasse zwei wichtige Funktionen: Sie ist eine Bezugsgröße für die Interpretation der individuellen Leistungen und sie erfüllt das Bedürfnis nach Erfahrungen der Vergemeinschaftung.

Die Lehrkraft hat mehrere Möglichkeiten, die Interaktion in der Gruppe zu beeinflussen:

- Sie kann im Prozess der Gruppenbildung konkrete Unterstützung von außen leisten: in der Rolle des Tutors, wenn es um die Unterstützung der aufgabenorientierten Kommunikation geht, in der Rolle des Moderators, wenn es um die gruppenbezogene Kommunikation geht.
- Sie kann die Ausbildung eines Wir-Gefühls unterstützen, indem sie Aufgaben stellt, die zur interdependenten Bearbeitung anregen, spielerische Wettbewerbssituationen zwischen der Klasse und anderen Klassen herstellt (z. B. Fußballturnier), positive gemeinschaftliche außeralltägliche Erfahrungen (z. B. Klassenfahrt, Präsentation des Gruppenprodukts) ermöglicht und dafür sorgt, dass diese positiven gemeinsamen Erfahrungen in Erinnerung bleiben (z. B. Klassentagebuch).
- Sie kann Prozesse des Mobbings durch entschiedenes Handeln unterbinden.
- Sie kann die ihr qua Amt zugemutete Führungsrolle durch vorbildliches, begründetes und aufgabenbezogenes Verhalten legitimieren.
- Sie kann durch die Gestaltung von Unterricht ein Klima schaffen, das Erfahrungen von Leistungs- und Konkurrenzdruck, von Anonymität und Regellosigkeit minimiert.
- Sie kann ein Arbeitsbündnis etablieren, das hohe Erwartungen mit demonstrativem Zutrauen in die Fähigkeiten der Schülerinnen und Schüler und der Bereitschaft zu Unterstützung und Engagement vereinbart.

Fragen zur Reflexion

Versuchen Sie, die Rollen der Schülerinnen und Schüler Ihrer Klasse zu beschreiben:

- Wer hat eine Führungsrolle?
- Welche weiteren Rollen sind durch wen besetzt?
- Gibt es Spannungen und Konflikte in der Klasse?
- Werden Schülerinnen und Schüler ausgegrenzt oder gemobbt?
- Wie würden Sie Ihren Führungsstil charakterisieren? Was ist Ihnen besonders wichtig?
- Wie würden Sie das Klima in Ihrer Klasse beschreiben?
- Sehen Sie die Notwendigkeit, das Klima in der Klasse zu verbessern?
- Wenn ja, welche der skizzierten Maßnahmen halten Sie für geeignet?

Zusammenfassung

Lehrkräfte müssen in einem sozialen System handeln, das institutionell stark reguliert ist. Dieses soziale System, die Schulklasse, erfüllt für die Gesellschaft die Funktionen der Qualifikation, der Selektion und der Integration.

Für die Schülerinnen und Schüler stellt die Schulklasse einen sozialen Erfahrungsraum dar, der sich von dem die Primärsozialisation prägenden Erfahrungsraum Familie deutlich unterscheidet. Kinder und Jugendliche erwerben hier nicht allein Wissen unterschiedlicher Fächer, sie internalisieren auch zentrale Normen und Verhaltensbereitschaften, die für die aktive Teilnahme am gesellschaftlichen, insbesondere am beruflichen Leben einen hohen Stellenwert haben. Dazu gehören etwa die Normen der Unabhängigkeit oder der Leistung. Diese Internalisierung gesellschaftlicher Normen vollzieht sich im Rahmen der Identitätsbildung als aktiver Prozess. Institutionelle Erwartungen und Bedingungen geraten dabei häufig in Widerspruch zu den sozial-emotionalen Bedürfnissen von Heranwachsenden, weil:

- die Normen der Schule als abstrakte Erwartungen teilweise einen repressiven Charakter entfalten und die Möglichkeiten begrenzen, eigene Identitätsentwürfe darzustellen,
- die starke Ausrichtung der Interaktion auf leistungsthematische Situationen potenziell eine selbstwertbedrohliche Dynamik entfaltet.

Da Lehrkräfte die institutionellen Erwartungen repräsentieren und durchsetzen müssen, sind sie quasi ein natürlicher Adressat für Widerstand und Protest.

Bei Schulklassen handelt es sich um »Zwangsgruppierungen«: Anwesenheit wird auch gegen den Willen der Mitglieder durchgesetzt und Interaktion kann auch im Falle fundamentalen Nichtverstehens des Interaktionspartners nicht einfach abgebrochen werden. Sie unterscheiden sich von anderen Gruppen dadurch, dass in der Mehrzahl der Situationen zwar alle dasselbe Ziel, aber nicht mit-, sondern gegeneinander verfolgen. Gleichwohl gilt auch für Schulklassen, dass sich Gruppenbildungsprozesse in Phasen vollziehen und dass sie bestimmte Strukturen ausbilden. Wie die Gruppenbildung gelingt, welche Rollen sich ausbilden und wie Statuspositionen in der Klasse verteilt sind, trägt wesentlich zur Ausbildung des Klassenklimas bei.

Die Interaktion in Schulklassen ist in hohem Maße anfällig für Störungen und Unterbrechungen – und zwar deshalb, weil vom Unterrichtsziel abweichende Handlungsimpulse für Schülerinnen und Schüler, insbesondere wenn sie sich in der Adoleszenzphase befinden, eine hohe Dringlichkeit haben. Das gilt etwa für:

- die Schärfung des Identitätsentwurfs durch die Provokation von Reaktionen der Interaktionspartner,
- das Bedürfnis nach Integration in eine Gemeinschaft von Gleichaltrigen, das manchmal besser durch eine demonstrative Verletzung der institutionellen Normen als ihre fraglose Erfüllung befriedigt werden kann,

- eine selbstwertdienlich öffentliche Verarbeitung von Misserfolgen in leistungsthematischen Situationen, etwa durch die demonstrative Anstrengungsvermeidung.

Fazit: Mit Störungen und Konflikten ist also zu rechnen, mehr noch als in anderen sozialen Systemen!

2 Unterrichtsexpertise und Klassenmanagement

Unterricht ist die besondere Form, die die Interaktion zwischen Lehrkräften und Schülern im sozialen System der Schulklasse normalerweise annimmt. Diese Form kann – so wurde im vorausgehenden Kapitel gezeigt – gegenüber anderen Formen der Interaktion, wie beispielsweise in der Familie oder in Freundesgruppen, abgegrenzt werden. Unterricht erfolgt mit dem Ziel der Initiierung, Unterstützung und Beurteilung individueller Lernprozesse. In dem uns interessierenden Fall findet Unterricht in Schulklassen statt und die Steuerung der Interaktion in der Schulklasse stellt damit eine wesentliche Herausforderung des Unterrichtens dar. Die institutionellen Rahmenbedingungen des Unterrichtens im sozialen System Schulklasse wurden im vorausgehenden Kapitel ausführlich skizziert.

Dass Klassenmanagement kein Unterrichtsziel an sich ist, wurde bereits deutlich. Klassenmanagement hat immer eine **Stützfunktion für Lernen**. Das bedeutet: Obwohl es sich beim Klassenmanagement um einen abgrenzbaren Anforderungsbereich und entsprechend abgrenzbaren Kompetenzbereich handelt, geschieht Klassenmanagement doch immer unter dem Vorzeichen der Herstellung optimaler Bedingungen für den Erwerb von (fachlichen) Kompetenzen. Die Steuerung der Interaktionsprozesse kann deshalb auch nicht unabhängig von zwei weiteren Anforderungen des Unterrichts betrachtet werden: der Unterstützung der Informationsverarbeitung oder der Wissenskonstruktion und der Motivierung der Lernenden. Alle drei Aspekte müssen zueinander ins Verhältnis gesetzt und zudem an die Lernvoraussetzungen der konkreten Schülerinnen und Schüler adaptiert werden. Mit Unterricht verbinden sich demnach außerordentlich komplexe Anforderungen. Um dieser Komplexität gerecht zu werden, sind spezifische Kompetenzen erforderlich, die wir als Expertenkompetenzen bezeichnen.

Bevor wir im nächsten Kapitel die einzelnen Aspekte des Klassenmanagements systematisch unterscheiden, wollen wir in diesem Kapitel den Zusammenhang zwischen Klassenmanagement und anderen zentralen Anforderungen des Unterrichts beleuchten. Unterricht und Unterrichten wird also zunächst im Gesamtzusammenhang dargestellt. Wir nähern uns auf der Spur der Unterrichtsforschung zunächst den Fragen, wie die grundlegenden **Anforderungen des Unterrichtens** beschrieben werden können und wie sie zueinander in Beziehung zu setzen sind (2.1). Im Anschluss daran beschäftigen wir uns mit dem besonderen Charakter der Unterrichtsarbeit und fragen die **Profession**stheorie, was Unterrichten als einen besonderen Beruf charakterisiert (2.2). Schließlich betrachten wir aus der Sicht der **Experten**forschung die besonderen Kompetenzen, die Lehrkräfte benötigen, um den unterschiedlichen Anforderungen, die mit dem Unterrichten einhergehen, gerecht zu werden (2.3). Wir betrachten Lehren als Expertenberuf, der zwei grundlegende Kompetenzen umfasst: die **Planung** von Lehr-Lern-Prozessen und die rasche und **situationsangemessene Reaktion** auf nichtvorhersehbare Ereignisse im Unterricht. Die Expertenforschung spricht hier einerseits von einer Design-Kompetenz, andererseits von einer »Improvisationskompetenz«.

2.1 Basisdimensionen und -anforderungen des Unterrichts

Das Interesse für Unterricht ist immer dann besonders hoch, wenn, wie nach der breiten Diskussion über die Ergebnisse der internationalen Schulleistungsstudien, Anlass zu Zweifeln an seiner Qualität besteht. Doch was sind eigentlich Qualitätsmerkmale von Unterricht? Woran können wir Qualität messen?

Die internationale Unterrichtsforschung gibt auf diese Fragen eine eindeutige Antwort (vgl. im Überblick Ditton 2009): Guter Unterricht ist Unterricht, der einen Lernzuwachs bei den Schülerinnen und Schülern befördert. Gemessen wird dieser Lernzuwachs in der Regel an der Entwicklung von Leistungen in den Kernfächern, die durch valide Tests erfasst werden. Gelegentlich werden auch andere Outputs oder Wirkungen des Unterrichts zur Messung von Unterrichtsqualität herangezogen, so z. B. soziale Kompetenzen der Lernenden.

Das oft zitierte **Angebots-Nutzungs-Modell** (Abb. 3), das Andreas Helmke im Anschluss an Helmut Fend (1998) weiterentwickelt hat, macht den Zusammenhang zwischen den Wirkungen, also den fachlichen und überfachlichen Lernerträgen, und den Unterrichtsprozessen deutlich. Das Modell zeigt auf den ersten Blick, dass die Messung von Unterrichtsqualität eine komplizierte Angelegenheit darstellt. Anders als etwa bei der Prüfung der Qualität eines bestimmten industriellen Fertigungsverfahrens können Erträge nicht allein auf den Prozess – den Unterricht – zurückgeführt werden. Es sind vielmehr Eingangsvoraussetzungen und Kontextbedingungen in Rechnung zu stellen, die neben den »Herstellungs«-Prozessen eine Rolle spielen. Unterricht stellt, anders als beispielweise ein Fertigungsprozess in der Automobilindustrie, zunächst nicht mehr als ein **Angebot** dar. Dieses Angebot muss von den Schülerinnen und Schülern angeeignet werden und die Aneignung bzw. **Nutzung** wird von vielfältigen Voraussetzungen und Bedingungen beeinflusst, die dem Einfluss der Lehrkräfte nur mittelbar zugänglich sind bzw. sich diesem Einfluss teilweise entziehen. Dazu gehören etwa kognitive Grundfertigkeiten, motivationale Orientierungen und persönliche Dispositionen.

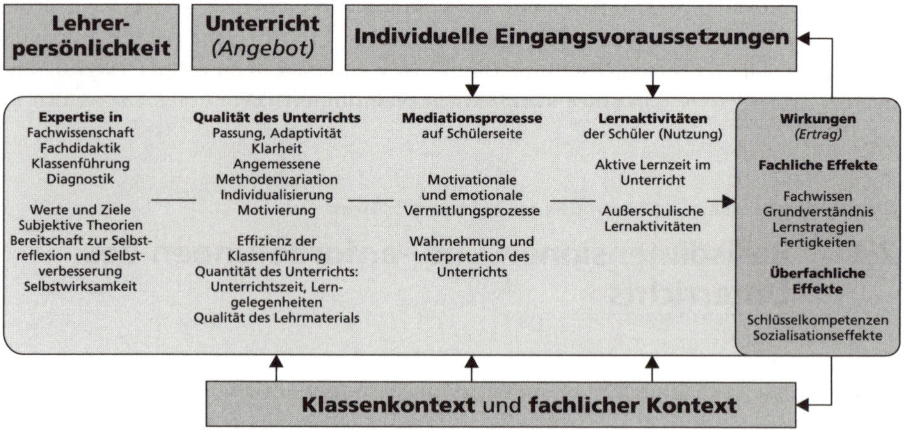

Abb. 3: Das Angebots-Nutzungs-Modell (Helmke 2008).

Die **aktive Lernzeit**, so das Modell von Helmke, beeinflusst die Lernerträge (Wirkungen) direkt. Das bedeutet: Je mehr Zeit eine Schülerin oder ein Schüler für die aktive Beschäftigung mit einem Lerngegenstand aufwendet, desto höher ist der Lernerfolg. Die aktive Lernzeit wird von verschiedenen Faktoren bestimmt: Wie klar ist die Aufgabe, wie strukturiert das Vorgehen, wie passend sind die Methoden, wie gut sind die Erklärungen auf die einzelnen Schüler abgestimmt, wie interessant ist der Gegenstand für die Schülerinnen und Schüler und – von besonderer Bedeutung – welcher Anteil einer Unterrichtsstunde ist überhaupt für das Lernen nutzbar? Die Beantwortung der letztgenannten Frage ist in entscheidendem Maße abhängig vom Ausbleiben von Leerläufen und von der Abwesenheit von Störungen.

Dass es sich beim **Klassenmanagement** um einen eigenständigen Anforderungsbereich handelt, wurde bereits aus den Ausführungen zum sozialen System Schulklasse deutlich. Allein aus der Tatsache, dass Lernen in Schulen nicht in einer Dyade stattfindet, sondern in Gruppen mit in der Regel mehr als 20 Schülerinnen und Schülern, ergibt sich die Notwendigkeit, die Handlungsimpulse der Interaktionsteilnehmer zu koordinieren. Welche Rahmenbedingungen und Schwierigkeiten hier zu beachten sind, wurde ebenfalls bereits deutlich. Es geht aber nicht nur um eine Koordination oder Steuerung der unterschiedlichen Handlungsimpulse, sondern um deren Ausrichtung auf ein gemeinsames vordefiniertes Lernziel.

Damit ist klar: Klassenmanagement ist zwar ein eigenständiger Anforderungsbereich des Unterrichts und bei Kompetenzen des Klassenmanagements handelt es sich um einen besonderen Expertisebereich von Lehrkräften, dieser Anforderungsbereich steht jedoch in enger Verbindung mit der kognitiven Aktivierung und der Motivierung der Schülerinnen und Schüler. So reduziert etwa ein gut strukturierter Vortrag die Tendenz zum Abschalten, und die Weckung des Interesses für den Lerngegenstand hilft, die Aufmerksamkeit zu fokussieren. Eine effektive Unterstützung der Wissenskonstruktion und eine gelungene Motivierung wirken wiederum Unterrichtsstörungen entgegen.

Warum Klassenmanagement – wie vielfach empirisch bestätigt – einen sehr hohen Stellenwert für Unterrichtsqualität hat, kann mit Abbildung 4 verdeutlicht werden:

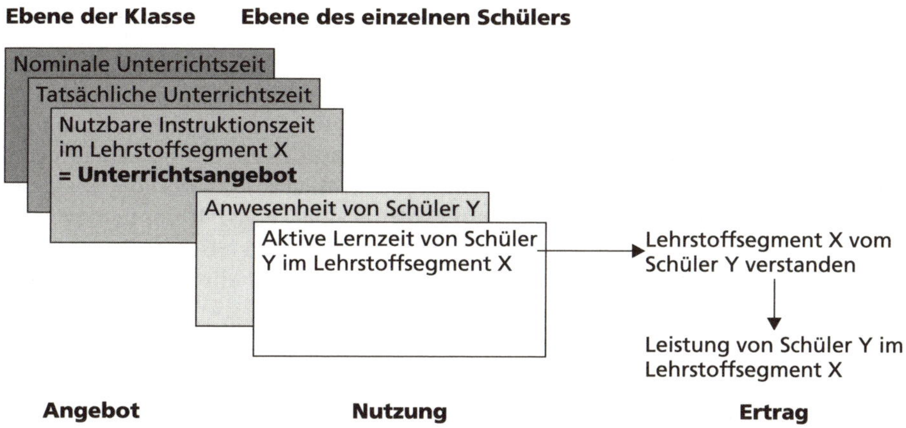

Abb. 4: Rahmenmodell zur Veranschaulichung von Zeitfaktoren für den Lernerfolg (Treiber 1982).

Klassenmanagement ist eine wesentliche Voraussetzung für die Maximierung der aktiven Lernzeit und gilt deshalb zu Recht als **Basisdimension der Unterrichtsqualität**.

Dafür, dass es sich hier um einen abgrenzbaren Anforderungsbereich handelt, spricht, dass die Lehrerselbstwirksamkeitsforschung Klassenmanagement als »distinct type of teacher efficacy« (Emmer & Hickman 1991), also als einen abgrenzbaren Teilbereich der Lehrerselbstwirksamkeit, identifiziert hat.

Die Einzelmerkmale, die in dem Modell von Helmke unter dem Begriff »Qualität des Unterrichts« aufgeführt sind, fassen wir zu vier Dimensionen zusammen: **Kognitive Aktivierung, Motivierungsqualität** und **Klassenmanagement**. Quer zu diesen drei Dimensionen liegt die Dimension der **Angemessenheit**.

Kognitive Aktivierung bezieht sich auf die Unterstützung von Prozessen der Informationsverarbeitung; vom Standpunkt einer konstruktivistischen Lerntheorie kann auch von Prozessen der Wissenskonstruktion gesprochen werden. Der Psychologe Hans Aebli hat einen Lernzyklus beschrieben, der die einzelnen Phasen der Unterstützung der **Wissenskonstruktion** verdeutlicht (Aebli 2003). Zunächst geht es darum, die Aufmerksamkeit des Lerners auf die wesentlichen Aspekte des Problems oder der Aufgabe auszurichten. Das geschieht durch eine Präsentation des Problems, die es dem Lerner erleichtert, eine Struktur in diesem Problem zu sehen und gezielt Vorwissen zu aktivieren oder externe Ressourcen (wie Texte oder Lernhilfe) zu beanspruchen. Um einen Gegenstand zu verstehen, muss er nach verschiedenen Seiten durchdrungen werden. Das bedeutet: Die neue Information muss mit vorhandenem Wissen in Beziehung gesetzt werden. Im Arbeitsgedächtnis finden in dieser Phase Prozesse der Informationsausweitung und schlussfolgernde Prozesse statt (vgl. Mietzel 2003). Ursprünglich gespeicherte Schemata werden so verändert, erweitert oder generalisiert. Neue Schemata und Verknüpfungen werden angelegt. Damit auf dieses neue Wissen im Bedarfsfall rasch und sicher zugegriffen werden kann, muss es automatisiert bzw. intensiv geübt werden. Und schließlich ist das neue Wissen insofern zu flexibilisieren, als es nicht lediglich in einer Situation zur Anwendung gebracht werden kann, die der Situation des Erwerbs sehr ähnlich ist, sondern auch auf andere Situationen transferierbar ist.

Diese vier Phasen können je nach Voraussetzungen der Lerner, nach Lernzielen und Lerngegenständen in unterschiedlicher Weise unterstützt werden. Beim problembasierten Lernen wird der Aufbau einer Struktur nicht wie bei der direkten Instruktion durch eine strukturierte und übersichtliche Präsentation angeregt, sondern durch die Darstellung eines Problems oder Falls. Dem Lerner wird beim problembasierten Lernen zwar eine sehr viel stärkere Beteiligung beim Aufbau einer Struktur zugemutet als im Lernformat der direkten Instruktion, gleichwohl zielt das komplexe Lernarrangement ebenso auf die Unterstützung des Aufbaus einer Struktur, etwa auf die Definition eines Problems.

Neben dem Klassenmanagement und der kognitiven Aktivierung ist die **Motivierung** der Lernenden zur Aneignung des Gegenstands eine weitere wichtige Anforderung des Unterrichtens. Zu unterscheiden sind hier zwei grundlegende Faktoren, die die Bereitschaft zur Initiierung einer Lernhandlung bestimmen (Rheinberg 2008): der **Anreiz,** den der Lernende entweder mit der Lernhandlung selbst (tätigkeitsspezifischer Vollzugsanreiz) oder mit deren Folgen (Anreiz künftiger Umwelt- und Binnenzustände) verbindet, und die Annahmen darüber, mit welcher Wahrscheinlichkeit die eigene Handlung zum angestrebten Ziel führt (Erfolgserwartung).

Ob der Lernende überhaupt in Aktion tritt, ist abhängig von zwei unterschiedlichen Erwartungstypen: Der Anreiz wird durch die **Ergebnis-Folge-Erwartung** taxiert – steht beispielsweise die Endnote für das Zeugnis in einem bestimmten Fach aufgrund der vorausgehenden Noten bereits fest, besteht in der letzten Klausur wenig Anreiz, auf ein gutes Ergebnis hinzuarbeiten. Die Erfolgserwartung wird durch die sogenannte **Handlungs-Ergebnis-Erwartung** bestimmt: Wenn ein Schüler davon ausgehen kann, dass er mit einiger Anstrengung sein Ergebnis verbessern kann, wird er – vorausgesetzt das Ergebnis führt zu Folgen, die einen Anreizwert haben – mit hoher Wahrscheinlichkeit eine Lernhandlung in Gang setzen. Dieses **Erwartung-mal-Wert-Modell** stammt von dem deutschen Psychologen Heinz Heckhausen, der den Anreiz zunächst nur im Ergebnis bzw. der Folge vermutet hatte. Falko Rheinberg hat dieses Modell dahingehend erweitert, dass er **tätigkeitsspezifische Anreize** integrierte (Heckhausen & Rheinberg 1980). Dies entspricht auch unseren Erfahrungen: Vor allem in der Freizeit, gelegentlich aber auch beim Lernen, werden wir manchmal auch deshalb aktiv, weil wir mit der Handlung selbst Freude oder Spaß verbinden.

Aufgrund der Selektionsfunktion der Schule spielen extrinsische Lernanreize und Leistungsvergleiche eine besondere Rolle. Damit muss eine Lehrkraft nicht nur rechnen, sie muss die sozialen Vergleichsprozesse unter langfristigen motivationsfördernden oder -hinderlichen Gesichtspunkten (Umgang mit Misserfolgen) arrangieren und kommentieren (Leistungsrückmeldung). Ein weiterer extrinsischer Anreiz besteht in dem antizipierten Nutzen des Lernergebnisses. Neben extrinsischen Anreizen hat gegenstands- oder stoffbezogene Motivation, das Interesse, eine wichtige Bedeutung (Krapp 2001). Lehrkräfte haben – so legen es die Befunde der empirischen Unterrichtsforschung nahe – die Möglichkeit, durch die Wahl der Themen und Aufgaben, durch Enthusiasmus und durch die Demonstration des praktischen Nutzens der Lernergebnisse das Interesse der Schülerinnen und Schüler am Lerngegenstand zu beeinflussen. Die »tätigkeitszentrierte [...] Motivation« (Schiefele & Köller 1998, 193) kann durch die Gestaltung von Lernarrangements, die das Autonomie- bzw. Kompetenzerleben fördern, beeinflusst werden. Eine Stellschraube für die Steigerung der tätigkeitsbezogenen Motivation ist die Wahl von Aufgaben mit Herausforderungscharakter (bei Vermeidung von Überforderungscharakter!). Was die Seite der Erwartungen betrifft, sind folgende Aspekte zu beachten: Kompetenz- und Misserfolgserfahrungen führen zum Aufbau relativ stabiler Erwartungen über die eigene Begabung (Meyer 1984) oder Wirksamkeit (Bandura 1977). Diese Fähigkeitsselbstkonzepte (Meyer 1984) und Selbstwirksamkeitserwartungen sind für die Bereitschaft, Lernengagement zu entwickeln, von hoher Relevanz.

Wichtig ist zu beachten, dass jede Intervention im Hinblick auf den Gegenstand, das Lernziel und insbesondere hinsichtlich der Schülervoraussetzungen adaptiert werden muss (**Adaptivität**). Das kann durch die Anpassung der Aufgabenschwierigkeit bzw. der Lernzeit, durch spezifisches Material oder durch eine zielgerichtete individuelle Unterstützung geschehen. Die Notwendigkeit der Adaption bezieht sich auf alle drei Dimensionen gleichermaßen.

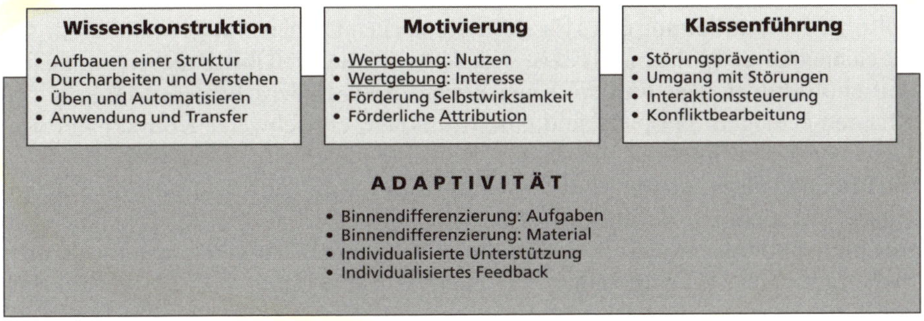

Abb. 5: Anforderungen des Unterrichtens.

Wir gehen im Folgenden von einem Modell der Anforderungsstruktur des Unterrichts aus, das Klassenmanagement mit den Bereichen Motivierung und Unterstützung der Wissenskonstruktion in Beziehung setzt und die Notwendigkeit der Adaptivität in Rechnung stellt.

Fragen zur Reflexion

- Betrachten Sie die vier Anforderungen – kognitive Aktivierung, Motivierung, Klassenmanagement, Adaption – im Gesamtzusammenhang!
- Was macht Ihnen am Lehrberuf die meiste Freude? Welche Anforderung fällt Ihnen am leichtesten? Welche am schwersten?

2.2 Unterrichten als professionelle Leistung

Eine andere Sicht, die die Perspektive der Unterrichtsforschung ergänzen kann, eröffnet die Professionstheorie (Parsons 1939). Um einen langfristigen und kontinuierlichen Aufbau von Wissen zu erreichen, müssen Lehrkräfte mit den Schülerinnen und Schülern ein **Arbeitsbündnis** herstellen. Die Leser haben diesen Begriff bereits im Zusammenhang mit den Ausführungen zu Schulklassen als soziale Systeme kennengelernt. Analog zu anderen Professionellen, beispielsweise Ärzten, Rechtsanwälten oder Seelsorgern, ist es erforderlich, dass Lehrkräfte sich nicht nur der Mitwirkungsbereitschaft ihrer »Klienten« versichern. Sie benötigen von ihren Klienten ein **Mandat**, also einen Auftrag, der sie legitimiert, in deren Interesse Entscheidungen zu treffen. Dabei kann es sich um Entscheidungen handeln, die den Klienten zunächst als Zumutung erscheinen, z. B. sich einer schmerzhaften Therapie zu unterziehen oder private Informationen preiszugeben. Klienten müssen Professionellen immer einen Vertrauensvorschuss gewähren, weil sie auf deren Hilfe bei der Bearbeitung eines für sie existenziellen Problems angewiesen sind. Wir bezeichnen diese Probleme als existenzielle Probleme, weil ihre Bearbeitung keinen Aufschub duldet oder weil sie einen hohen (potenziellen) Leidensdruck für den Klienten erzeugen. Beispiele sind eine Krankheit, ein schwerer Konflikt mit dem Gesetz oder eine Sinnkrise. Bei Ärzten, Rechtsanwälten oder Seelsorgern geschieht die Erteilung eines Mandats auf freiwilliger Basis, d. h. der Klient oder die Klientin entscheidet nicht nur darüber, ob er oder sie Hilfe überhaupt in Anspruch nehmen möchte, sondern er oder sie wählt einen bestimmten Arzt, Rechtsanwalt oder Seelsorger nach Maßgabe seiner Vertrauenswürdigkeit aus (vgl. dazu ausführlich Thiel 2007).

Zwischen dem **Arbeitsbündnis,** das Ärzte, Rechtsanwälte oder Seelsorger mit ihren Klienten herstellen, und dem Arbeitsbündnis zwischen Lehrkräften und Schülern besteht allerdings – darauf hat der Soziologe Ulrich Oevermann (1996) hingewiesen – ein entscheidender Unterschied: Das Arbeitsbündnis von Lehrkräften und Schülern beruht weder auf Freiwilligkeit noch kann in diesem Fall ein Klient zwischen verschiedenen Professionellen wählen. Auch erscheint die Bearbeitung des Problems der Bildung – anders als die Bearbeitung des Problems der Gesundheit oder der (Wieder-)Herstellung von Gerechtigkeit – den Klienten/Schülern oft von nachgeordneter Dringlichkeit. Ein weiterer Aspekt kommt hinzu:

Bei einigen Entscheidungen von Lehrkräften handelt es sich – wie bereits im ersten Kapitel beschrieben – um Zumutungen besonderer Art. So ist etwa die Beurteilung von Leistungen immer selbstwertrelevant für die Schülerinnen und Schüler und im Fall schlechter Leistungen eben auch selbstwertgefährdend – eine große Belastung für das Arbeitsbündnis. Gleichwohl kann sich die Lehrkraft dieser Aufgabe nicht entziehen.

Das Besondere an dem Arbeitsbündnis zwischen Lehrkräften und Schülern ist, dass es – anders etwa als das Arbeitsbündnis zwischen Arzt und Patienten – in hohem Maße durch institutionelle Rahmenbedingungen geprägt ist: »Schule – als Institution – erzieht« (Bernfeld 1925, 24). Mit diesem Zitat ist nicht nur gemeint, dass in der Kommunikation zwischen Schülern und Lehrkräften die Themen (z. B. durch den Rahmenplan) festgelegt sind und dass organisatorische und zeitliche Vorgaben (Jahrgangsprinzip, Stundenplan) die Gestaltung der Kommunikation einschränken, sondern vor allem, dass die Schule von ihren Schülerinnen und Schülern ein Verhalten erwartet, das in der Familie oder in der Freundesclique keine oder eine untergeordnete Rolle spielt. Die spezifischen **Normen der Schule** wurden bereits im ersten Kapitel ausführlich dargestellt: In der Schule muss eine Leistung in Prüfungssituationen unabhängig und ohne Hilfe erbracht werden und sie wird an abstrakten, für alle gültigen Maßstäben gemessen. Oder: In der Schule wird von einer Person erwartet, dass sie in weiten Bereichen des schulischen Alltags entsprechend unpersönlicher Rollenanforderungen handelt (Dreeben 1980) – etwa als Lehrkraft für Mathematik und nicht als die Person Helene Schröder oder als Schüler der Klasse 8 und nicht als Lars Meyer. Diese Erwartungen stehen im Gegensatz zu den Normen der Fürsorge für Schwächere und der Würdigung individueller Leistung nach dem jeweils individuellen Vermögen, aber auch zu den Normen der Personalisierung der Kommunikation – Normen, wie sie etwa in der Familie oder in freundschaftlichen Beziehungen Geltung haben. Eine wesentliche Herausforderung in der Schuleingangsphase besteht deshalb auch darin, Kindern diese abstrakten und unpersönlichen Normen nahezubringen.

Für den Aufbau eines **Arbeitsbündnisses** zwischen der Lehrkraft und den Schülerinnen und Schülern stellen diese abstrakten Normen der Institution eine Herausforderung dar, stehen sie doch im Konflikt mit dem Fürsorgeanspruch von Schülern und dem Vertrauensvorschuss, den sie gewähren müssen. Ein wesentliches Merkmal professioneller Kompetenz von Lehrkräften ist die konstruktive Vereinbarung dieser widersprüchlichen Normen: die Gewährung von Fürsorge und persönlicher Zuwendung sowie die Anbahnung eines Vertrauensverhältnisses unter den Bedingungen der institutionellen Geltung universeller Leistungsnormen und unpersönlicher Rollenerwartungen. Für viele Berufsanfänger(innen) stellen diese als widersprüchlich erlebten Anforderungen eine große Herausforderung dar, die in einer Studie von Carol Weinstein (1998) mit der Aussage »I want to be nice, but I have to be mean« (Ich möchte nett sein und muss gemein sein) auf den Punkt gebracht werden. Erfahrene, erfolgreiche Lehrkräfte zeichnen sich dadurch aus, dass sie im Laufe ihrer langjährigen Praxis Formen der Vereinbarung von Fürsorge, Verständnis und Vertrauen mit den institutionellen Anforderungen (Benotung, Sanktionierung usw.) entwickelt haben.

Was das Klassenmanagement betrifft, ist insbesondere die Notwendigkeit der Bearbeitung von Störungen und Konflikten, die nicht selten aus dem Teilnahmezwang und dem selbstwertgefährdenden Charakter von Leistungssituationen resultieren, eine schwere Hypothek für das Arbeitsbündnis zwischen Lehrkräften und Schülerinnen und Schülern. Jede Zurechtweisung gefährdet das Arbeitsbündnis, das, wie deutlich wurde, im Fall von Schulen ohnehin schon ein fragiles Bündnis darstellt.

Fragen zur Reflexion

- Wie haben Sie als Berufsanfänger(in) die Anforderung erlebt, Fürsorge auf der einen und die Anforderung einer objektiven (unpersönlichen) Beurteilung auf der anderen Seite zu vereinbaren?
- Wie gehen Sie heute mit dieser Anforderung um?
- Wie würden Sie ganz allgemein das Arbeitsbündnis zwischen Ihnen und Ihren Schülern beschreiben?

2.3 Unterrichten als Expertenkompetenz

Welche spezifischen Fertigkeiten und Kompetenzen besitzen Lehrkräfte, die die Basisanforderungen des Unterrichts besonders erfolgreich bearbeiten? Wir konzentrieren uns im Folgenden insbesondere auf Fertigkeiten und Kompetenzen, die für das Klassenmanagement eine hohe Relevanz haben.

Um diese Fertigkeiten und Kompetenzen genauer beschreiben zu können, haben Vertreter der Expertenforschung systematisch erfahrene, besonders erfolgreiche Lehrkräfte (Experten) und Berufsanfänger (Novizen) verglichen. Als **Experten** werden Personen bezeichnet, die über ein hinsichtlich Umfang und Vertiefung herausragendes Wissen in einer bestimmten Domäne verfügen und die in der Lage sind, dieses Wissen bei der Lösung praktischer Probleme kompetent anzuwenden. Expertenlehrkräfte sind diejenigen, deren Unterricht sich durch eine besonders hohe Qualität auszeichnet.

Expertenlehrkräfte, so fasst David Berliner die Ergebnisse seiner jahrzehntelangen Forschungsarbeit zusammen, entwickeln oft Automatismen und Routinen für wiederkehrende Operationen; sie wissen um die spezifischen Anforderungen unterschiedlicher Aufgaben und sind sensibel für soziale Hinweisreize; Lehrkräfte mit Expertise zeigen im Unterricht flexibleres und situationsangemesseneres Verhalten als Novizen. Experten sind zudem in der Lage, sehr rasch und präzise bestimmte zentrale Situationsmerkmale zu erkennen, während **Novizen** sich oft auf unwesentliche, aber auffällige Merkmale konzentrieren und komplexe Situationen oft gar nicht einordnen und interpretieren können (»novices cannot always make sense of what they experience«). Zudem verfügen Experten über eine reichere

Wissensbasis und umfangreichere Ressourcen zur Lösung von Problemen als Novizen (Berliner 2004a, 200f.).

Praktische Erfahrung in einem bestimmten Feld ist eine wesentliche Voraussetzung von Expertise. Berliner geht mit anderen Expertenforschern davon aus, dass die Entwicklung von Expertise im Lehrberuf zwischen fünf und sieben Jahre praktischer Erfahrung benötigt – »if one works hard at it!« (Berliner 2004a, 201) und dass längst nicht alle Lehrkräfte den Status von Experten überhaupt erreichen.

Was kennzeichnet die besondere Expertise von Lehrkräften? Unterrichten findet in einem »ill-structured, dynamic environment« (Leinhardt & Greeno 1986) – einer schlecht strukturierten und dynamischen Umwelt – statt. Weder die Ziele noch die einzelnen Handlungsoperationen sind ein für alle Mal festgelegt. Außerdem verändern sich die Umweltbedingungen – und damit auch die Aufgaben – ständig. Informationen, die notwendig sind, um eine Handlung effektiv auszuführen, ergeben sich oft erst im Handlungsvollzug.

Es sind insbesondere zwei Charakteristika, die Leinhardt & Greeno als typisch für die Fähigkeit zum Unterrichten beschreiben: »This skill requires the construction of plans and the making of rapid on-line decisions« (Leinhardt & Greeno 1986, 75) – die Konstruktion von Plänen und die Fähigkeit, in einer Situation unter hohem Handlungsdruck sicher und rasch zu entscheiden.

Expertise kommt also nicht nur bei der Lösung auftauchender Probleme oder bei der Bewältigung kritischer Situationen zum Tragen, sondern bereits bei vorausschauenden Überlegungen und Abwägungsprozessen, die unter den Bedingungen von Handlungsentlastung stattfinden, in der Phase des »preactive teaching«, wie Robert Yinger die **Planungsphase** in seiner wegweisenden Studie zur Unterrichtsplanung bezeichnet hat (Yinger 1980). Planen heißt: zielgerichtet abzuwägen zwischen Alternativen auf der Basis solider Informationen – hier Informationen über den Gegenstand, die Schülervoraussetzungen und die Rahmenbedingungen. Diese Abwägungsprozesse münden in den Entwurf eines mehr oder weniger detaillierten Unterrichtsskripts, in dem einzelne Aktivitäten, bezogen auf die drei Aspekte: möglichst optimale Unterstützung der Wissenskonstruktion der Lerner, Motivierung der Lerner zur Aneignung des Lerngegenstands und lernzeitdienliche Steuerung der Interaktion in der Lerngruppe (Klassenmanagement), aneinander gereiht werden.

Zunächst handelt es sich beim Unterricht also um eine Gestaltungsaufgabe. Dabei kommen ganz unterschiedliche Gestaltungsparameter zum Einsatz: Präsentationen, Fragen und Thesen, mittels derer Gesprächssituationen arrangiert werden, Aufgaben, Medien, Materialien, Tests, aber auch bestimmte Prozeduren, die das Schüler- und Lehrerverhalten standardisieren. Alle Planung geschieht, bezogen auf einen konkreten Gegenstand, ein Thema oder ein abgegrenztes Stoffgebiet, mit Blick auf spezifische Lernziele und auf der Basis einer Einschätzung der Schülervoraussetzungen. Unterrichtssequenzen werden im Hinblick auf die Unterstützung von Informationsverarbeitungsprozessen, die Anregung und Aufrechterhaltung des Engagements und ein störungsfreies Verhalten der Schüler arrangiert. Bei der Planung kommen also bereits alle Teilbereiche des Lehrerwissens zum Einsatz: fachliches Wissen, fachdidaktisches Wissen und allgemein pädagogisches Wissen.

Leinhardt & Greeno (1986) gehen davon aus, dass jeder Unterricht einen vorgefassten Plan oder eine **Agenda** verlangt. Die wenigsten Lehrkräfte fertigen allerdings einen schriftlichen Plan oder Unterrichtsentwurf an; insbesondere Experten tun dies außerordentlich selten. Allerdings entwickeln alle Lehrkräfte »mental plans« (McCutcheon 1980), also mehr oder weniger konkrete Planungsüberlegungen zum Verlauf der Stunde und den eingesetzten Gestaltungsparametern.

Anders als ein Drehbuch oder ein architektonischer Entwurf enthalten Unterrichtspläne, auch wenn sie differenziert und verschriftlicht sind, keine Anweisungen für die Ausführung; es handelt sich vielmehr um »skeletal frameworks« (Rosebery 2005), die Spielräume bei der Umsetzung eröffnen. Pläne können verstanden werden als »general guidelines for lessons that are designed to be responsive to the unpredictability of classroom events« (Borko & Livingston 1989, 476) – allgemeine Richtlinien, die flexibel genug sind, um auf unvorhersehbare Ereignisse reagieren zu können. Elaborierte Planung zeigt sich an einer schlüssigen Verwendung von Gestaltungselementen und der Antizipation kritischer Stellen, außerdem werden Gestaltungsalternativen in Betracht gezogen, trotzdem bleibt die »improvisational performance« (Yinger 1987), also die Improvisationsleistung, ein grundlegendes Charakteristikum des Lehrberufs: »Details are filled in during the class session as the teacher draws from an extensive repertoire of routines or patterns of action to respond to what the students say and do« (Livingstone & Borko 1989, 37) – Details werden in diesen skeletthaften Rahmen in der Unterrichtssituation als Reaktion auf das, was Schüler sagen oder tun, eingefügt, und zwar entsprechend des Repertoires an Routinen und Interventionen der Lehrkraft.

Die wichtigste Planungseinheit sind **Aktivitätsstrukturen**, die als Segmente der Unterrichtsstunde gelten können (vgl. Yinger 1980). Aktivitätsstrukturen sind beispielsweise ein Lehrervortrag oder eine Gruppenarbeit. Didaktische Konzepte können als **Unterrichtsskripts** oder »patterns of teaching« (Walberg 1990) verstanden werden, in denen Aktivitätsstrukturen in einer nicht beliebigen Weise kombiniert werden. So enthält beispielsweise das Skript der direkten Instruktion immer einen Lehrervortrag, ein Klassengespräch, Still-, Partner- oder Gruppenarbeit und einen Lehrervortrag oder ein Klassengespräch zur Sicherung der Ergebnisse. Aktivitätsstrukturen sind jeweils verknüpft mit spezifischen Lernzielen, Verhaltenserwartungen, dem Einsatz bestimmter Medien und Materialien, Yinger bezeichnet sie als »controlled behavior settings« (Yinger 1980, 111). Sie müssen angereichert werden mit konkreten Aufgaben, Beispielen und Materialien. Bei der Planung von Unterricht geht es nicht zuletzt darum, Aktivitätsstrukturen im Sinne einer »Rhythmisierung von Ereignissequenzen« (Bromme 1997) zu kombinieren. Diese Kombination stellt für den flüssigen Verlauf des Unterrichts eine entscheidende Voraussetzung dar. Hier werden Überlegungen zum Klassenmanagement in der Planung wirksam. Was das Klassenmanagement betrifft, ist außerdem darauf hinzuweisen, dass jede Aktivitätsstruktur mit unterschiedlichen Verhaltenserwartungen einhergeht. Das bedeutet, Verhaltenserwartungen oder Regeln müssen nicht nur allgemein festgelegt und eingeübt werden, sondern jeweils für spezifische Aktivitätsstrukturen – für ein Klassengespräch, für Gruppenarbeit usw. Ein weiterer kritischer Punkt für die Planung im Hinblick auf die Anforderungen des Klassenmanagements sind sogenannte **Übergänge** zwischen Aktivitätsstrukturen. Diese Übergänge beanspruchen einen großen Teil der Unterrichtszeit und reduzieren infolgedessen die aktive Lernzeit. Wie gut und geräuschlos Übergänge gelingen, ist für die Qualität des Unterrichts von entscheidender Bedeutung. Übergänge stellen besonders störungsanfällige Aktivitätsstrukturen dar. Sie besitzen »no focal content or tight structure to help hold order in place« (Carter & Doyle 2006, 390). Im Vergleich mit der restlichen Unterrichtszeit ist in Übergängen doppelt so häufig Fehlverhalten zu beobachten (vgl. Arlin 1979, 55).

Hinsichtlich der Gestaltung von Übergängen zeigen verschiedene Studien deutliche Unterschiede zwischen Experten und Novizen: »Novice teachers' lessons (…) are characterized by fragmented lesson structures with long transitions between lesson segments, by frequent confusion caused by missent signals, and by an ambiguous system of goals that often appear to be abandoned rather than achieved« (Leinhardt 1989, 73). Auch die klare Abgrenzung einzelner Aktivitätsstrukturen voneinander scheint Novizen Schwierigkeiten zu bereiten. Der Unterricht von Novizen weist oft keine klaren Übergangsstrukturen auf. Übergänge verschwinden gewissermaßen in »hybriden Aktivitätsstrukturen« (Doyle 1984, 273). Diese Befunde konnten wir in einer Experten-Novizen-Studie zum Klassenmanagement bestätigen (Thiel, Richter & Ophardt im Druck).

Übergängen sollte bereits bei der Planung von Unterricht Beachtung geschenkt werden. Wie etwa das Austeilen von Arbeitsblättern zur Herstellung der Arbeitsfähigkeit für die Aktivitätsstruktur der Stillarbeit abläuft, kann vorher geplant werden. Auch die Überleitung von einer Stillarbeit zu einem Klassengespräch kann zum Gegenstand von Planungsüberlegungen gemacht werden. So nutzen etwa erfolgreiche Lehrkräfte oft ein bestimmtes »**instructional center**« (Mehan 1979), eine bestimmte Position im Raum, von der aus sie Ansagen an die gesamte Klasse machen.

Weil der Planungsprozess einen Lernprozess eigener Art darstellt und für die Ausbildung eines Repertoires an unterschiedlichen Strategien und Interventionen – auch für den Teilbereich des Klassenmanagements – von zentraler Bedeutung ist, soll dieser Prozess hier etwas ausführlicher zur Darstellung kommen. Robert Yinger hat ein **Planungsmodell** entwickelt, das drei Phasen umfasst. Die Übersetzung einer Planungsaufgabe in ein Planungsproblem bestimmt die erste Phase in Yingers Modell. Die allgemeine Planungsaufgabe erfährt in dieser Phase eine Konkretisierung in einer ersten Planungskonzeption. Lehrkräfte greifen hier auf fachspezifisches, didaktisches und pädagogisches Wissen ebenso zurück wie auf ihre Erfahrungen.

In der zweiten, der intensivsten Planungsphase wird die erste Idee so lange elaboriert und mental überprüft, bis eine befriedigende Lösung gefunden ist. Yinger sieht fundamentale Ähnlichkeiten zwischen der Planung von Unterricht und einer Komposition oder einem architektonischen Entwurf. Ähnlich wie Donald Schön (1983) bezeichnet er Unterricht als eine Design-Aufgabe. Designer stehen grundsätzlich vor der Schwierigkeit, dass das Problem, mit dem sie sich auseinandersetzen, nicht präzise definiert ist bzw. zwischen unterschiedlichen Akteuren oft keine Einigkeit über eine genaue Formulierung der Aufgabe herzustellen ist. Außerdem fehlen vielfach eine formale Fachsprache und bereichsspezifische Methoden der Problemlösung. Die Ziele, auf die hingearbeitet wird, sind entsprechend offen für Interpretationen. Unter solchen Bedingungen schwankt ein Problemlöseprozess ständig zwischen Phasen der Problemdefinition und Phasen der Problemreformulierung. Es handelt sich um einen iterativen Prozess. Yinger beschreibt diesen Prozess als **Design-Zyklus** (»design cycle«), der eine bestimmte Struktur aufweist. Immer wieder werden drei Stufen durchlaufen: Elaboration, Testung und Adaption der Konzeption. Bei der Elaboration greift der Planende auf Wissen und Erfahrungen zurück und reichert die ursprüngliche Planungskonzeption mit Details an. Elaboration erfolgt auf zwei Wegen. Zunächst werden kognitive Schemata und Routinen kombiniert und rekombiniert, über die die Lehrkraft bereits verfügt. Dann werden neue Elemente hinzugefügt, für die Ressourcen, wie neue Materialien oder Handreichungen, genutzt werden. Erfahrene Lehrkräfte nutzen stärker die bereits vorhandenen Schemata und Routinen, Novizen beuten die verfügbaren Ressourcen aus. Elaboration wird entweder für die gesamte Problemkonzeption durchgeführt oder für Teilprobleme.

Die Lösung, die als zufriedenstellend akzeptiert wurde, wird nun einer mentalen Überprüfung ausgesetzt. Yinger bezeichnet dies als *»feasibility testing«*. Hier kommen besondere Methoden der Überprüfung zum Einsatz, die Leerstellen in der Elaboration entdecken helfen. Die Überprüfung bedarf aber auch spezifizierter Indikatoren für die Beurteilung der Güte der Problemlösung. Diese werden aus der übergeordneten Problemkonzeption abgeleitet. Die Stufe der Überprüfung nimmt Zeit in ganz unterschiedlichem Umfang in Anspruch. Bei Experten ist sie Teil einer Planungsroutine, oft wird eine mentale Checkliste durchgespielt. Bei Novizen hat die Überprüfung eher den Charakter einer Untersuchung, die bewusst, detailgenau und zielgerichtet erfolgt. Manchmal erfolgt auch eine Visualisierung der Problemlösung, die als zielgerichtetes mentales *»trying out«* oder als Projektion der Lösung auf die konkrete Schulklasse beschrieben werden kann. Bestimmte Aspekte der Lösung werden dann verworfen, andere werden bestätigt. Auf der letzten Stufe werden die in der Überprüfungsphase gewonnenen Informationen integriert und für eine Transformation der ursprünglichen Lösung genutzt. Dabei wird der Gesamtzusammenhang zur Stunde oder zur Unterrichtseinheit wieder hergestellt. Immer erfolgt eine Anreicherung oder Korrektur der ursprünglichen Konzeption, in seltenen Fällen wird die ursprüngliche Konzeption auch radikal verworfen. Die Adaption ist beides: das Ende und der Anfang des Design-Zirkels. Die ursprüngliche Konzeption wird im Laufe des Prozesses verändert und wieder neu elaboriert, überprüft und angepasst. Ein Problem gilt dann als gelöst, wenn Lösungskonzeption und Erwartungen bzw. Ansprüche, die Teil der übergeordneten Planungsidee sind, zur Deckung kommen.

Die letzte Phase im Planungsmodell ist nicht mehr Bestandteil des **präaktiven Planens**, in ihr wird die Lösung ausgeführt und evaluiert. »However, because in most teaching situations the designer is also the implementer, the end product of the design cycle might be accepted as final solution only if the end product succeeds in the classroom« (Yinger 1980, 121). Die Phasen der Implementation und Evaluation werden von Yinger aus diesem Grund als Teil des Planungsprozesses beschrieben. Für zukünftige Planungsüberlegungen und für die Bildung von Aktivitätsroutinen ist die Evaluation der Ausführung von zentraler Bedeutung. Erst im Prozess der Implementierung des Planungskonzepts erfolgt seine eigentliche Überprüfung. Yinger stellte in seiner Untersuchung fest, dass Aktivitäten oft mehrere Wochen ausprobiert und angepasst wurden, bis sie ins Handlungsrepertoire integriert oder – im Falle anhaltenden Misserfolgs trotz mehrfach vorgenommener Adjustierung – verworfen wurden. Dabei spielen Prozesse der **Routinenbildung** eine große Rolle: »Routines established in the classroom become part of the teacher´s repertoire of knowledge and experience, an important link between current teaching and future planning. As activities take on a routine character in the classroom, they may also take on a routine character in memory« (Yinger 1980, 123). Routinen reduzieren die Planungslast, weil sie Konfigurationen von räumlichen Arrangements, Verhaltenserwartungen, Materialien und Zielen darstellen. Ist mit der Präferenz für ein bestimmtes Skript die Wahl der Aktivitätsstrukturen bereits eingeschränkt, so limitiert die Wahl einer Aktivitätsstruktur wiederum die Optionen hinsichtlich der Aufgabenformate, Fragen, Materialien und Verhaltenserwartung. Insofern beeinflussen die übergeordneten didaktischen Konzeptionen von Lehrkräften den Planungsprozess (Superfine 2008). Viele Planungsentscheidungen bleiben deshalb implizit, die bewusste Planung macht nur einen Teil des Planungsprozesses aus.

Bei der Planung unterscheiden sich Experten und Novizen deutlich voneinander. Experten legen zwar die Lernziele, Aktivitätsstrukturen und den Einsatz grundlegender Arbeitsaufgaben, Medien und Materialien vorher fest, das *Timing*, die Zahl der Beispiele und Erklärungen und Verständnisfragen erfolgen aber in Abhängigkeit vom Verhalten und von den Antworten der Schüler. »In fact, the plans ... typically specified contingencies that were dependent upon student performance« (Livingston & Borko 1989, 38). Novizen dagegen planen nicht nur den Ablauf von Aktivitätsstrukturen, den Einsatz von Aufgaben, Material und Medien, sie investieren viel Zeit in die detailgenaue Planung ihrer Präsentationen, sie überlegen sich konkrete Antworten auf antizipierte Schülerfragen, entwickeln differenzierte Lösungsschemata für ihre Aufgaben und sie rufen sich ihre detaillierten Planungsschemata unmittelbar vor dem Unterricht ins Gedächtnis.

Wie lassen sich diese Unterschiede zwischen Experten und Novizen bei der Planung von Unterricht erklären?

Livingston & Borko halten als Ergebnis ihrer Expertenstudie fest: »Experts' planning can be described as a process of combinating information from existing schemata to fit the particulars of a given lesson. Because experts have well-developed and easily accessible schemata for aspects of teaching such as instructional activities, content, and students, they are able to plan quickly and efficiently. Novices, on the other hand, often have to develop, or at least modify and elaborate, their schemata during planning. Their schemata for pedagogical content knowledge seem particularly limited. While experts' knowledge structures include stores of powerful explanations, demonstrations, and examples for representing subject matter to students, novices must develop these representations as part of the planning process for each lesson« (Livingston & Borko 1989, 39).

Dass Novizen bei der Planung noch nicht auf ein in komplexen Schemata konfiguriertes Wissen zurückgreifen können, lässt sich daran ablesen, dass sie Entscheidungen über Aufgaben, Verhaltenserwartungen, Lernziele und Materialien oft unabhängig voneinander treffen und dass nicht selten Unverträglichkeiten zwischen den einzelnen Planungsentscheidungen entstehen. Auch die Tatsache, dass erfahrene Lehrkräfte nur noch rudimentäre mentale Pläne entwickeln, die eher den Charakter einer **Agenda** als eines Konzepts haben (Leinhardt & Greeno 1986, 76), lässt sich mit der schematischen Organisation des Wissens um Aktivitätsstrukturen erklären.

Eine Möglichkeit der Flexibilisierung von Plänen besteht in der vorausschauenden Identifikation möglicher kritischer Phasen im Unterricht, für die dann alternative Interventionen geplant werden können. Was das Klassenmanagement betrifft, geht es hier um **Situationen mit hoher Störungsanfälligkeit**, z. B. die oben beschriebenen Übergänge zwischen verschiedenen Aktivitätsstrukturen.

Fragen zur Reflexion

Überlegen Sie einen Moment, wie Sie Ihren Unterricht planen!

- Welchen Stellenwert haben die drei Basisdimensionen kognitive Aktivierung, Motivierung und Klassenmanagement?
- Überlegen Sie bei der Planung auch, welche Situationen kritisch sein könnten?
- Inwieweit planen Sie bereits Alternativen ein?

Die Verfügbarkeit komplexer Schemata über typische Unterrichtsverläufe, Schülerverhalten, fach- und entwicklungsspezifische Verständnisprobleme oder Schülerfehler erlaubt es Experten auch, durch den Abgleich der wahrgenommenen Reize mit den gespeicherten Schemata Informationen zu selegieren und im Sinne der Optimierung ihrer Intervention zu nutzen. Viele Expertenstudien konnten belegen, dass Experten ihre Aufmerksamkeit auf typische – das sind meist nur wenige – Elemente einer Situation konzentrieren, während Novizen besonders auffällige Merkmale fokussieren. Bromme (1992) bezeichnet diesen Aspekt der Expertise als eine besondere Form **kategorialer Wahrnehmung**. Experten greifen auf entsprechend organisierte kognitive Schemata zurück, die es erlauben, in einer wahrgenommenen Situation eine Ordnung zu rekonstruieren. Weil Novizen über solche Schemata, weder was den Umfang noch was die Qualität betrifft, nicht auch nur annähernd verfügen, sind sie weder in der Lage, ihre Aufmerksamkeit auf spezifische Hinweisreize zu fokussieren noch wichtige von unwichtigen Informationen zu unterscheiden; vielen Situationen können sie aus diesem Grund keinen Sinn abgewinnen. Die besondere Achtsamkeit (»mindfulness«) hinsichtlich der komplexen Situation im Klassenzimmer wird auch als »**Situation Awareness**« bezeichnet (Langer 1990). Diese Lehrerkompetenz steht in einem deutlichen Zusammenhang mit den Lernerfolgen der Schülerinnen und Schüler (Hattie 2009).

Rasches, **situationsadäquates Reagieren**, das im Bereich des Klassenmanagements von besonderer Bedeutung ist, setzt aber nicht nur eine bestimmte Form der Wahrnehmung voraus, sondern auch die Verknüpfung der Schemata, die die Wahrnehmung orientieren, mit Schemata, die die entsprechenden Handlungsprogramme repräsentieren, sogenannte Skripts (Bromme 1992, 128). Können wird im Rückgriff auf die Theorie des Gedächtnisses von Anderson auf das Verfügen über prozedurales Wissen zurückgeführt. Während **deklaratives Wissen** Wissen über Fakten, Konzepte oder Begriffe bezeichnet, handelt es sich bei **prozeduralem**

Wissen um Wissen, das die Ausführung komplexer Handlungen ermöglicht. Dieses Wissen ist oft nicht bewusst und dadurch charakterisiert, dass Bedingungs- und Operationswissen zielspezifisch verknüpft sind: Wenn also eine bestimmte Bedingung eintritt (Wahrnehmung einer Störung), wird eine bestimmte Handlungsregel (beiläufige Zurechtweisung) mit einem bestimmten Ziel (den reibungslosen Ablauf des Unterrichts zu gewährleisten) in Kraft gesetzt. Oft laufen die Identifikation der Bedingung und die Auslösung der Handlung quasi automatisch ab. Ist die handlungsrelevante Bedingung in einer Situation nicht eindeutig identifizierbar, muss ein bewusster Abgleich der Elemente der Situation und der verfügbaren Handlungsregeln vorgenommen werden. Das ist bei Novizen oft der Fall.

Bromme beschreibt unter Verweis auf Andersons Theorie der Prozeduralisierung deklarativen Wissens einen zweiten Aspekt, der das rasche Handeln in bekannten Situationen ermöglicht: Einzelne Bedingungs-Handlungsregel-Verknüpfungen werden in »längeren Ketten von einzelnen Teilschritten« (Bromme, 1992, 126) verbunden. Eine Kette von Handlungen wird bei erfahrenen Lehrkräften ausgelöst, wenn eine handlungsrelevante Bedingung identifiziert ist.

Von Donald Schön ist das dem raschen situationsangemessenen Handeln zugrunde liegende Wissen als »tacit knowing-in-action«, also stilles Handlungswissen (Schön 1983; 1987), bezeichnet worden. Auf dieses Wissen wird während des Handlungsvollzugs stillschweigend und ohne Überlegungen zurückgegriffen. Handlung und Denken werden eins. »**Tacit knowledge**« kommt dann zum Einsatz, wenn die Situation bekannt bzw. eindeutig identifizierbar ist.

Experten verfügen über ein umfangreiches Repertoire an Fragen, Erläuterungen, Beispielen, und sie sind aufgrund ihrer komplexen und gut vernetzten Schemata in der Lage, diese schnell während des Handelns abzurufen. Dies versetzt sie nicht nur in die Lage, auf Schülerbeiträge adäquat zu reagieren, sondern es setzt auch kognitive Kapazitäten für die Bearbeitung anderer Anforderungen, etwa das **Monitoring** des Schülerverhaltens, frei. Die Fähigkeit zu raschem Handeln und Improvisieren ist also einerseits auf eine reichhaltige Wissensbasis im Fach zurückzuführen, aber auch auf fachspezifisch pädagogisches Wissen, in dem fachliche Inhalte bereits im Hinblick auf didaktische Probleme der Vermittlung verknüpft sind. Experten antizipieren Schwierigkeiten der Schülerinnen und Schüler mit spezifischen Inhalten (Borko & Livingston 1989). Eingespielte **Routinen** und **Prozeduren** (z. B. Frage-Antwort-Routinen) und die Demonstration klarer Verhaltenserwartungen sorgen für einen geräuschlosen und flüssigen Verlauf des Unterrichts. Improvisation und Planung spielen bei Experten aber auch dergestalt zusammen, dass der **skeletthafte Handlungsplan,** die Agenda, den Orientierungshorizont für den Umgang mit Schülerbeiträgen darstellt. Schülerbeiträge und -fragen werden auf die Agenda bezogen. Im Unterschied zu Novizen verlieren Experten diese Agenda nicht aus dem Blick. Das macht sie weniger anfällig für thematische Inkonsistenzen und Umwege und gelassener im Umgang mit Schülerbeiträgen. Auch für die **Stabilisierung des primären Handlungsvektors** (siehe nächstes Kapitel) hat diese Agenda somit eine wichtige Funktion. Der stete Rückbezug auf die Agenda begünstigt darüber hinaus die Vernetzung der Fragen und Beiträge und einen systematischen kohärenten Wissensaufbau der Schülerinnen und Schüler.

Fragen zur Reflexion

- Haben Sie den Eindruck, dass es Ihnen während der gesamten Stunde gelingt, die ganze Klasse mehr oder weniger im Blick zu behalten oder ertappen Sie sich manchmal dabei, dass Sie sich im Wesentlichen auf bestimmte Gruppen von Schülern konzentrieren?
- Welche nonverbalen Techniken zur Steuerung des Unterrichts nutzen Sie?
- Kommt es öfter vor, dass Sie sich von dem, was Sie sich vorgenommen haben, relativ weit entfernen?

Zusammenfassung

Die Qualität des Unterrichts ergibt sich im Zusammenspiel dreier Faktoren:

- der Unterstützung der Informationsverarbeitung oder Wissenskonstruktion, z. B. durch Erklären, Zeigen oder Fragen (*kognitive Aktivierung*),
- der Stimulierung von Interesse am Gegenstand und der Freude am Lernprozess, die Verdeutlichung des Nutzens des Lernergebnisses und der Stärkung der Selbstwirksamkeitserwartung im Lernprozess *(Motivierung)* und
- der Steuerung der Interaktionsprozesse in der Lerngruppe mit dem Ziel der Maximierung der aktiven Lernzeit für alle Schülerinnen und Schüler *(Klassenmanagement)*.

Alle drei Aspekte müssen an die Schülervoraussetzungen angepasst werden, deshalb tritt zu den drei Anforderungen als vierte die *Adaption* hinzu.

Unterrichten ist eine professionelle Expertenleistung, die in institutionalisierten Kontexten stattfindet. Weil Bildung in modernen Gesellschaften eine zentrale Funktion für die Formung des Lebenslaufs hat und Lernen in Schulen immer auch unter den Vorzeichen der Beurteilung steht, stellt die Gestaltung der Beziehung zwischen Lehrkräften und Schülern eine besondere Herausforderung dar. Vor diesem Hintergrund kann die Etablierung eines *Arbeitsbündnisses* als zentrale Voraussetzung eines gelingenden Unterrichts – und damit auch des Klassenmanagements – gelten.

Unterrichten umfasst zwei grundlegende Kompetenzen: eine *Planungskompetenz* und eine *Fähigkeit zum raschen situationsangemessenen Handeln*. Zwar ist Unterricht ein sehr dynamisches System, in dem viele Ereignisse nicht vorhersehbar sind – rasches Entscheiden und Reagieren sind deshalb grundsätzliche Herausforderungen beim Unterrichten –, gleichwohl lassen sich Ereigniskorridore durch eine geschickte Planung eingrenzen. Planung kann auch als Kombination von *Aktivitätsstrukturen* beschrieben werden; eine schwungvolle Rhythmisierung des Unterrichts ist nicht zuletzt von einer gelungenen Kombination von Aktivitätsstrukturen abhängig. Was das Klassenmanagement betrifft, stellen hier insbesondere Übergänge neuralgische Stellen dar.

3 Dimensionen des Klassenmanagements

Aus den vorhergehenden Kapiteln ergeben sich zwei grundlegende Herausforderungen an das Klassenmanagement:

- Wie können im sozialen System der Schulklasse die Erwartungen der Institution und die Bedürfnisse der Mitglieder in ein produktives Verhältnis gesetzt werden? Diese Frage betrifft die Rollenstruktur, das Klima in der Klasse und das Verhältnis von Lehrkraft und Schülern.
- Wie gelingt die koordinierte Steuerung der Lernprozesse von 20 bis 30 Schülerinnen und Schülern, genauer: Wie gelingt die Vereinbarung der Steuerung der Interaktion mit der kognitiven Aktivierung und Motivierung der Schülerinnen und Schüler im Verlauf des Unterrichts?

Gelungenes Klassenmanagement ist erkennbar an einem flüssigen und störungsarmen Unterricht, an einem lerndienlichen Klassenklima und an einem belastbaren Arbeitsbündnis zwischen der Lehrkraft und den Schülern.

Mit den beiden erstgenannten Attributen, störungsarm und flüssig, sind zwei unterschiedliche, sich jedoch ergänzende Sichtweisen auf das Klassenmanagement verbunden: a) die Minimierung von Störungen durch **störungspräventive Maßnahmen** (eindeutige Regeln und Sanktionen, klare Verhaltenserwartungen in wiederkehrenden Situationen) und eine effiziente **Intervention beim Auftreten von Störungen** und Konflikten (Zurechtweisungen und Strafen) und b) die **Steuerung von Verhalten und Aufmerksamkeit der Schülerinnen und Schüler**.

Mit der Verknüpfung beider Aspekte entscheiden wir uns für einen weiten Begriff des Klassenmanagements und für die Integration unterschiedlicher Forschungstraditionen. Der hier vorgeschlagene Begriff des Klassenmanagements bleibt zwar von den anderen Basisdimensionen des Unterrichtens, der kognitiven Aktivierung und der Motivierung, abgrenzbar, es wurde aber im vorausgehenden Kapitel bereits gezeigt, dass ein enger Zusammenhang zwischen allen drei Dimensionen (kognitive Aktivierung, Motivierung und Klassenmanagement) besteht.

In diesem Kapitel soll der eingeführte Begriff des Klassenmanagements genauer definiert werden. Zunächst fragen wir, was die Herstellung **sozialer Ordnung** genau bedeutet (3.1). Daran schließt sich die Einführung zweier zentraler Begriffe an, die für die in den folgenden Kapiteln dargestellten Maßnahmen und Strategien eine herausragende Bedeutung haben: die Begriffe Handlungsprogramm und Handlungsvektor (3.2). Schließlich integrieren wir alle bis zu diesem Punkt vorgetragenen Überlegungen in ein Modell des Klassenmanagements, das drei unterschiedliche Anforderungsbereiche umfasst (3.3).

3.1 Klassenmanagement und die Herstellung sozialer Ordnung

Definition Klassenmanagement:

Zum Klassenmanagement zählen wir alle Aktivitäten einer Lehrkraft, die auf die Herstellung und Aufrechterhaltung der **sozialen Ordnung** im sozialen System Schulklasse gerichtet sind.

Mit sozialer Ordnung ist hier nicht etwa gemeint, dass die Schülerinnen und Schüler immer und in jeder Situation in Übereinstimmung mit einer abstrakten Norm – z. B. »Im Unterricht herrscht immer absolute Ruhe!« – handeln; vielmehr geht es um die Herstellung einer sozialen Situation im Klassenzimmer, die es allen Lernerinnen und Lernern erlaubt, dem geplanten Lernprogramm aktiv zu folgen.

Ordnung ist **kontextspezifisch**, d. h. Verhalten, das in der einen Situation gefordert wird, kann in einer anderen unerwünscht sein und umgekehrt.

Ordnung ist auch kein Zustand, den Lehrkräfte ein für alle Mal erreichen. Soziale Ordnung im Klassenzimmer ist vielmehr **fragil** und muss immer wieder neu hergestellt werden.

Ordnung kann nur zusammen mit den Schülerinnen und Schülern hergestellt werden. Erickson & Schultz (1981) sprechen deshalb von Ordnung als »jointly constituted« (gemeinsam hergestellt).

Für die Herstellung sozialer Ordnung ist, ebenso wie für das Lernen, im engeren Sinne ein funktionierendes **Arbeitsbündnis** zwischen der Lehrkraft und den Schülern konstitutiv.

»Wenn wir Klassenzimmer als dynamische Systeme betrachten, dann ist Ordnung kein statischer Zustand oder die Abwesenheit von Bewegung. Vielmehr ist Ordnung die Passung von Handlung, Struktur und Ziel« (Doyle 2006, 116; Übersetzung F. T.).

Wir folgen hier dem amerikanischen Unterrichtsforscher Walter Doyle, der die Umsetzung eines Handlungsprogramms – das seine Grundlage im Planungsentwurf oder der Agenda hat (vgl. Kapitel 2.3) – unter den typischen Unsicherheitsbedingungen des Unterrichts als Kernmerkmal der Lehrerarbeit betrachtet. Wenn man sich eine Unterrichtsstunde vor Augen führt, ist unmittelbar evident, was mit typischen Unsicherheitsbedingungen gemeint ist: Die Ergebnisse einzelner Handlungen sind nicht nur in hohem Maße ungewiss; ihr Handeln geschieht immer unter Druck, was nichts anderes heißt, als dass Entscheidungen nicht unter den Bedingungen von Handlungsentlastung getroffen werden können. Walter Doyle hat diese Herausforderungen als Multidimensionalität, Simultaneität, Unmittelbarkeit, Öffentlichkeit und Historizität bezeichnet (vgl. im Folgenden Doyle 1986):

- Verschiedene Anforderungen müssen gleichzeitig bewältigt werden: Das gilt in besonderem Maße für die Anforderung, das Lernen der Schüler zu initiieren und zu unterstützen und gleichzeitig ein Mindestmaß an sozialer Ordnung zu gewährleisten. Lernen und soziale Ordnung müssen immer gleichzeitig beachtet und bearbeitet werden (**Multidimensionalität** und **Simultaneität**).

- Aus der konkreten Situation erwachsen unmittelbar und unplanbar immer neue Anforderungen, die irgendwie bearbeitet werden müssen. Lehrkräfte kommen zwar mit geplanten Handlungsprogrammen in den Unterricht (siehe unten), müssen jedoch immer mit nichtantizipierten Verstehensproblemen, Aufmerksamkeitsproblemen oder Störungen rechnen und damit umgehen (**Unmittelbarkeit**).
- Jede Intervention geschieht – anders etwa als die Behandlung beim Arzt – vor einem tendenziell kritischen Publikum, steht also unter Beobachtung. Tendenziell kritisch ist dieses Publikum, weil es bei schulischer Bildung immer auch um lebenslaufbedeutsame (Selektions-)Entscheidungen geht (**Öffentlichkeit**).
- Die Interventionen der Lehrkraft verdichten sich in der Wahrnehmung der Schüler zu typischen Handlungen und entfalten eine historische Faktizität: Das ist einerseits eine elementare Bedingung für das Funktionieren von Regeln, andererseits werden auch misslungene Interventionen nicht einfach vergessen (**Historizität**).

Der deutsche Psychologe Diethelm Wahl (1991) hat Unterrichten als »Handeln unter Druck« bezeichnet. Neben der Komplexität der Handlungsanforderungen, der Situationsdynamik, kennzeichnen insbesondere der Zeitdruck, der Erwartungsdruck und der emotionale Druck das Lehrerhandeln. Unter diesen Bedingungen der Unsicherheit und des Drucks muss ein geplantes Handlungsprogramm, ein Unterrichtsentwurf, realisiert werden.

3.2 Klassenmanagement als Umsetzung eines Handlungsprogramms

Walter Doyle unterscheidet zwischen dem Begriff des **Handlungsprogramms**, das wie ein Skript durch Ziele und methodische Arrangements definiert ist, und dem Begriff des **Handlungsvektors**, also der im Unterrichtsprozess stattfindenden Umsetzung des Handlungsprogramms. Diese auf den ersten Blick vielleicht etwas umständlich erscheinende Unterscheidung ist von hoher praktischer Relevanz, macht sie doch deutlich, dass ein geplantes, möglicherweise sehr gut durchdachtes und durchkomponiertes Handlungsprogramm zunächst einmal lediglich ein Vorhaben der Lehrkraft darstellt, das nur dann in die Tat umgesetzt werden kann, wenn es gelingt, auch die Schülerinnen und Schüler in einer konkreten Situation auf dieses geplante Programm festzulegen (vgl. Marzano 2000). So muss im Unterricht immer ein Anfang gemacht werden – und wie dieser Anfang verläuft, ist nicht nur abhängig von dem Programm der Lehrkraft, sondern auch von den Bedürfnissen,

Erwartungen und Voraussetzungen jeder einzelnen Schülerin und jedes einzelnen Schülers. Dem Verhalten dieser Schülerinnen und Schüler muss die Lehrkraft gewissermaßen eine Richtung geben, sie muss, auf der Grundlage ihres geplanten Handlungsprogramms, einen für alle verbindlichen **Handlungsvektor** etablieren. Ein Handlungsvektor ist durch zwei Gesichtspunkte charakterisiert: erstens durch die Richtung, die er den entsprechenden Interaktionen verleiht, und zweitens durch seine Stärke oder Energie, mit der er diese Interaktionen für eine bestimmte Zeit zu binden vermag.

Die Unterscheidung von Handlungsprogramm und Handlungsvektor ist deshalb nicht trivial, weil, anders als bei einer Partitur, einem Drehbuch oder auch einem architektonischen Entwurf, im Unterricht nicht von einer weitgehenden Übersetzung des Programms in zielgerichtete Aktivitäten ausgegangen werden kann. Schülerinnen und Schüler folgen dem Programm nie vollständig, oft sogar nur in groben Zügen und gelegentlich auch gar nicht. Erfahrene Lehrkräfte – das wurde im vorhergehenden Kapitel erläutert – stellen sich darauf ein und planen eher skeletthaft, haben Alternativen in petto, können aus einem großen Repertoire an Interventionen (Fragen, Erläuterungen, Hinweisen, Zurechtweisungen ...) auswählen, um das Geschehen im Klassenzimmer im Sinne des Handlungsprogramms, d. h. mit Blick auf das Lernziel (koordiniert), auszurichten, und verlieren dabei die Richtung des Handlungsprogramms nicht aus dem Blick.

Die Unterscheidung von Handlungsprogramm und Handlungsvektor ist nicht zuletzt dann relevant, wenn man über die **Optimierung des Klassenmanagements** einer Lehrkraft nachdenkt: Man kann Klassenmanagement sowohl durch die Optimierung von Handlungsprogrammen, also die Planung des Unterrichts, verbessern (z. B. durch die Veränderung der Reihenfolge von Aktivitäten oder durch die Optimierung eines Arbeitsauftrags) als auch durch die Erweiterung und Optimierung von Strategien, die für die Etablierung und Stabilisierung eines Handlungsvektors notwendig sind (z. B. Klarheit von Signalen, Timing in Abhängigkeit von der Situation, Einsatz von Zurechtweisungen). Wo Optimierungsbedarf besteht, sollte durch eine detaillierte Analyse ermittelt werden, die sowohl Planungsüberlegungen als auch die Performanz der Lehrkraft im Unterricht einbezieht.

Der Begriff des Handlungsvektors bringt auch eine veränderte Sichtweise auf **Störungen** mit sich. Störungen werden nicht in erster Line als normabweichendes Verhalten betrachtet, sondern als **sekundäre Handlungsvektoren**, die von den Schülerinnen und Schülern aus ganz unterschiedlichen Gründen – oft nur, wie im ersten Kapitel beschrieben, um dem eigenen Identitätsentwurf Geltung zu verschaffen – initiiert werden und die im Unterricht in erster Linie deshalb ein Problem darstellen, weil sie mit dem von der Lehrkraft initiierten primären Handlungsvektor in Konkurrenz treten. So kann es durchaus ratsam sein, einen schwachen sekundären Handlungsvektor zu ignorieren. Wird jedoch der primäre Handlungsvektor bedroht, beispielsweise indem das Getuschel von zwei Schülern sich ausbreitet, dann kann die Lehrkraft ein ganzes **Spektrum von Strategien** einsetzen: Sie kann indirekt agieren, indem sie versucht, den primären Handlungsvektor zu stärken, zu schützen und abzuschirmen, sie kann aber auch versuchen, ganz direkt den sekundären Handlungsvektor zu schwächen oder zu unterbrechen. Auf diese Strategien werden wir im fünften Kapitel genauer eingehen.

Wenn Lernen und Unterrichtskommunikation in einer konkreten Unterrichtssituation nicht mehr möglich erscheinen und eine **Unterbrechung des primären Handlungsvektors** unvermeidbar ist, weil die Beziehung zwischen Lehrkraft und einzelnen Schülern oder zwischen zwei oder mehreren Schülern zum Thema gemacht werden muss, sprechen wir nicht mehr von einer Störung des Unterrichts, sondern von einem **Konflikt**. Konflikte erfordern andere, z. B. kommunikationstheoretisch und psychologisch begründete, Strategien und Techniken als der Umgang mit Störungen.

Damit ist auch eine klare Unterscheidung zwischen Klassenmanagement und erzieherischen oder gar sozialpädagogischen Interventionen getroffen. Klassenmanagement hat immer eine **Stützfunktion** für unterrichtliches Lernen. Und wenngleich damit natürlich immer auch Erziehungswirkungen verbunden sind, ist Klassenmanagement nicht in erster Linie ein Instrument der Erziehung! Beim Klassenmanagement geht es immer um die Herstellung einer Situation, in der Lernen für alle möglich ist.

Klassenmanagement, verstanden als Umsetzung eines Handlungsprogramms, schließt beide im vorausgehenden Kapitel dargestellten Kompetenzbereiche ein: Erstens die **Planung von Handlungsprogrammen**, die sich (z. B. durch ihre Klarheit und Eindeutigkeit) als Grundlage für einen stabilen Handlungsvektor eignen. Zweitens Strategien, die der Lehrkraft die **Etablierung und Stabilisierung eines** entsprechenden **Handlungsvektors** ermöglichen.

Ein Beispiel zur Bedeutung des in Trainings zum Klassenmanagement oft vernachlässigten Handlungsprogramms findet sich unten. Es handelt sich um den Beginn einer Erdkundestunde, transkribiert wurden nur die Lehreräußerungen:

Erläuterung des Handlungsprogramm zu Beginn einer Unterrichtsstunde (Lehrer): »Wir haben die Bücher alle verteilt, wer jetzt keins hat, dessen Buch muss zu Hause sein. Gut, schlagt jetzt schon mal im Buch diese Seite auf, die ich angegeben habe (zeigt zur Tafel, wo steht: Ek-Buch, 57). Darüber sprechen wir dann gleich und ich stell' mal fest, wer jetzt noch nicht da ist. Ja? Buch aufschlagen, Jacken ausziehen! (Setzt sich und beginnt, Notizen zu machen). Guckt Euch schon mal die Bilder an einfach! So. Jakob, Peter, was ist mit Abbas, Abbas fehlt, oder? – Pssst. Sarah, beherrsch' dich! So, Burah fehlt. Du sollst die Bilder angucken! Alex! Du hast doch 'ne Aufgabe! Guck' schon mal ins Buch, wo die Bilder sind!«

Bei dem der Szene zugrunde liegenden Handlungsprogramm handelt es sich erstens um ein multifunktionales, **hybrides Programm**, d. h. es sind mehrere gleichzeitige Aktivitäten vorgesehen: Ausziehen der Jacken und Einnehmen der Plätze durch die Schüler, die Feststellung der Anwesenheit, das Aufschlagen der Bücher, die Einigung der Schüler bezüglich des Umgangs mit fehlenden Büchern und das Anschauen der Bilder in dem Buch. Hybride Handlungsprogramme sind in der Umsetzung sehr viel anspruchsvoller als einfach strukturierte Handlungsprogramme (Doyle 1984), was sich in diesem Beispiel darin äußert, dass der Lehrer durch Zurechtweisungen und eine Wiederholung des Auftrags den Handlungsvektor zu sichern versucht. Zweitens handelt es sich, was den Lernauftrag an die Schüler angeht (»die Bilder angucken«), um ein eher **unklar definiertes Handlungsprogramm** – ebenfalls eine ungünstige Voraussetzung im Hinblick auf die Etablierung eines stabilen Handlungsvektors.

Ebenso wichtig wie die Etablierung und Stabilisierung eines Handlungsvektors ist die **Beendigung eines Handlungsvektors.** Das gilt nicht nur für den Abschluss einer Unterrichtsstunde. Unterricht besteht ja, wie bereits beschrieben wurde, aus einer ganzen Reihe unterschiedlicher Aktivitätsstrukturen, die zu einem Skript kombiniert und durch Übergänge verbunden werden. Dies impliziert, dass häufig Handlungsvektoren beendet und neue Handlungsvektoren wieder etabliert werden müssen. Ein klar beendeter Handlungsvektor signalisiert den Schülerinnen und Schülern, dass eine Lernaktivität abgeschlossen ist und – wenn es sich nicht um die Abschlussphase handelt – dass eine neue Aktivität folgt. Optimal wird eine Lernaktivität dadurch beendet, dass das Ergebnis dieser Aktivität zusammengefasst und ein Ausblick auf die nachfolgende Aktivität gegeben wird, der den Übergang orientiert.

Fragen zur Reflexion

- Welche Veränderungen des Handlungsprogramms für den Unterrichtsbeginn würden Sie dieser Lehrkraft vorschlagen, um günstigere Voraussetzungen für einen stabilen Handlungsvektor zu schaffen?
- Denken Sie an einen typischen Unterrichtsbeginn in Ihrer Praxis. Wie würden Sie das Handlungsprogramm beschreiben?
- Wie gelingt Ihnen in der Regel der Wechsel von einer Aktivität zur nächsten?

3.3 Drei Anforderungsbereiche des Klassenmanagements

Entsprechend der vorausgehenden Ausführungen lässt sich Klassenmanagement auf drei grundlegende Anforderungsbereiche beziehen (Ophardt & Thiel 2007; Ophardt & Thiel 2008):

Einführung von Regeln und Einübung von Verhalten

Ein störungsfreier und flüssiger Unterricht ist nur möglich, wenn bestimmte Voraussetzungen geschaffen und Rahmenbedingungen hergestellt sind: Allgemeine Normen des sozialen Umgangs und des Lernens müssen bekannt und akzeptiert sein, das Gleiche gilt für Schul- und Klassenregeln. Regelmäßig wiederkehrende

Handlungsabläufe, wie das Herausholen der Lernmaterialien, das Austeilen von Arbeitsblättern oder die Bildung von Arbeitsgruppen, müssen etabliert sein. Dies setzt nicht nur die sorgfältige Einführung und Etablierung von Regeln, den gezielten Aufbau und die Modifikation von Verhalten, die Vermittlung von Selbstregulationskompetenzen sowie die Einübung von Handlungsabläufen – wir sprechen im Folgenden von Interaktionsskripts – voraus, sondern auch eine entsprechende Einrichtung der Lernumgebung, die den Schülerinnen und Schülern die Ausführung erwarteter Handlungen ermöglicht und der Lehrkraft eine effektive »Überwachung« des Schülerverhaltens erlaubt. So muss etwa die Zugänglichkeit von Material oder die Beweglichkeit der Sitzordnung gesichert sein, wenn selbstständiges Arbeiten in Gruppen von den Schülerinnen und Schülern erwartet wird. Obwohl die Etablierung von Verhaltenserwartungen typischerweise in den ersten ein bis zwei Wochen nach Übernahme einer neuen Klasse stattfindet, muss an ihrer Verstetigung kontinuierlich gearbeitet werden.

Steuerung von Unterrichtsprozessen

Innerhalb dieser Rahmenbedingungen kann dann ein konkretes Handlungsprogramm umgesetzt werden; Walter Doyle spricht hier auch vom ›Enaktieren‹ eines Handlungsprogramms. Um einen dem Handlungsprogramm entsprechenden Handlungsvektor in Gang zu setzen, müssen neben einer Aufgabe oder Anforderung (einen Lückentext bearbeiten, einen Bericht verfassen usw.) auch immer die auf die jeweilige Lernaktivität bezogenen Verhaltenserwartungen (nach vorne schauen, nicht sprechen, leise sprechen, nicht hereinrufen, erst melden, mit einem Partner zusammenarbeiten usw.) kommuniziert werden. Je besser zuvor bestimmte Regeln definiert und akzeptiert sind und je besser bestimmte ›Interaktionsskripte‹ (Prozeduren, Rituale) eingeübt sind, desto flüssiger gelingt das Etablieren und Aufrechterhalten eines Handlungsvektors. Die Lehrkraft kann im günstigen Fall allein durch den Einsatz von Signalen und Hinweisen sowie durch die gelegentliche Verstärkung erwünschten Verhaltens und durch Zurechtweisungen bei Störungen die Lehrer-Schüler-Interaktion im Klassenzimmer im Sinne des oben genannten Prinzips sozialer Ordnung steuern.

Bearbeitung von Konflikten in der Schulklasse

Immer wieder geraten Lehrkräfte in eine Situation, in der die Fortführung des geplanten Unterrichts nicht mehr möglich ist. Provozierendes, bisweilen aggressives Verhalten einzelner oder mehrerer Schüler, welches das etablierte System sozialer Ordnung untergräbt, erfordert eine Unterbrechung des Unterrichts. Hier handelt es sich nicht mehr nur um eine Störung, sondern um einen Konflikt, dessen langfristige Lösung eine systematische Erfassung der Ursachen des Verhaltens erforderlich macht. Es ist davon auszugehen, dass ein solches Verhalten immer eine bestimmte Funktion hat: So kann etwa demonstrative Verweigerung der Anstrengung als selbstwertdienliche Bewältigungsstrategie bei einem antizipierten Misserfolg in einer Leistungssituation fungieren. Zunächst aber gilt: In dieser für die Lehrkraft sehr belastenden Situation muss gehandelt werden! Die Lehrkraft muss zunächst entscheiden, ob sie den Konflikt in und mit der Klasse thematisiert – in einigen Fällen kann dies sinnvoll sein – oder ob sie ein Konfliktgespräch mit dem fraglichen Schüler/der Schülerin außerhalb des Unterrichts führt. Möglicherweise ist auch die Hinzuziehung weiterer professioneller Experten, etwa des Schulleiters oder schulpsychologischer Experten, unumgänglich. Es handelt sich hier um eine Art Überweisungsvorgang, der bei anderen Professionen, wie beispielsweise Ärzten, offensichtlich viel selbstverständlicher erscheint als bei Lehrkräften. Konfliktarbeit mit den Schülerinnen und Schülern stellt gewissermaßen einen Randbereich des Klassenmanagements dar, dem jedoch bei einem hohen Anteil an Risikoschülern mit gering ausgeprägten Selbstregulationsfähigkeiten eine zentrale Rolle für die Etablierung einer sozialen Ordnung im Unterricht zukommt.

Anforderungsbereiche des Klassenmanagements

Einführung von Regeln und Einübung von Verhalten

- Einführung von allgemeinen Normen, Schul- und Klassenregeln
- Gezielter Aufbau und Modifikation von Verhalten
- Einübung von Interaktionsskripten (Prozeduren und Rituale)
- Einrichtung einer Lernumgebung

Steuerung des Unterrichtsflusses

- Aktivierung von eingeübten Interaktionsskripten
- Steuerung der Aufmerksamkeit durch Signale
- Steuerung des Verhaltens durch Lob und Zurechtweisungen

Bearbeitung von Konflikten in der Schulklasse

- Metakommunikation im Unterricht
- Konfliktgespräch außerhalb des Unterrichts
- Überweisung der Schülerin/des Schülers an andere Professionelle

In den folgenden Kapiteln werden die drei Anforderungsbereiche des Klassenmanagements genauer beschrieben und es werden konkrete Beispiele für die Bearbeitung dieser Anforderungen skizziert.

Zusammenfassung

Klassenmanagement wird definiert als Herstellen und Aufrechterhalten sozialer Ordnung. Ordnung bedeutet, dass die Schülerinnen und Schüler dem von der Lehrkraft definierten Handlungsprogramm folgen.

Das Handlungsprogramm (der Unterrichtsplan oder -entwurf) wird in einen primären Handlungsvektor übersetzt, auf den die Lehrkraft die Schülerinnen und Schüler verpflichtet. Der Handlungsvektor, der beispielsweise durch die Formulierung einer Aufgabe etabliert wird, ist grundsätzlich labil. Störungen (sekundäre Handlungsvektoren, die von den Schülerinnen und Schülern initiiert werden) können in Konkurrenz zum primären Handlungsvektor treten.

Zur Stabilisierung des primären Handlungsvektors schaffen Lehrkräfte erstens geeignete Rahmenbedingungen, indem sie Regeln und Prozeduren einführen, Verhalten und Verhaltenskontrolle gezielt aufbauen und indem sie eine Lernumgebung einrichten, die ihnen die Überwachung und Steuerung der Aktivitäten der Schülerinnen und Schüler erleichtert. Eine wichtige Kompetenz ist auch die Beendigung eines Handlungsvektors und die Vorbereitung der Schülerinnen und Schüler auf die nachfolgende Aktivität.

Lehrkräfte nutzen zweitens Strategien und Techniken zur Steuerung der Aufmerksamkeit der Schülerinnen und Schüler. Das ist zunächst ein System von verbalen und nonverbalen Signalen und Hinweisen zur Steuerung der Aufmerksamkeit. Eine wichtige Rolle spielen Strategien im Umgang mit Störungen, die von Ignorieren bis zur Durchsetzung von Sanktionen reichen. Erfahrene Lehrkräfte nutzen außerdem Lob und Anerkennung zur Steuerung von Verhalten.

Im Fall von Konflikten, die durch widerstreitende Interessen, Werte und Einstellungen ausgelöst werden – und im Unterschied zu Störungen, die nicht innerhalb des Unterrichts bearbeitet werden können –, ist drittens der Einsatz besonderer Techniken konstruktiver Konfliktlösung erforderlich.

4 Einführung von Regeln und Einübung von Verhalten

Was sind gute Voraussetzungen und Rahmenbedingungen für einen störungsarmen und flüssigen Unterricht? Wie können Lehrkräfte solche Bedingungen schaffen? Was sollten sie am Beginn eines Schuljahrs oder – noch wichtiger – bei Übernahme einer neuen Klasse investieren?

Carolyn Evertson und Edmund Emmer (1982), die einige Trainingsprogramme zum Klassenmanagement entwickelt haben, legen Wert auf vorbereitende Aktivitäten. Erfolgreiche Klassenmanager – so ihre Beobachtung – investieren viel Zeit in die **Etablierung von Verhaltenserwartungen**, in die **Einübung von erwartetem Verhalten**, in die **Einführung von Prozeduren und Routinen** für regelmäßig wiederkehrende Anforderungen und in die räumliche **Gestaltung der Lernumgebung**. Oft werden die ersten Wochen im Schuljahr für entsprechende Übungen und Trainings reserviert. Bei Schülerinnen und Schülern mit besonderem Unterstützungsbedarf sind projektförmige Trainingsphasen zum Erwerb sozialer Kompetenz und systematische Verhaltensmodifikation hilfreich.

Zunächst widmen wir uns in diesem Kapitel der Frage, welche Verhaltenserwartungen und **Regeln** man unterscheiden kann und wie sie am besten einzuführen sind (4.1).

Allein die Einführung von Regeln ist allerdings keine Garantie für ihre tägliche Beachtung. Manchen Schülerinnen und Schülern fällt die Einhaltung von Regeln schwer, weil sie nicht über entsprechende Kompetenzen zur Selbstregulation ihres Verhaltens verfügen. Deshalb beinhaltet Regelarbeit auch den gezielten Aufbau eines Repertoires von Verhaltensweisen. In der Regel geschieht dieser **Verhaltensaufbau** durch den systematischen Einsatz positiver (Belohnungen, Lob) und negativer (Bestrafungen, Tadel) Konsequenzen, aber auch mithilfe von Techniken zur Stärkung von Selbstregulationskompetenzen wie Modellieren von Verhalten oder Selbstanweisungstechniken. In Kapitel 4.2 werden die wichtigsten Grundlagen zum Verhaltensaufbau und zur Modifikation von Verhalten beschrieben.

Im Kapitel 4.3 steht die Einführung und Übung von sogenannten **Interaktionsskripts** (Prozeduren, Rituale) im Mittelpunkt. Interaktionsskripts kommen bei ganz unterschiedlichen Anlässen zum Einsatz, beispielsweise bei der Bildung von Gruppen für kooperatives Lernen, beim Bereitlegen der Arbeitsmaterialien oder bei Klassengesprächen, Einzelarbeit, Partnerarbeit.

Abschließend werden grundlegende Aspekte der Einrichtung einer Lernumgebung beschrieben (Kapitel 4.4).

4.1 Einführung von Normen und Regeln im Unterricht

Unterricht stellt aufgrund seiner Multidimensionalität, Simultanität und Komplexität (siehe oben) nicht nur an die Lehrkräfte hohe Anforderungen, sondern auch an die Schülerinnen und Schüler. Wenn 20 oder (manchmal deutlich) mehr Personen viele Stunden lang auf relativ engem Raum zusammen sind, um **Lehr-Lern-Aktivitäten** auszuführen, sind alle Beteiligten herausgefordert. Zum einen beziehen sich die Anforderungen auf den **allgemeinen sozialen Umgang** (gegenseitiger Respekt vor der körperlichen und seelischen Integrität des anderen, die Respektierung von Eigentumsrechten, Aufrichtigkeit usw.). Zum anderen ergeben sich aus den Zielen der Institution Schule verschiedene auf das Lernen bezogene Verhaltenserwartungen. Für die Schüler und Schülerinnen heißt das beispielsweise, eine grundsätzliche Bereitschaft zur Anstrengung zu zeigen – für Lehrkräfte heißt das, optimale Lerngelegenheiten zu gestalten, die Schüler und Schülerinnen nach besten Kräften bei der Entwicklung ihrer Potenziale und bei der Kompensation von Defiziten zu unterstützen und ihre Leistungen gerecht zu beurteilen.

Diese, man könnte sagen: eigentlich selbstverständlich vorauszusetzenden, Verhaltensanforderungen stellen für viele Schülerinnen und Schüler aus verschiedenen Gründen eine Überforderung dar. In vielen Studien (vgl. als Überblick Emmer & Gerwels 2006) konnte gezeigt werden, dass erfolgreiche Lehrkräfte in ihrem Unterricht großen Wert darauf legen, die geltenden Normen, Regeln sowie die erwarteten Verhaltensweisen in geeigneter Weise zu thematisieren. In der nachfolgenden Gegenüberstellung von Äußerungen eines erfahrenen Lehrers mit den Äußerungen einer Lehramtsanwärterin werden jeweils unterschiedliche berufsbezogene Überzeugungen im Hinblick auf die **Regelarbeit** deutlich:

Lehramtsanwärterin:	**Erfahrener Lehrer:**
»Also ich habe das für mich schriftlich aufgeschrieben, was ich erwarte, aber ich habe es nicht mit ihnen besprochen und ausdiskutiert, also wir haben bis jetzt noch keine Regeln aufgeschrieben, weil es eigentlich ganz gut funktioniert«.	»Die Regelarbeit ist eigentlich die Basis von Schule, und das beginnt, dass wir in der 7. Klasse ›soziale Woche‹ machen, d. h., wo Schüler an Regeln herangeführt werden, also wir schon unterscheiden zwischen Regeln des Zusammenarbeitens und Regeln des Zusammenlebens.«

Aus Sicht der Lehramtsanwärterin ist die Thematisierung von Regeln vor allem eine *Reaktion* auf Probleme der sozialen Ordnung. In ihrer Klasse hält sie eine solche Thematisierung von Regeln für überflüssig, »weil es eigentlich ganz gut funktioniert«. Aus Sicht des erfahrenen Lehrers hingegen ist die Thematisierung von

Regeln eine unverzichtbare *Voraussetzung* für gelingenden Unterricht, sie stellt für ihn »die Basis von Schule« dar. Dieser Lehrer verwendet den Begriff der »Regelarbeit«, um deutlich zu machen, dass Maßnahmen zur präventiven **Stabilisierung des Handlungsvektors** einen zentralen Stellenwert haben. An seiner Schule werden zu Beginn des Schuljahres – unabhängig davon, wie es in der einzelnen Klasse funktioniert – Regeln systematisch eingeführt. In der Aussage deutet sich weiterhin an, dass der Lehrer eine klare Vorstellung von den Verhaltenserwartungen seiner Schüler und Schülerinnen hat. Mit der Unterscheidung von »Regeln des Zusammenarbeitens und Regeln des Zusammenlebens« bringt er die eingangs genannten beiden Typen von Verhaltensanforderungen auf den Punkt.

Diese Grundorientierung des erfahrenen Lehrers zeigt sich auch in den Befunden zahlreicher Beobachtungsstudien (Evertson & Emmer 1982; Emmer & Gerwels 2006; Leinhardt, Weidmann & Hammond 1987). Hier wurden folgende typische Handlungsstrategien erfolgreicher Lehrkräfte ermittelt:

Erfolgreiche Lehrkräfte ...

- kommunizieren sehr deutlich über Normen und Regeln,
- nutzen den Beginn eines Schuljahres, um diese systematisch zu erklären und einzuführen,
- verwenden genügend Zeit, um die Regeln und die damit verbundenen ›Verhaltensskripte‹ in verschiedenen Kontexten konkret zu verdeutlichen,
- geben insbesondere zu Beginn des Schuljahres sofort eine Rückmeldung, inwiefern das jeweilige Verhalten mit der Erwartung übereinstimmt,
- nehmen auch im Laufe des Schuljahres immer wieder Bezug auf vereinbarte Verhaltenserwartungen.

Es ist offensichtlich, dass es nicht nur um die Frage geht, ob und welche Normen und Regeln zum Thema gemacht werden, sondern ob diese verdeutlicht und konkretisiert werden. Dazu gehört auch, dass gegebenenfalls das erwünschte Verhalten eingeübt wird (siehe Kapitel 4.2). Das Thema **Regelarbeit** umfasst also ganz unterschiedliche Teilaspekte, mit denen jeweils bestimmte Handlungsstrategien von Lehrkräften verbunden sind. Diese Teilaspekte der Regelarbeit, die in der Praxis eng miteinander verknüpft sind, wollen wir im Folgenden einzeln betrachten.

Zunächst wird es darum gehen, welche Funktion die Thematisierung von **allgemeinen Normen des Umgangs und des Lernens** hat. Im Anschluss daran gehen wir darauf ein, wie diese Normen konkretisiert, also »kleingearbeitet« werden. Dies geschieht durch die Einführung von **Schul- und Klassenzimmerregeln** zu verschiedenen Bereichen.

Allgemeine Normen des sozialen Umgangs und des Lernens

Allgemeine Normen beanspruchen universelle Geltung. Sie beziehen sich a) auf **übergeordnete gesellschaftliche Werte**, die, wie bereits oben ausgeführt wurde, den Umgang untereinander regeln, und b) auf **grundlegende schulische Werte**, die das Lehren und Lernen betreffen. Vielfach werden diese grundlegenden Prinzipien auch für die gesamte Schule als Leitlinien formuliert. Beispiele für allgemeine Normen sind:

Allgemeine Normen des sozialen Umgangs:

- Jeder hat das Recht, seine Meinung zu sagen.
- Jeder hat ein Recht auf Respekt.
- Wir verpflichten uns auf einen gewaltfreien Umgang miteinander.
- Wir respektieren das Eigentum anderer.
- Wir grenzen niemanden aus.

Normen schulischen Lernens:

- Jeder soll die Möglichkeit haben, seine Fähigkeiten weiterzuentwickeln.
- Wir bemühen uns gemeinsam um ein gutes Lernklima.
- Wir unterstützen uns beim Lernen gegenseitig.
- Bei der Bearbeitung von Aufgaben geben wir unser Bestes.

Allgemeine Normen und Normen schulischen Lernens regulieren das Verhalten von Schülerinnen und Schülern eher indirekt, haben jedoch die wichtige Funktion der Begründung und Legitimation konkreter Regeln. Durch den Hinweis auf allgemeine Normen machen Lehrkräfte deutlich, dass sie nicht aus einer willkürlichen Machtposition heraus reglementieren, sondern weil sie einem übergreifenden Ziel verpflichtet sind. Dies setzt natürlich voraus, dass die allgemeinen und schulischen Normen von allen Interaktionsteilnehmern akzeptiert sind. Für die Lehrkraft ergibt sich im Übrigen dieselbe Verpflichtung auf diese allgemeinen Normen wie für Schülerinnen und Schüler. Nur wenn sie selbst erfüllt, was sie von diesen erwartet, kann sie damit rechnen, dass ihr Machtvorsprung als legitim akzeptiert wird (vgl. Kapitel 1.1).

Viele Lehrkräfte verweisen in Situationen, in denen ihr Unterricht gestört wird, auf übergreifende Normen, um den Sinn bestimmter Regeln oder auch Zurechtweisungen zu verdeutlichen und damit deren Akzeptanz zu erhöhen.

Im folgenden Ausschnitt aus einem Interview mit einer erfahrenen Lehrerin wird deutlich, dass bei der Einführung von Regeln die Bezugnahme auf übergreifende Normen eine wichtige Rolle spielt.

> Lehrerin: »Dann haben wir natürlich unsere Hausordnung, die den Schülern in der Kennenlernwoche bekannt gemacht wird, mit der man dann arbeitet, an der man noch mal die Regeln erklärt, ihnen noch mal deutlich macht, also wenn ich

> Krach mache, kann ein anderer nicht verstehen, wenn ich dazwischenrufe, kann ein anderer nicht entscheiden, welche Lösung ist denn nun die richtige, ja also bei dem Durcheinander funktioniert das einfach nicht, das Ziel, das wir hier beim Lernen erreichen wollen, zu erreichen.«

In der Passage werden zwei Aspekte der Regelarbeit thematisiert: Die Lehrerin begründet die angesprochenen Regeln durch ein übergreifendes, für alle gültiges Ziel (»das Ziel, das wir hier beim Lernen erreichen wollen«) und sie macht an mehreren Beispielen deutlich, warum bestimmte Verhaltensweisen (Dazwischenreden usw.) diesem Ziel widersprechen, d. h. der Sinn der Regeln wird damit verdeutlicht.

Normen schulischen Lernens sind jedoch nicht nur zur Unterstützung der Durchsetzung von Regeln von Bedeutung, sondern sie haben auch einen wichtigen Stellenwert für das **professionelle Ethos** – oder das professionelle Selbstverständnis – von Lehrkräften. In einer Studie zu professionellen Orientierungen von Lehrkräften einer Berliner Hauptschule (Ophardt 2006) konnte gezeigt werden, dass es Expertenlehrkräften gelingt, Wertschätzung und Verständnis für die Schülerinnen und Schüler und die gleichzeitige Verpflichtung auf anspruchsvolle Lernziele zu verbinden. Eine gelungene Verbindung dieser beiden Orientierungen stellt einen wichtigen und stabilisierenden Bestandteil des professionellen Ethos dar. Dies gilt insbesondere unter Bedingungen, in denen sozialpädagogische Anforderungen in den Vordergrund zu geraten drohen, wie etwa in Hauptschulen.

Dass das explizite Hinweisen auf Normen des Lernens nicht nur ein Ausdruck des professionellen Ethos ist, sondern darüber hinaus auch einen Teilaspekt der Unterrichtsqualität darstellt, konnte durch verschiedene Befunde der Unterrichtsforschung belegt werden (Brophy & Good 1986).

Fragen zur Reflexion

- Sprechen Sie mit Ihren Schülern über Ihr professionelles Ethos?
- Wenn ja: Bei welcher Gelegenheit machen Sie das? Welche Aspekte sprechen Sie an? Welche Erfahrungen haben Sie damit gemacht?
- Wird an Ihrer Schule in der öffentlichen Kommunikation professionelles Ethos zum Thema gemacht? Bei welcher Gelegenheit geschieht dies? Welche Aspekte werden angesprochen?

Die Kommunikation über allgemeine, übergreifende Normen stellt allerdings, wie bereits oben ausgeführt, noch keine hinreichende Bedingung für soziale Ordnung im Unterricht dar. Von zentraler Bedeutung ist, wie die allgemeinen Normen durch Regeln konkretisiert werden.

Schul- und Klassenregeln

Regeln beschreiben konkrete Verhaltensanforderungen, die Voraussetzungen für einen reibungslosen Unterricht darstellen. Vielfach werden geltende Regeln visualisiert, sodass im Unterricht immer wieder auf sie Bezug genommen werden kann. Entsprechend der vielen verschiedenen Aspekte des sozialen Umgangs und des Lernens lassen sich unterschiedliche Regelbereiche definieren.

Ein Regelbereich bezieht sich auf die eingeschränkte Nutzung bestimmter Gebrauchsgegenstände. Obwohl die Auswahl reglementierter Bereiche zwischen Schulen und Klassen variiert, existiert in der Praxis ein überschaubares Spektrum üblicherweise reglementierter Verhaltensweisen. In der Sekundarstufe I beziehen sich Nutzungseinschränkungen häufig auf folgende Aspekte:

- Mitbringen und Gebrauch von Handys, Spielkonsolen, MP3-Playern usw.,
- Verzehr von Lebensmitteln und Getränken,
- Kauen von Kaugummi im Unterricht,
- Tragen von Kopfbedeckungen und Außenbekleidung im Unterricht.

Im Unterschied zu gesetzlichen Regelungen (z. B. Verbot von Rauschmitteln, Zigaretten und Alkohol bei Jugendlichen, Verbot von Waffenbesitz) müssen die genannten Regeln auf Schul- und/oder Klassenebene vereinbart und von den jeweils verantwortlichen Lehrkräften durchgesetzt werden. Obwohl es sich um eine überschaubare Anzahl von Verboten handelt, darf nicht unterschätzt werden, dass mit der Regelarbeit eine Reihe von Anforderungen an die Lehrkräfte verbunden ist: Ihnen obliegt es, auf Verhaltensabweichungen (z. B. Kaugummiverbot) zu achten, Abweichungen wahrzunehmen und dann das gewünschte Verhalten durchzusetzen. Potenziell stellt jeder dieser Durchsetzungsvorgänge einen Anlass für Konflikte dar, weshalb sich viele Schulen und Lehrkräfte für eine sparsame Auswahl von Einschränkungen entscheiden.

Weitere Regelbereiche beziehen sich auf eine Konkretisierung der oben genannten allgemeinen Normen des sozialen Umgangs und des Lernens, so z. B.:

Regeln zum sozialen Umgang:

- Wir halten immer einen Abstand zueinander und treten uns nicht zu nahe.
- Wenn wir anderer Meinung sind, sagen wir diese ruhig und sachlich.
- Wenn wir jemanden kritisieren, achten wir darauf, dass wir höflich sind.
- Wir sprechen uns mit unserem richtigen Namen an oder mit einem Spitznamen, mit dem wir einverstanden sind.
- Wenn jemand schikaniert wird, dann helfen wir ihm.
- Usw.

Regeln zu Hausaufgaben, Klassenarbeiten und Abwesenheit:

- Hausaufgaben sind zu den genannten Terminen zu erledigen.
- Verbesserungen von Klassenarbeiten sind zur darauffolgenden Stunde abzugeben.
- Wer eine Hausaufgabe nicht erledigen kann, muss eine Entschuldigung vorlegen.
- Klassenarbeiten werden eine Woche vorher angekündigt.
- Tests werden nicht angekündigt.
- Tests zählen zur mündlichen Note.
- Was in der Klassenarbeit erwartet wird, wird vorher deutlich gemacht.
- Wer aufgrund von Krankheit nicht am Unterricht teilnehmen kann, meldet dies beim Sekretariat.
- Jedes Fehlen muss von den Eltern schriftlich entschuldigt werden.
- Usw.

Welche Schul- und Klassenregeln thematisiert werden, wie sie formuliert werden und wie sie den Schülerinnen und Schülern vermittelt werden, hängt von den jeweiligen Bedingungen und Schwerpunktsetzungen ab. Gleichwohl lassen sich vor dem Hintergrund der oben genannten Befunde zu erfolgreichen Lehrkräften zusammenfassend folgende Kriterien für die Etablierung von Schul- und Klassenregeln nennen:

Regeln sollten

- durch übergreifende Normen legitimiert sein,
- den Schülern in geeigneter Weise vermittelt und nötigenfalls immer wieder in Erinnerung gerufen werden,
- in allen Situationen, für die sie Gültigkeit beanspruchen, konsequent Gültigkeit haben,
- durch die Lehrkraft überwachbar und durchsetzbar sein,
- zu den Handlungsprogrammen der jeweiligen Lehrkraft passen.

Wie bereits oben angedeutet wurde, stellen die **Einführung, Überwachung und Durchsetzung von Regeln** eine nicht zu unterschätzende Anforderung dar. Der Umgang mit Regeln muss »gepflegt« werden, daher ist die Konzentration auf eine Auswahl bearbeitbarer und unverzichtbarer Regeln anzuraten. Hinzu kommt: Ein **Regelverstoß** muss negativ sanktioniert werden. Die Lehrkraft sollte der Frage angemessener und wirksamer **Sanktionen** bei Regelverstößen genauso viel Aufmerksamkeit widmen wie der Aufstellung der Regeln selbst. Aber nicht nur der Regelverstoß muss sanktioniert werden, sondern auch das erwartungsgerechte Verhalten – dieses selbstverständlich positiv! Es ist aus verschiedenen Gründen sinnvoll, auch auf den Aufbau des gewünschten Verhaltens und nicht allein auf die ›Löschung‹ des unerwünschten Verhaltens zu achten (siehe dazu das folgende Kapitel).

Checkliste	Trifft eher zu	Trifft eher nicht zu
Ich habe eine genaue Vorstellung darüber, welche Regeln für meinen Unterricht wichtig sind.		
Ich konzentriere mich auf Regeln, die zu meinen Handlungsprogrammen und zu meinen Schülern passen.		
Ich überlege mir genau, wie und wann ich Regeln einführe.		
Ich investiere genügend Zeit, um den Schülern die für meinen Unterricht wichtigen Regeln zu vermitteln.		
Es gelingt mir im Großen und Ganzen, die in meinem Unterricht geltenden Regeln zu überwachen.		
Es gelingt mir im Großen und Ganzen, die in meinem Unterricht geltenden Regeln konsequent durchzusetzen.		

Fragen zur Reflexion

- Welche Regeln gelten in Ihrem Unterricht?
- Wie haben Sie die Regeln eingeführt?
- Werden die Regeln im Allgemeinen akzeptiert?
- Was tun Sie, um regelgemäßes Verhalten bei Schülerinnen und Schülern zu befördern?
- Wie reagieren Sie bei Regelverstößen?
- Welche Sanktionen setzen Sie bei Regelverstößen ein?

4.2 Aufbau und Veränderung von Verhalten

Dass eine Regel formuliert und begründet wurde, reicht in vielen Fällen allein nicht aus. Erwartetes Verhalten muss gezielt aufgebaut werden, regelwidriges Verhalten muss sanktioniert werden.

Die Frage des Aufbaus von erwünschtem und der Veränderung von unerwünschtem Verhalten ist Gegenstand der Theorie des **operanten Konditionierens**. Die grundlegende Annahme dieses Ansatzes lässt sich wie folgt zusammenfassen:

Verhaltensweisen werden in Abhängigkeit von ihren Konsequenzen stabilisiert oder verändert. Ein bestimmtes Verhalten hat gewissermaßen die Funktion eines Instruments zur Herstellung angenehmer oder zur Vermeidung unangenehmer Konsequenzen. Soll Verhalten verändert werden, sind außerdem die dem Verhalten vorausgehenden Bedingungen zu beachten. Diese werden im Unterschied zu den dem Verhalten nachfolgenden (**konsequenten**) Bedingungen als **antezedente** Bedingungen bezeichnet. Ein Beispiel: Wenn die Lehrerin im Klassengespräch eine Frage stellt (antezedente Bedingung), erwartet sie, dass sich die Schülerinnen und Schüler melden. Ruft eine Schülerin die Antwort in die Klasse (Verhalten), wird sie von der Lehrerin mit einem strafenden Blick (**konsequente Bedingung**) bedacht. Der nachfolgende Reiz wirkt in diesem Fall als **aversiver**, d. h. **unangenehmer Reiz** und soll bewirken, dass das unerwünschte Verhalten in Zukunft unterbleibt.

Das sogenannte **Effektgesetz** besagt, dass bestimmte Reaktionen wegen der befriedigenden Wirkung gelernt oder wegen unangenehmer (aversiver) Reize verlernt werden. Dabei ist zu beachten, dass die Verstärker erstens **kontingent,** d. h. erkennbar diesem Verhalten zurechenbar sowie regelhaft, und zweitens **motivationsadäquat**, d. h. passend zur aktuellen Bedürfnislage des Individuums, eingesetzt werden müssen. Erhält ein Kleinkind eine Süßigkeit erst Stunden, nachdem es ein erwartetes Verhalten gezeigt hat, ist der Zusammenhang zum Verhalten nicht mehr erkennbar, oder erfolgt Belohnung völlig zufällig und unsystematisch, wird das Kind das erwartete Verhalten nicht zuverlässig aufbauen (hier handelt es sich um eine nichtkontingente Verstärkung). Und: Ist das Kleinkind von Süßigkeiten bereits völlig gesättigt, verliert der Reiz seine Verstärkerwirkung; es fehlt die Bedürfnisspannung (hier handelte es sich um eine nichtmotivationsadäquate Verstärkung).

Grundsätzlich lassen sich fünf grundlegende Operationen, die das Ziel der Veränderung der Auftretenswahrscheinlichkeit eines bestimmten Verhaltens verfolgen, unterscheiden (siehe Abb. 6).

Operation	Stimulus – Reaktion	Effekt auf das Verhalten
Positive Verstärkung	Ein positiver Reiz, z. B. ein Lob, folgt unmittelbar auf ein erwünschtes Verhalten.	Das Verhalten wird stärker.
Negative Verstärkung	Ein negativer Reiz, z. B. die Hausaufgabe, wird nach Auftreten des erwünschten Verhaltens entfernt.	Das Verhalten wird stärker.
Extinktion (Löschung)	Der verstärkende Reiz, der normalerweise einem bestimmten Verhalten folgt, z. B. die Aufmerksamkeit für einen störenden Schüler, wird vorenthalten.	Das Verhalten wird schwächer.
Entzug positiver Verstärker	Positive Reize, z. B. bestimmte Privilegien, werden bei unerwünschtem Verhalten schrittweise entzogen.	Das Verhalten wird schwächer.
Bestrafung	Ein aversiver Reiz, z. B. eine Strafarbeit, folgt auf unerwünschtes Verhalten.	Das Verhalten wird schwächer.

Abb. 6: Operationen zum Aufbau von Verhalten nach Landrum & Kauffman (2006).

Positive Verstärkung bezeichnet den Effekt, dass durch einen kontingent (also unmittelbar, zurechenbar und regelmäßig) gegebenen Reiz die Auftretenswahrscheinlichkeit eines Verhaltens erhöht wird. Grundsätzlich lässt sich die verstärkende Wirkung an der Steigerung des gewünschten Verhaltens ablesen. Was als Verstärker fungiert, was also motivationsadäquat ist, kann von Individuum zu Individuum ganz unterschiedlich sein. Zu unterscheiden ist grundsätzlich zwischen primären und sekundären Verstärkern: **Primäre Verstärker** sind Verstärker, die bereits bei Neugeborenen wirksam sind – Essen, Trinken oder Zuwendung stillen grundlegende Bedürfnisse, in diesem Fall Hunger und Durst oder das Bedürfnis nach sozialem Kontakt. **Sekundäre Verstärker** sind gelernte Verstärker. Zunächst neutrale Reize, wie z. B. Geld, entfalten sie erst durch eine kontingente Kopplung mit primären Verstärkern, wie z. B. Essen, eine verstärkende Wirkung. Viele Gegenstände (z. B. Sticker) oder Aktivitäten (z. B. Fußball spielen) können zu sekundären Verstärkern werden.

Insbesondere **Aufmerksamkeit** und **Zuwendung** können als wirksame Verstärker im Klassenzimmer gelten (Landrum & Kauffman 2006). Viele Studien weisen die Wirksamkeit des Einsatzes von Lob nach. Allerdings steht die bestätigte Wirksamkeit von Lob im umgekehrten Verhältnis zum tatsächlichen Einsatz von Lob im Unterricht: Lehrkräfte nutzen Lob weitaus weniger häufig, als anzuraten wäre. Lob verstärkt nicht nur das auftretende Verhalten, es enthält auch eine Information darüber, dass dieses Verhalten erwartet wurde. Verhaltensaufbau ist mithilfe positiver Reize viel besser möglich als mithilfe aversiver Reize. Lob ist zudem ein ›soziales Schmiermittel‹. Es stärkt das Arbeitsbündnis und hat einen positiven Einfluss auf das Klassenklima.

Im Klassenzimmer werden neben Lob und Aufmerksamkeit vielfach auch Belohnungen (wie Sticker, Süßigkeiten, Aktivitäten oder sogenannte Token, Punkte oder Marken, die gesammelt werden und die ab einem bestimmten Punktwert gegen materielle oder immaterielle Belohnungen eingetauscht werden können) als Verstärker eingesetzt. Der Einsatz von Belohnungen ist dem Einsatz von **Lob** und Anerkennung dann vorzuziehen, wenn keine positive Beziehung zwischen Lehrkraft und Schüler besteht. Im Falle der persönlichen Ablehnung der Lehrkraft durch den Schüler bleibt Lob wirkungslos, nicht aber die **Belohnung:** Ihre Wirkung ist von der Person des Belohnenden losgelöst (vgl. Domke 1991). Allerdings ist bei Belohnungen Vorsicht geboten: Unter bestimmten Umständen können Belohnungen die intrinsische Motivation von Schülerinnen und Schülern unterlaufen.

Negative Verstärkung ist nach Landrum & Kauffman (2006) das am häufigsten falsch verstandene Konzept der behavioristischen Theorie. Negative Verstärkung zielt nicht etwa auf negatives Verhalten, sondern ebenso wie positive Verstärkung auf erwünschtes Verhalten – nur dass im Fall der negativen Verstärkung nicht positive Reize auf ein bestimmtes erwünschtes Verhalten folgen, sondern unangenehme Reize, die einem bestimmten Verhalten normalerweise folgen, entfernt werden. Ein häufig genanntes Beispiel ist der Erlass der täglichen Hausaufgaben bei besonders guter Mitarbeit. Negative Verstärkung eignet sich allerdings weniger für ein systematisch geplantes Verstärkerprogramm, eher für den situationsabhängigen, ungeplanten Einsatz, wie das obige Beispiel zeigt. Negative Verstärkung ist aber – ungewollt – auch dann am Werk, wenn Schülerinnen und Schüler stören, jammern oder gar weinen, um unangenehme Aufgaben zu umgehen. Wird die Aufgabe durch die Lehrkraft zurückgezogen, hat sie das unangebrachte Verhalten durch die Entfernung des unangenehmen Reizes verstärkt. Die Entfernung des unangenehmen Reizes kann hier in eine sogenannte »negative Verstärkungsfalle« (Patterson 1980) führen.

Extinktion oder Löschung bedeutet, dass auf das Verhalten der bisherige, erwartete Reiz nicht mehr folgt. Ein oft bemühtes Beispiel aus dem Unterrichtskontext ist der Entzug der Aufmerksamkeit bei störenden Schülern. Unterstellt wird hier, dass die Gewährung von Aufmerksamkeit für den Schüler einen positiven Reiz darstellt. Zu beachten ist hier allerdings, dass das Vorenthalten eines erwarteten Verstärkers zunächst dazu führt, dass das Individuum versucht, durch leichte Veränderungen, gegebenenfalls auch durch Verstärkung seines Verhaltens, den Reiz doch noch auszulösen. Erst dann sinkt die Verhaltensrate.

Bei diesem Beispiel ist zudem in Rechnung zu stellen, dass auch die Beachtung durch die Mitschüler einen Verstärkungseffekt haben kann. In Fällen, in denen Schüler potenziell gefährliches oder inakzeptables Verhalten zeigen, ist Ignorieren jedoch nicht vertretbar.

Bestrafung ist in Erziehungskontexten ein aus guten Gründen oft geächtetes Mittel, gleichwohl sind viele Pädagogen der Auffassung, dass Lehrkräfte in manchen Fällen nicht ohne Bestrafung auskommen. Eine Möglichkeit der Bestrafung ist der **Entzug positiver Verstärker** bei unerwünschtem Verhalten. Dies setzt natürlich voraus, dass im Vorfeld bereits systematisch positive Verstärker zum Einsatz gekommen sind – das unterscheidet diese Operation auch von der Extinktion. Landrum & Kauffman (2006) geben folgendes Beispiel: Eine Klasse hat sich durch gute Mitarbeit 15 Minuten Freizeit verdient. Den Schülerinnen und Schülern, die aufgrund von störendem und unaufmerksamem Verhalten ihr Lernpensum nicht erfüllen konnten, werden nun wieder fünf Minuten abgezogen. Bei diesem Beispiel ist es sehr wichtig, dass der Entzug positiver Verstärker nur bei störendem und unaufmerksamem Verhalten zum Einsatz kommt. Keinesfalls darf ein erhöhter Zeitbedarf bei der Lösung einer Aufgabe oder eine fehlerhafte Lösung mit einem Entzug positiver Verstärker beantwortet werden. Besonders gut lässt sich der Entzug von Verstärkern beim Einsatz von Token-Programmen umsetzen. Token sind Punkte oder Marken, die Schüler ansammeln, um sie bei einem bestimmten Punktwert in materielle oder immaterielle Belohnungen umzutauschen.

Ein großer Vorteil des Entzugs positiver Verstärker ist es, dass Problemverhalten unmittelbar und direkt beantwortet werden kann. Für alle Formen der Bestrafung, also auch für den Entzug positiver Reize, gilt allerdings der Grundsatz »punishment must fit the crime« (Landrum & Kauffman 2006): Bestrafung muss im angemessenen Verhältnis zum Vergehen stehen.

Bestrafung ist das letzte Mittel im Umgang mit unerwünschtem Verhalten. Wenn keine anderen Möglichkeiten, inklusive des Entzugs positiver Reize, zur Verfügung stehen und das gezeigte Verhalten gefährlich oder völlig inakzeptabel ist, kommen Strafen zum Einsatz. Eine bloße Strafe ist deshalb wenig effektiv, weil sie lediglich eine Information darüber enthält, dass ein Verhalten unerwünscht ist, jedoch keine Information darüber, was verändert werden soll. Außerdem ist zu beachten, dass eine Bestrafung negative Emotionen wie Ärger oder Ängstlichkeit auslöst, die sich bei wiederholter Bestrafung auf die Lehrkraft oder die Lernsituation übertragen können (Konditionierung) und letztlich **Vermeidungsreaktionen** hervorruft.

Das Spektrum aversiver Reize reicht von harten Strafen, wie körperliche Züchtigung oder Freiheitsentzug, bis hin zu weichen Strafen, wie Rügen oder Zurechtweisungen, die emotionales Unwohlsein hervorrufen. Harte Strafen sind aus Erziehungskontexten zu verbannen, in Schulen ist ihr Einsatz verboten. Weiche Strafen können unter bestimmten Umständen durchaus wirksam sein. Das gilt insbesondere für Zurechtweisungen. Zurechtweisungen sind ein Mittel, um störendes Verhalten in den Griff zu bekommen, bevor es eskaliert oder Wellen schlägt. Wir kommen auf das Thema Zurechtweisungen im Zusammenhang mit der Steuerung des Unterrichtsflusses zurück.

Einige teilweise häufig praktizierte Formen der Bestrafung können als wenig wirksam bezeichnet werden: So wird etwa die Suspendierung vom Unterricht von den Schülern häufig als Belohnung wahrgenommen, außerdem wird der Verlust wertvoller Lernzeit in Kauf genommen. Auch Zusatzaufgaben sind mit Vorsicht zu betrachten. Wenn Hausaufgaben als Strafe interpretiert werden, hat dies längerfristig negative Auswirkungen, die durch den kurzfristigen Erfolg bei der »Bekämpfung« unerwünschten Verhaltens kaum zu rechtfertigen sind. Auch von Gruppenbestrafungen ist abzuraten, fordern sie allein aufgrund der offensichtlichen Ungerechtigkeit unbeteiligte Schülerinnen und Schüler nicht selten zur Solidarisierung mit den Missetätern auf (vgl. Brophy 1996).

Wenn Strafen oder negative Sanktionen nicht zu vermeiden sind, sollten sie unbedingt folgenden Kriterien genügen:

- Sie dürfen in keinem Fall die körperliche oder seelische Integrität des Schülers/der Schülerin beinträchtigen. Körperliche Züchtigung und Demütigung scheiden aus diesem Grund gleichermaßen aus.
- Sie müssen unmittelbar nach dem Regelverstoß ausgesprochen werden und mit der verletzten Regel explizit in Verbindung gebracht werden.
- Sie sollten der Motivationslage entsprechen (Ausschluss vom Unterricht wird vielfach nicht als Bestrafung, sondern als Belohnung wahrgenommen).
- Sie sollten mit einer Information über den Grund der Bestrafung gegeben werden.
- Sie müssen in einem angemessenen Verhältnis zum Regelverstoß stehen.
- Sie sollten nach Möglichkeit einen inhaltlichen Bezug zum Regelverstoß aufweisen, d. h. die Beseitigung oder Abmilderung der Folgen des Verstoßes sollte im Zentrum stehen.

Auch der Einsatz von Lob ist, wie erwähnt, nicht ohne Risiken: Lob kann von einem schwachen Schüler als mangelndes Zutrauen der Lehrkraft in seine Leistungsfähigkeit interpretiert werden. Wenn es für eine unspezifische Aktivität oder die bloße Anwesenheit erteilt wird, ist Lob ebenso wenig wirksam, weil es dem Schüler eine Zurechnung zu erwartetem Verhalten unmöglich macht. Grundsätzlich gilt: Lob muss sich vom Gelobten direkt auf das erwünschte Verhalten beziehen lassen. Das bedeutet, es muss für die Bewältigung einer **spezifischen** Anforderung durch eine **konkrete** Person gegeben werden und nicht einfach nur für die Teilnahme an einer Aktivität. Durch Verbalisierung kann der Zusammenhang zwischen dem erwarteten Verhalten und dem Lob hergestellt werden. »Du hast dich heute fünfmal gemeldet. Super!« Und nicht: »Heute war ich zufrieden mit dir«. Sinnvoll ist es auch, Fortschritte im Verhalten hervorzuheben und zu betonen, dass diese Fortschritte auf die individuelle Anstrengung zurückzuführen sind.

Jere Brophy (1996) hat in einer Studie über den Umgang mit schwierigen Schülern Prinzipien für den Einsatz von Lob formuliert. Brophy macht deutlich, dass Lob viel mehr sein kann als ein angenehmer Reiz. Je nachdem, wie und wann es erteilt wird, welcher Bezugshorizont für die Schüler zur Einordnung von Lob eröffnet wird, ist Lob mehr oder weniger effektiv beim Aufbau eines lernförderlichen Verhaltens.

Effektives Loben	Ineffektives Loben
1. Das Lob wird kontingent (zurechenbar, regelhaft) eingesetzt.	1. Das Lob wird zufällig und unsystematisch eingesetzt.
2. Das Lob spezifiziert die einzelnen Aspekte des Verhaltens.	2. Das Lob erfolgt als globale unspezifische positive Reaktion.
3. Der Lobende zeigt Spontaneität, unterschiedliche Varianten des Lobens und andere Zeichen, die seine Glaubwürdigkeit verdeutlichen und zeigen, dass er dem konkreten Verhalten Aufmerksamkeit schenkt;	3. Der Lobende lobt uniform, standardmäßig und variiert sein Lob kaum, vermittelt den Eindruck, dass er dem konkreten Verhalten keine besondere Aufmerksamkeit schenkt;
4. lobt gezielt auch nach Leistungskriterien oder Anstrengung;	4. lobt ausschließlich die Mitarbeit, ohne das Lernverhalten oder die Leistung zu berücksichtigen;
5. verbindet das Lob mit Informationen über den Kompetenzstand und über den Wert der Leistung.	5. gibt keine konkreten Informationen über die Leistung, allenfalls Informationen über den Stand im Verhältnis zur Klasse.
6. Das Lob zielt darauf ab, dass Schüler ihr aufgabenbezogenes Verhalten würdigen und über ihr Problemlöseverhalten nachdenken.	6. Das Lob zielt darauf ab, dass die Schüler sich stets miteinander vergleichen; damit werden Konkurrenz und Wettbewerb unter den Schülern angeregt.
7. Das Lob bezieht sich auf die individuelle Ausgangsleistung und würdigt mit der aktuellen Leistung den erzielten Fortschritt (individuelle Bezugsnorm).	7. Das Lob bezieht sich auf die Leistung der Klasse und interpretiert die individuelle Leistung in Relation zu der Leistung der Mitschüler (soziale Bezugsnorm).
8. Das Lob wird als Anerkennung von bemerkenswerter Anstrengung oder einer erfolgreich gelösten (für den individuellen Schüler) schwierigen Aufgabe gegeben.	8. Das Lob wird ohne Ansehen der Anstrengung oder des Herausforderungscharakters der Aufgabe erteilt.
9. Der Lobende bringt den Erfolg mit Anstrengung in Zusammenhang und drückt damit aus, dass ein ähnlicher Erfolg auch in Zukunft erzielt werden kann;	9. Der Lobende bringt den Erfolg mit Fähigkeit in Zusammenhang oder betont externale Faktoren wie Glück;
10. unterstützt mit seiner Art zu loben die intrinsische Motivation (Spaß an der Aufgabe, Entwicklung von Kompetenzen) der Schüler;	10. unterstützt mit seinem Lob die Ausbildung extrinsischer Motivation (Erfüllung der Erwartung der Lehrkraft, Erreichen einer guten Note);

Effektives Loben	**Ineffektives Loben**
11. fokussiert die Aufmerksamkeit der Schüler auf ihr aufgabenbezogenes Verhalten.	11. fokussiert mit seinem Lob die Aufmerksamkeit der Schüler auf die Lehrkraft als externe Autoritätsfigur, die ständig Anweisungen gibt.
12. Anerkennung und Würdigung des aufgabenrelevanten Verhaltens erfolgt nach Beendigung des (Arbeits-)Prozesses.	12. Das Lob wird während des laufenden Prozesses erteilt und zieht damit die Aufmerksamkeit von aufgabenrelevantem Verhalten ab.

Abb. 7: Prinzipien für effektives Loben in Anlehnung an Brophy (1996).

Eine grundsätzliche Frage lautet: Wie häufig sollte ein Verstärker eingesetzt werden, um ein bestimmtes Verhalten nachhaltig zu verändern? Zunächst ist es sinnvoll, nach jeder erwarteten Reaktion zu verstärken. Das hat zur Folge, dass schnell gelernt wird. Allerdings wird nach mehrfachem Ausbleiben des Verstärkers das Verhalten auch sehr schnell wieder abgebaut. Deshalb wird empfohlen, eine anfänglich kontinuierlich gegebene Verstärkung mit der Zeit durch einen **intermittierenden Verstärkerplan** zu ersetzen, also entweder die Abstände zwischen den Verstärkern zu variieren oder nur eine bestimmte, unvorhersehbare Anzahl an Verhaltensweisen zu verstärken (vgl. Woolfolk 2008, 265).

Anita Woolfolk weist darauf hin, dass Verhalten nicht nur in Abhängigkeit von nachfolgenden (konsequenten) Bedingungen gelernt wird. Ebenso wichtig sind die **antezedenten Bedingungen**, also die Bedingungen, die dem erwarteten Verhalten vorausgehen. Bei Verhalten, das für die soziale Ordnung im Klassenzimmer relevant ist, sind diese antezedenten Bedingungen sehr oft durch Regeln spezifiziert (siehe oben): »Wenn die Stunde beginnt, sitzen alle auf ihren Plätzen« oder »Beim Stationenlernen bewegen sich die Schüler ruhig von einer zur anderen Station«. Dieses Beispiel macht deutlich, dass in unterschiedlichen Situationen (antezedente Bedingungen) unterschiedliches Verhalten erwartet wird. Für die Schülerinnen und Schüler kommt es also darauf an, zwischen diesen Situationen zu unterscheiden, oder anders formuliert: **lernen zu diskriminieren**. Weil im Unterricht viele unterschiedliche Lernsituationen, oft in schnellem Wechsel, kombiniert werden, ist die geforderte Diskrimination gelegentlich schwierig. Individuen orientieren sich an **Hinweisreizen** in der jeweiligen Situation, um das Verhalten auszuwählen, auf das aufgrund vorausgehender Erfahrungen mit großer Wahrscheinlichkeit ein verstärkender Reiz folgt. Hinweisreize mit Aufforderungscharakter (»**prompts**«), die eine Lehrkraft einsetzen kann, helfen den Schülerinnen und Schülern nicht nur, die Situation einzuordnen, sondern geben bereits einen Hinweis auf das erwartete Verhalten. Durch eine anschließende Verstärkung kann das Verhalten noch bekräftigt werden (Woolfolk 2008, 267). Wir kommen auf die Funktion von Hinweisreizen und Signalen im Zusammenhang mit der Frage, wie Aufmerksamkeit und Verhalten im Sinne eines möglichst geräuschlosen Unterrichtsflusses gesteuert werden können, zurück (vgl. Kapitel 5).

Grundsätzlich sollte eine Verhaltensmodifikation auf der Basis einer genauen Analyse des Verhaltens der Schülerinnen und Schüler erfolgen. Insbesondere bei häufig auftretenden Störungen und regelwidrigem Verhalten ist eine **funktionale Verhaltensanalyse** hilfreich.

Anita Woolfolk (2008, 277) unterscheidet vier Kategorien, denen sich alle Gründe für Fehlverhalten zuordnen lassen:

- Erregung der Aufmerksamkeit relevanter Interaktionspartner (Lehrkraft, Mitschüler),
- Vermeidung von oder Flucht vor schulischen oder sozialen Anforderungen,
- Besitz von Gütern oder Privilegien,
- Bedürfnis nach (Körper-)Kontakt oder Anregung.

Das Prinzip der funktionalen Verhaltensanalyse besteht in der Eröffnung der Möglichkeit alternativen Verhaltens, das für das jeweilige Individuum dieselbe Funktion erfüllt. Es geht also um eine »Unterstützung für positives Verhalten« (Woolfolk 2008, 278).

Funktionale Verhaltensanalyse umfasst eine genaue Beschreibung der antezedenten Bedingungen, die dem Verhalten vorausgehen, des Verhaltens selbst und der Konsequenzen, die das Verhalten möglicherweise unabsichtlich verstärken. Beispiel: Ein von seinen Freunden bewunderter Schüler verweigert im Mathematikunterricht demonstrativ die Mitarbeit – »Wen interessiert schon Mathe. Vielleicht ein paar Streber. Das nützt mir doch später alles sowieso nichts«. Weil der Rest der Klasse diesen Auftritten große Aufmerksamkeit schenkt und sie das Verhalten des Schülers stört, schickt die Lehrerin den Schüler zum Rektor. In der Pause kann sie beobachten, wie er seinen Freunden von diesem »Ausflug zur Regierung« berichtet. Die funktionale Verhaltensanalyse ergibt, dass der Schüler ein schwaches Selbstkonzept hat, was seine mathematischen Fähigkeiten betrifft, und gleichzeitig sehr leistungsorientiert ist. Sein Verhalten kann als Flucht vor einer Leistungsanforderung interpretiert werden. Die vermeintliche Strafe hat offensichtlich eher eine verstärkende Wirkung.

Auf der Basis der Beobachtung wird eine Hypothese formuliert und es werden alternative Verhaltensweisen identifiziert.

In Anlehnung an die **strukturierte Beobachtungsanleitung**, die Anita Woolfolk (2008, 279) vorschlägt, könnte die funktionale Verhaltensanalyse für diesen Fall wie folgt aussehen:

Beobachtungszeitraum: *dritte und vierte Woche nach Klassenübernahme*

Name des Schülers/der Schülerin: *Michael*

Beobachtetes Störungsverhalten (Zeitpunkt des Auftretens, Dauer, Intensität, Häufigkeit):

Bereits, wenn Aufgabe eingeführt wird, Zwischenrufe »interessiert doch keinen!!«, demonstrative Verweigerung, Störung von Mitschülern, halblautes Quatschen über andere Themen. Dauert so lange, bis harte Sanktion erfolgt, meist Extraaufgabe oder Rausschicken. Kommt praktisch jede Stunde vor.

In welcher Situation tritt das Störungsverhalten auf?
Immer, wenn in Mathe unbekannte Aufgaben zu lösen sind oder Probleme erarbeitet werden sollen.
In welchen Situationen tritt das Verhalten nicht oder selten auf?
Tritt im Englischunterricht nicht auf. Schüler wurde bilingual erzogen und spricht sehr gut Englisch.

Funktion des Verhaltens:

- Aufmerksamkeit erregen (von wem?)
- Flucht/Vermeidung (wovor/wovon?) *hohen Leistungsanforderungen, Selbstwertschutz durch demonstrative Abwertung der Aufgabe*
- Materielle Güter/Vorteile/Privilegien (was?)
- Sensorische Stimulation (welche?)

Welche Konsequenzen hat das Verhalten (Reaktion der Lehrkraft, der Schüler ...)?
Lehrkraft sanktioniert öffentlich (Rausschicken, Rüge, Extrahausaufgabe), Schüler bekommt Anerkennung von Mitschülern für Kraftprobe mit der Lehrkraft.
Hypothese:
Wenn (antezedente Bedingung) *die Bearbeitung einer schwierigen Aufgabe* in der Situation *Matheunterricht* gegeben ist, dann zeigt der Schüler/die Schülerin das Verhalten *demonstratives Desinteresse und Störverhalten.* Das Verhalten hat die Funktion, *den Leistungsanforderungen auszuweichen.*
Welche Ersatzhandlungen könnten für den Schüler/die Schülerin dieselbe Funktion erfüllen?
Er kann sich zunächst eine einfachere Aufgabe aussuchen, um die Lösungswahrscheinlichkeit zu erhöhen.
Gehört diese Ersatzhandlung bereits zum Verhaltensrepertoire des Schülers/der Schülerin?
Michael hat wahrscheinlich Schwierigkeiten, eine einfachere Aufgabe zu wählen, weil er stark leistungsmotiviert ist.
Wenn nein, wie kann die Ersatzhandlung vermittelt werden?
Der Umgang mit Misserfolgen muss langfristig trainiert werden.

Von Kritikern der behavioristischen Psychologie wird gegen den gezielten Einsatz von positiven und negativen Verstärkern im Unterricht oft kritisch eingewendet, dass damit einer **Konditionierung** und **Manipulation** von Schülerinnen und Schülern Vorschub geleistet werde und Potenziale zur Selbstregulation des Verhaltens vernachlässigt würden. Dieses Argument ist nicht völlig von der Hand zu weisen. Wenn Strategien zum Aufbau von Verhalten beim reflexhaften Einsatz von positiven und negativen Reizen enden, wird eine Außensteuerung von Verhalten zementiert. Deshalb ist es wichtig, diese Techniken zum gezielten Aufbau von Verhalten durch andere Techniken zum Aufbau von **Selbststeuerungskompetenzen** zu ergänzen.

Eine Erweiterung der Theorien des operanten Konditionierens stellen Ansätze zur **kognitiven Verhaltensmodifikation** dar. Anstatt das Verhalten direkt über den Einsatz von Verstärkern oder aversiven Reizen zu steuern, bauen Ansätze der kognitiven Verhaltensmodifikation auf Selbstbeobachtung, Selbstinstruktion, Selbstüberwachung und Selbstverstärkung des Verhaltens durch die Schülerinnen und Schüler auf. Ansatzpunkte sind Interessen, Motive und Selbstkonzepte.

Die Ansätze zur kognitiven Verhaltensmodifikation beruhen vor allem auf **sozial-kognitiven Lerntheorien**. Albert Bandura, einer ihrer wichtigsten Vertreter, hat mit seinen Studien einen Perspektivenwechsel auf das Lernen eingeleitet. Bandura begreift Lernen als Prozess aktiver Informationsverarbeitung. Erfahrungen werden bewertet, gespeichert, mit neuen Erfahrungen abgeglichen und dienen als Orientierung für künftige Erfahrungen. Nicht jede Erfahrung muss von einem Individuum selbst gemacht werden. Durch die Beobachtung eines anderen machen Individuen stellvertretende Erfahrungen: Sie **lernen am Modell** (Bandura 1986).

Bandura hat eine grundsätzlich andere Auffassung vom Verhältnis Individuum und Umwelt als die Vertreter der Theorien des operanten Konditionierens. Während diese das Verhalten des Individuums als durch Umweltreize determiniert betrachten, geht Bandura davon aus, dass es sich um ein Verhältnis wechselseitiger Beeinflussung handelt: Das Individuum nimmt Einfluss auf eine Umwelt und diese Umwelt wirkt wiederum auf das Verhalten des Individuums. Neben Verhalten und Umwelt wird von den sozial-kognitiven Ansätzen aus diesem Grund die Person als dritte Größe eingeführt. Von der Person – ihren Bedürfnissen, Interessen, Fähigkeiten und ihrem Selbstbild – hängt nicht nur ab, wie auf die Umwelt Einfluss genommen wird, sondern schon, wie die Umwelt wahrgenommen wird. Bei Mietzel (2003) findet sich folgendes Beispiel: Ein aggressives Kind erwartet ein feindseliges Verhalten von Personen in seiner Umwelt. Es wird seine Wahrnehmung auf die Verhaltensäußerungen des Interaktionspartners konzentrieren, die seine Erwartung bestätigen und tritt seiner Umwelt entsprechend aggressiv gegenüber, was schließlich dazu führt, dass die Interaktionspartner sich tatsächlich auch aggressiver verhalten (Mietzel 2003, 160).

Der Begriff Kognition verweist auf ein ganz anderes Verständnis von Lernen als der Begriff des operanten Konditionierens. Ein Individuum lernt nicht allein, Verhalten auszuführen, sondern es erwirbt beim Lernen symbolische, d. h. sprachlich oder bildlich gespeicherte Vorstellungen über bestimmte Verhaltensweisen oder Zusammenhänge von Verhaltensweisen oder sogar über Motive, die Verhaltensweisen zugrunde liegen. Deshalb kann ein Individuum auch **Erwartungen** bilden. Das bedeutet einerseits, dass nicht jedes Lernen in Verhalten Ausdruck findet, und andererseits, dass nicht die tatsächlich erfolgte Belohnung, sondern die kognitiv antizipierte Belohnung, also die Erwartung, Verhalten motiviert.

Einen besonderen Stellenwert misst Bandura dem **Beobachtungslernen** zu. Er hat in verschiedenen Experimenten gezeigt, wie wirksam ein Vorbild oder Modell für das Lernen von Verhalten ist. Dabei spielt nicht nur die Beobachtung des von dem Modell ausgeführten Verhaltens eine Rolle, sondern auch die Wahrnehmung der Konsequenzen, die auf dieses Verhalten folgen. Beobachten Kinder etwa eine Person beim Schlagen einer Puppe und wird diese Person im einen Fall für ihr Verhalten bestraft, im anderen Fall nicht, dann zeigen die Kinder, die eine bestrafte schlagende Person beobachtet hatten, weniger aggressives Verhalten als die Kinder, die eine für ihr Verhalten nicht bestrafte schlagende Person beobachtet hatten (Bandura 1965). Ebenso wie **stellvertretende Bestrafung** funktioniert das Prinzip der **stellvertretenden Verstärkung**.

Bandura hat auch den Begriff des **selbstgesteuerten Lernens** geprägt. Individuen – so seine Auffassung – sind in der Lage, ihr Verhalten und ihre Gedanken selbst zu kontrollieren. Zwei grundlegende Aspekte spielen für die Selbstkontrolle des Lernprozesses eine bedeutsame Rolle: die Fähigkeit des Lerners, sich selbst Ziele zu setzen und das Vertrauen, die notwendigen Fähigkeiten zu besitzen, diese Ziele auch zu erreichen (Selbstwirksamkeit). Die Ausbildung bereichsspezifischer Selbstwirksamkeitserwartungen ist von mehreren Faktoren abhängig: zunächst von der Erfahrung, bestimmte Aufgaben erfolgreich gelöst zu haben. Selbstwirksamkeitserwartungen können auch stellvertretend, durch Beobachtung von Modellen, die dem Beobachter ähnlich erscheinen, erworben werden. Einen wichtigen Einfluss hat auch das Vertrauen relevanter Bezugspersonen, etwa von Lehrkräften oder Eltern, in die Fähigkeit des Lerners, die Ziele zu erreichen. Vertrauen in die Fähigkeiten des Lerners, das durch echte Bestärkung und Ermutigung zum Ausdruck gebracht wird, fördert die **Selbstwirksamkeitserwartung**. Eine weitere Möglichkeit der Förderung der Selbstwirksamkeitserwartung ist die Fokussierung der Wahrnehmung des Lerners auf selbstbewirkte Lernzuwächse oder Verhaltensänderungen. Die Selbstwirksamkeitserwartung eines Schülers, der sich zum Ziel gesetzt hat, sich nicht mehr so oft von anderen ablenken zu lassen, wird nicht gestärkt, wenn er ständig mit denjenigen verglichen wird, die sowieso keine Mühe haben, dem Unterricht zu folgen. Wohl aber, wenn die Lehrkraft seine Aufmerksamkeit darauf lenkt, dass er bereits deutlich konzentrierter arbeitet als vor einer Woche.

Ein erfolgreiches Training zur **kognitiven Verhaltensmodifikation** wurde von Donald Meichenbaum (1979) entwickelt. Die wichtigsten Instrumente in diesem Training sind die **Selbstanweisung** und der **innere Dialog**. Im Anschluss an die entwicklungspsychologischen Erkenntnisse von Jean Piaget und Lev Vygotsky geht Meichenbaum davon aus, dass Sprache für die Ausführung von Verhalten eine zentrale Funktion hat. Wir alle kennen Situationen, in denen wir die Ausführung einer komplexen neuen Aufgabe (z. B. Autofahren) durch **inneres** oder **leises Sprechen** begleiten. Dieses Sprechen hilft uns, die Komplexität zu reduzieren, indem wir die Aufgabe zerlegen (»Zuerst muss ich die Kupplung drücken«), fehlende Informationen identifizieren (»Bei welcher Umdrehung muss ich schalten?«), nach möglichen Lösungen im Gedächtnis suchen (»Das hat der Fahrlehrer doch in der letzten Theoriestunde an der Tafel aufgeschrieben«), die Lösungsmöglichkeiten mental durchspielen (»Wenn ich erst bei einer Drehzahl von X hochschalte, wird der Motor wahrscheinlich überdrehen, also muss ich bereits früher schalten«) und schließlich die Ausführung der Handlung begleiten (»So, jetzt erst mal Kupplung drücken und dann ganz vorsichtig Gas geben ...«) und das Ergebnis bewerten (»Super, hat geklappt!«).

Lautes oder leises Sprechen kann im »frühen Stadium des Beherrschens einer Handlung« eine Steuerungsfunktion übernehmen (Meichenbaum 1979, 17). Es kann gezielt als **Technik der Selbstregulation** eingesetzt werden. Wichtig ist, dass die Selbstanweisungen ganz konkrete Strategien enthalten und sich nicht auf allgemeine Anweisungen beschränken. Manchmal kann das innere Sprechen das Handeln allerdings auch blockieren. Das ist beim **negativen inneren Sprechen** der Fall (»Das kann ich doch sowieso nicht«). Negatives inneres Sprechen kann im **inneren Dialog** korrigiert werden (»So schwarz sollte ich das vielleicht nicht sehen. Letzte Woche habe ich es schon fast geschafft. Ich muss mich vielleicht ein bisschen mehr konzentrieren. Es wäre einfach toll, wenn ich das hinbekommen könnte«).

Meichenbaum (1979) hat ein Training für hyperaktive und impulsive Kinder entwickelt, das das Lernen am Modell mit der Selbstanweisung, dem inneren Dialog und dem gezielten Einsatz positiver Verstärker verbindet. Ziel des Trainings ist das »bewusste selbstregulierende Handeln« (100): Kinder lernen, den Impuls, der das Verhalten auslöst, sehr früh zu erkennen und sich in diesem frühen Stadium selbst »unterdrückende Hinweisreize« zu geben (102) und schließlich die Ausführung des geforderten Verhaltens durch inneres Sprechen zu regulieren.

Die Prinzipien des Trainings können auch auf andere Bereiche der kognitiven Verhaltensmodifikation (aggressive Schüler, schüchterne Schüler ...) angewendet werden:

- das Verhaltens des Schülers/der Schülerin zunächst genau beobachten, um die benötigten Kompetenzen und die Ursachen für das Fehlen dieser Kompetenzen zu identifizieren,
- dem Schüler/der Schülerin verdeutlichen, welche Bedeutung und welche Folgen das problematische Verhalten hat,
- einen inneren Dialog anregen durch Veränderung der negativen internen Rede (»Schaff' ich sowieso nicht«) hin zu einem stärker positiven, adaptiven inneren Dialog (»Könnte ich schaffen, wenn ich X versuche«),
- erwartetes Verhalten selbst modellierend ausführen und verbalisieren: z. B. Modellieren von Gefühlen wie Ärger, Apathie und Resignation und von Möglichkeiten, mit solchen Gefühlen umzugehen, Modellieren von erfolgreicher Bewältigung und Modellieren von Selbstverstärkung. Das Modell führt hier mehrere wichtige Teilschritte vor (Problembestimmung, Fokussierung der Aufmerksamkeit und Verhaltensanleitung, Selbstverstärkung und Selbstbewertung),
- Übergang vom lauten Sprechen zum inneren Sprechen gezielt anbahnen: Schülerin/Schüler Verhalten ausführen lassen und durch verbale Instruktion begleiten, Schülerin/Schüler Verhalten ausführen lassen, das er selbst laut verbal begleitet, Schülerin/Schüler Verhalten ausführen lassen, das er selbst flüsternd begleitet und Schüler/Schülerin Verhalten ohne verbale Selbstinstruktion ausführen lassen,
- wenn nötig: Stabilisierung des geforderten Verhaltens mithilfe von Belohnungen und informativen Verstärkern, die sich an der Qualität der Leistung orientieren.

Es ist sicher nicht immer möglich, ein solches Training mit der Klasse durchzuführen. In jedem Fall können die beschriebenen Techniken etwa in **Rollenspielen** oder Übungen genutzt werden: Anregung zur Selbstbeobachtung, Selbstanweisung bei der Kontrolle von Handlungsimpulsen und der Ausführung von Handlungen,

Selbstbewertung und verbale Selbstverstärkung und – da die Lehrkraft sowieso immer unter Beobachtung steht – insbesondere auch **Modellierungstechniken.**

Ebenso wie beim fremdgesteuerten Lernen sind beim **selbstgesteuerten Lernen** mehrere Teilschritte auszuführen. Oft werden drei Schritte unterschieden: die Selbstbeobachtung, die Selbstbewertung und die Selbstverstärkung. Andere Autoren wie McCaslin et al. (2006) ergänzen diese drei Prozesse noch um einen vierten, den Prozess der Selbstinstruktion, der an den Prozess der Selbstbeobachtung anschließt.

Längerfristiges Ziel des Klassenmanagements ist die Verlagerung der Steuerungsaktivitäten von der Lehrkraft auf die Schülerinnen und Schüler. Das heißt nichts anderes, als dass die Strategien der Verhaltensmodifikation – Beobachtung, Instruktion, Evaluation und Verstärkung – von den Lernerinnen und Lernern selbst übernommen werden. Die beschriebenen Techniken des Modelllernens, der Selbstanweisung und des inneren Dialogs können hier genutzt werden:

- **Selbstbeobachtung** bedeutet, dass Schülerinnen und Schüler ihr eigenes Verhalten beschreiben und es zu Konsequenzen in ihrer Umwelt in Beziehung setzen können. Selbstaufmerksamkeit ist eine notwendige Voraussetzung für Selbstbeobachtung. So muss einem Schüler, der mit seinen Aufgaben in der Stillarbeitsphase oft nicht fertig wird, zunächst klar werden, dass er sich z. B. immer ablenken lässt, wenn die Lehrerin während der Stillarbeit vorbereitend schon die nächste Aufgabe an die verborgene Tafelfläche schreibt. Bereits hier lässt sich inneres Sprechen einsetzen, z. B. kann bei Kindern mit Aufmerksamkeitsdefiziten die Registrierung der Ablenkung geübt werden (»Achtung: Die Lehrerin fängt an, etwas an die Tafel zu schreiben«). Zur Steigerung der Selbstaufmerksamkeit kann auch eine standardisierte Form der Selbstbeobachtung sinnvoll sein, beispielsweise die Führung von Strichlisten oder das Abarbeiten von Checklisten.
- **Selbstinstruktion** wird von McCaslin et al. als »talking myself through« (2006, 226) bezeichnet. Damit ist z. B. gemeint, dass Individuen »verbal chains« (Begriffsketten) nutzen, die die auslösenden Reize, das geforderte Verhalten und die Konsequenzen miteinander in Beziehung setzen (in unserem Beispiel wären das: => Konzentration auf die Sache und Selbstabschirmung: »Ich höre gar nicht hin. Ich will mich konzentrieren. Was war die Aufgabe?...« => Vorwegnahme der Konsequenz: »Wenn ich mich konzentriere, schaffe ich die Aufgabe«).
- **Selbstevaluation** setzt voraus, dass das eigene Verhalten zu einer Bezugsnorm in Beziehung gesetzt werden kann. Eine Grundvoraussetzung ist, dass die Bezugsnorm (Erwartung oder Regel) bekannt und akzeptiert ist. Wird die Norm nicht erreicht, muss ein selbstregulierter Lerner entscheiden, ob die Norm unrealistisch oder ob das Verhalten inadäquat war. Im zweiten Fall erfolgt die Selbstkorrektur des Verhaltens. Dies setzt wiederum voraus, dass alternative Verhaltensprozeduren bekannt sind oder dass externe Unterstützung erfolgt. Grundsätzlich lassen sich drei Bezugsnormen unterscheiden: eine kriteriale Bezugsnorm (also ein unabhängig vom Lerner und der Lerngruppe festgelegter Standard), eine soziale Bezugsnorm (das mittlere Verhalten einer relevanten

Bezugsgruppe) und eine individuelle Bezugsnorm (die Veränderung des eigenen Verhaltens über die Zeit).

- **Selbstverstärkung**: Stimmen Standard und Verhalten überein, erfolgt die Selbstverstärkung. Materielle Formen der Selbstverstärkung spielen in Schulklassen eine untergeordnete Rolle. Zwar könnte sich der leicht ablenkbare Schüler für die geleistete Aufmerksamkeit am Nachmittag ein Eis gönnen oder sich selbst vom nachmittäglichen Üben befreien, wichtiger ist aber der emotionale Zustand der Zufriedenheit, gelegentlich auch des Stolzes, der sich nach Erreichen des selbstgesetzten Ziels einstellt.

Dieses Grundmodell ist hilfreich, wenn man sich vor Augen führt, dass es beim Klassenmanagement ebenso wie beim fachlichen Lernen letztlich darum gehen muss, dass Steuerungsaktivitäten von der Lehrkraft auf die Schülerinnen und Schüler selbst übertragen werden (vgl. Kapitel 6).

Aus Sicht kognitiver Theorien müssen für selbstreguliertes Lernen zwei Voraussetzungen gegeben sein (McCaslin et al. 2006, 228): die **Möglichkeit einer Entscheidung** zwischen alternativen Verhaltensweisen und die **Akzeptanz der Verantwortlichkeit** für das eigene Verhalten. Selbst zwischen verschiedenen Verhaltensalternativen entscheiden zu können, ist nicht nur die Bedingung dafür, dass Verhaltenskonsequenzen überhaupt mit dem persönlich zu verantwortenden Verhalten in Verbindung gebracht werden. Die **Eröffnung von Wahlmöglichkeiten** zwingt das Individuum auch dazu, seine Ziele zu explizieren und abzuwägen und die ihm verfügbaren Verhaltensalternativen im Hinblick auf die Zielerreichung zu prüfen. Dies setzt natürlich voraus, dass Lehrkräfte den Schülerinnen und Schülern die Zeit lassen, ihre Entscheidung zu reflektieren. Wir kommen auf diese Aspekte im Kapitel zum Umgang mit Störungen zurück.

Maßnahmen zur Modifikation von Verhalten richten sich sehr oft an **Schülerinnen und Schüler mit besonderem Unterstützungsbedarf** (»high-needs students«). Marzano & Marzano (2003) betonen, dass eine erfolgreiche Verhaltensänderung die genaue Beschreibung unterschiedlicher Typen von Schülerinnen und Schülern mit Unterstützungsbedarf verlangt. In Anlehnung an Marzano & Marzano können neun Typen von Schülern mit besonderem Unterstützungsbedarf und entsprechende Interventionsstrategien unterschieden werden (vgl. Abb. 8):

Typ	Definition	Merkmale	Intervention
schüchtern	Verhalten ist motiviert durch Angst vor Ablehnung, Kritik, Bloßstellung oder Dominierung durch andere	Kontaktvermeidung; Schüchternheit; Versuch, sich unsichtbar zu machen	ruhige und unterstützende Ansprache; keine Kritik; Zuweisung zu kooperativen Lerngruppen; Training positiver Selbstverstärkung

Typ	Definition	Merkmale	Intervention
leistungsverweigernd	Verhalten ist motiviert durch grundlegende Angst vor Misserfolgen beim Lernen	schnelles Aufgeben; negative Selbstwirksamkeitserwartung; niedrige Frustrationstoleranz; negatives »inneres Sprechen«	Schaffung von Erfolgserfahrungen; rasche Verstärkung von Erfolg; keine Kritik; gezielte Unterstützung
aggressiv-feindselig	Verhalten, das andere Personen oder Objekte verbal oder physisch dominiert, verletzt	Wutausbrüche; Drohungen; Verletzung anderer; Sachbeschädigung	Beschreibung des Verhaltens; Konfrontation mit den Folgen; Schließung eines Vertrags zur Verhaltensänderung; klare Verhaltenserwartungen und Sanktionen; gezielte Verstärkung; gegebenenfalls Bestrafung
aggressiv-opponierend	offen rebellisches und meuterndes Verhalten	verweigert Kooperation verbal oder nonverbal; tut das Gegenteil von dem, was gefordert wird	klare Erwartungen und Konsequenzen; Schließung eines Kooperationsvertrags
aggressiv-hinterhältig	heimliche Verweigerung und Opposition	scheint Aufforderungen zuzustimmen; macht aber das Gegenteil; spielt den Unschuldigen; provoziert im Verborgenen	deutlich machen, dass Verweigerung bemerkt wird; Übertragung von Verantwortung und Überprüfung der Erledigung von Aufgaben
hyperaktiv	fehlende motorische Kontrolle des Verhaltens	verlässt häufig den Platz; kippelt mit dem Stuhl; schwatzt	Separierung; ruhige Lernumgebung sicherstellen; Peer Tutoren zur Unterstützung einsetzen
unaufmerksam	unaufmerksames Verhalten	Konzentrationsprobleme; Schwierigkeiten zuzuhören, am Ball zu bleiben und Gelerntes zu erinnern	Aufmerksamkeit durch Signale steuern; Aufgabe in einzelne Schritte zerlegen; Konzentrationstrainings; Selbstinstruktion trainieren

Typ	Definition	Merkmale	Intervention
perfektionistisch	verhält sich so, dass Schwächen oder Fehler nicht bemerkt werden	unrealistische Selbsteinschätzung; Outcome-Fixierung; selbstkritisch; schämt sich für Misserfolge	realistische Anforderungen stellen; demonstrative Akzeptanz von Fehlern als Lerngelegenheiten; Schüler als Tutor einsetzen
sozial unbeholfen	Verhalten, das auf Fehlinterpretation von nonverbalen Botschaften und fehlenden sozialen Skills beruht	isoliert; wird häufig zurückgewiesen und für sein Verhalten oder seine Erscheinung gehänselt	soziale Kompetenzen trainieren (soziale Hinweisreize interpretieren, körperliche Distanz einhalten ...)

Abb. 8: Schüler mit besonderem Unterstützungsbedarf nach Marzano & Marzano (2003).

Fragen zur Reflexion

- Arbeiten Sie bei der Übernahme einer neuen Klasse gezielt am Aufbau und an der Modifikation von Verhalten?
- Wenn ja: Welche positiven und negativen Verstärker setzen Sie ein?
- Nutzen Sie Techniken zur Vermittlung von Strategien zur Selbstregulation? Etwa indem Sie bewusst als Modell agieren oder indem Sie Schülerinnen und Schüler zum inneren Dialog anregen?
- Versuchen Sie, Schülerinnen und Schüler zur Selbstbeobachtung anzuregen?
- Welche Schüler mit besonderem Unterstützungsbedarf haben Sie in Ihrer derzeitigen Klasse? Wie gehen Sie mit Ihnen um?

4.3 Unterstützung von Lernaktivitäten durch Interaktionsskripte

Oben wurde bereits ausgeführt, dass eine Konkretisierung allgemeiner Normen im Unterricht durch die Definition und Durchsetzung konkreter Regeln erfolgt. Diese Konkretisierung schafft Verhaltenssicherheit im Unterricht – und zwar für Lehrkräfte und Schüler gleichermaßen. Verhaltenssicherheit wird aber auch durch die **Einübung von Verhaltensabläufen**, die bei wiederkehrenden Anlässen immer wieder in derselben Weise ausgeführt werden, erzielt. Solche Abläufe lassen sich auf unterschiedlichen Ebenen identifizieren. Im Folgenden gehen wir zunächst kurz auf **Unterrichtsskripte** und **Aktivitätsstrukturen** ein, um im Anschluss daran anhand verschiedener Beispiele zwei verschiedene Typen von **Interaktionsskripten** ausführlicher zu beleuchten: **Instruktionsprozeduren** (wiederkehrende Lehr-Lern-

Aktivitäten) **und Managementprozeduren** (wiederkehrende organisationale Aktivitäten).

Unterrichtsskripte beziehen sich auf eine Abfolge unterschiedlicher Aktivitäten einer Unterrichtsstunde, die einer bestimmten Logik folgen. Sie werden durch den Unterrichtsentwurf einer Lehrkraft bestimmt und beziehen sich auf eine Unterrichtseinheit oder eine Unterrichtsstunde. Verschiedene Lehrkräfte entwickeln zu denselben Themen oft ganz unterschiedliche Skripte. Im Kasten ist als ein Beispiel das Skript des konstruktivistischen Mathematikunterrichts dargestellt:

Idealtypisches Skript konstruktivistischen Mathematikunterrichts

1. *Lehrervortrag:* Einführung eines Problems
2. *Klassengespräch:* Aktivierung des Vorwissens der Schülerinnen und Schüler. Formulieren von Hypothesen
3. *Gruppen- oder Partnerarbeit:* Entwicklung, Erprobung und Dokumentation von Lösungen
4. *Schülerpräsentationen:* Präsentation mehrerer Lösungen
5. *Klassengespräch:* Vergleich und Diskussion der Lösungen
6. *Lehrervortrag:* Zusammenfassung der Ergebnisse und Einordnung in den Kontext

Legt eine Lehrkraft Wert darauf, mathematische Problemlösekompetenzen bei den Schülern zu fördern, so wird sie dieses oder ein ähnliches Skript in ihrem Unterricht regelmäßig einsetzen. Die Schülerinnen und Schüler können sich entsprechend auf die Abfolge der jeweiligen Aktivitäten einstellen, d. h. sie wissen bereits bei der Einführung des Problems, dass später eine Gruppen- oder Partnerarbeit folgen wird, und sie wissen, dass die erarbeiteten Ansätze anschließend vergleichend diskutiert werden. Folgt das Skript hingegen dem didaktischen Prinzip der direkten Instruktion, so stellen sich die Schülerinnen und Schüler darauf ein, dass zuerst Lösungen an der Tafel vorgerechnet werden und dass diese anschließend in einer Einzelarbeit geübt werden.

Wenn man ein Unterrichtsskript mit der Liturgie des Gottesdienstes vergleicht, wird deutlich, worin die Herausforderung der Steuerung des Unterrichts besteht. Unterrichten erfordert teilweise rasche **Wechsel zwischen Aktivitäten**, die jeweils ganz unterschiedliche Anforderungen an das Verhalten der Teilnehmerinnen und Teilnehmer stellen (wie z. B. ein Lehrervortrag oder ein Unterrichtsgespräch: Einmal soll aufmerksam zugehört, dann wieder sollen engagierte Beiträge geleistet werden).

Die unterschiedlichen aufeinanderfolgenden Aktivitäten innerhalb eines Unterrichtsskripts (Klassengespräch, Einzelarbeit, Partnerarbeit usw.) werden auch als **Aktivitätsstrukturen** bezeichnet, da Akteure, Stoff und Medien jeweils in einem spezifischen Verhältnis zueinander stehen. Bei einem Lehrervortrag beispielsweise steht die Lehrkraft an einer gut sichtbaren Stelle, sie erläutert den Stoff für alle verständlich, sie nutzt ihre Stimme und zur Unterstützung gegebenenfalls die Tafel oder ein anderes Präsentationsmedium; die Schülerinnen und Schüler hören aktiv zu. Bei der Gruppenarbeit stehen Akteure, Stoff und Medien dagegen in einem ganz anderen Verhältnis zueinander. Für das Klassenmanagement – das haben wir bereits im zweiten Kapitel ausgeführt – sind diese Aktivitätsstrukturen aus mehreren Gründen von zentraler Bedeutung. Zum einen ist innerhalb dieser Struktur ganz unterschiedlich definiert, was soziale Ordnung jeweils bedeutet – so wird etwa ein nichtunterrichtsbezogenes Nebengespräch während eines Klassengesprächs in der Regel als sehr viel störender erlebt als während einer Partnerarbeit. Das bedeutet gleichzeitig, dass jede Aktivitätsstruktur charakteristische »Sollbruchstellen«, d. h. besondere Herausforderungen für die Aufrechterhaltung von Ordnung beinhaltet. So sind z. B. bei der Aktivitätsstruktur der Einzelarbeit die unterschiedlichen Arbeitstempi und die Gefahr von daraus entstehenden Leerläufen eine typische Herausforderung für die Steuerung des Unterrichts. Zum anderen impliziert ein Skript, dass eine ganze Reihe von Übergängen zwischen Aktivitäten möglichst geräuschlos bewältigt werden muss. David Berliner (1983) plädiert dafür, den Übergang nicht nur als zu vernachlässigenden »Zwischenraum« zwischen Aktivitätsstrukturen zu begreifen, sondern als eine eigene Aktivitätsstruktur, deren Steuerung eine besonders hohe Aufmerksamkeit und spezifische Strategien der Lehrkraft erfordern.

Der oben eingeführte Vergleich mit dem Skript einer Liturgie zeigt auch, welche Instrumente zur Stabilisierung von Aktivitätsstrukturen sowie des Wechsels zwischen unterschiedlichen Aktivitätsstrukturen eingesetzt werden können. Eine große Rolle spielen **akustische und visuelle Signale**, die, wie das Klingeln des Glöckchens in der katholischen Messe, bestimmte **Handlungsketten** initiieren, die im Folgenden Interaktionsskripte genannt werden.

Interaktionsskripte schreiben das aufeinander bezogene Handeln von Lehrkräften und Schülern vor und umfassen mehrere aufeinanderfolgende Einheiten, deren Durchführung durch ein Signal ausgelöst wird. Interaktive Muster des Unterrichts werden gelegentlich auch als Prozeduren, Routinen oder als Rituale bezeichnet. Wir ziehen hier den Begriff des Interaktionsskripts dem des Rituals vor, weil mit Letzterem eine außeralltägliche, meist feierliche Handlung von hohem Symbolgehalt verbunden ist, wohingegen Interaktionsskripte alltägliches Verhalten regeln. Für den europäischen Blick ungewohnt ist beispielsweise folgende Begrüßungsprozedur zu Beginn einer japanischen Mathematikstunde:

Begrüßungsprozedur im japanischen Mathematikunterricht

Der Ablauf der Begrüßungsprozedur enthält folgende Interaktionseinheiten:

- *Der Lehrer stellt sich hinter sein Pult, die Schüler stehen auf.*
- *Ein Schüler: »Achtung!« (Pause) »Verbeugt Euch!«*
- *Lehrer und Schüler verbeugen sich, währenddessen der Lehrer sagt: »Guten Morgen!«*
- *Alle Schüler: »Guten Morgen!«*
- *Ein Schüler: »Setzt Euch!«*
- *Die Schüler setzen sich.*

Wie bei allen Interaktionsskripten wird hier durch ein **Signal** – das Einnehmen der Position hinter dem Pult durch den Lehrer – eine Kette aufeinanderfolgender Einheiten des Lehrer-Schüler-Verhaltens ausgelöst, die in diesem Fall körperliche Verhaltenselemente (Aufstehen, Verbeugen, Hinsetzen) und verbale Aspekte (Anweisung, Begrüßung) umfasst. Das Beispiel zeigt in zweifacher Hinsicht, dass Interaktionsskripte auch durch ihren kulturellen Kontext geprägt sind. Zum einen umfasst die Prozedur die in Japan verbreitete Begrüßungsgeste der Verbeugung, zum anderen lässt sich hier die für japanische Interaktionsskripte charakteristische Verteilung auf mehrere aktive Rollen identifizieren: Ein Schüler – nicht der Lehrer – übernimmt die Funktion, durch die Ansage »Achtung« die gemeinsame Verbeugung zu initiieren. Obwohl eine Begrüßung in Deutschland anders gestaltet wäre, sind die Ziele einer gut funktionierenden Begrüßungsprozedur ganz ähnlich. Durch die an jedem Stundenbeginn durchgeführte **Routine** wird ohne umständliche Anweisungen, Zurechtweisungen oder Debatten für alle Beteiligten deutlich, dass die Unterrichtsstunde beginnt. Diese deutliche, durch gemeinsame Gesten und verbale Äußerungen vollzogene **Markierung** beendet vorangegangene Aktivitäten, richtet die Aufmerksamkeit der Lernenden auf die erwarteten Lerngelegenheiten und erleichtert der Lehrkraft damit die anschließende Etablierung eines Handlungsvektors.

Interaktionsskripte sind jedoch nicht nur durch kulturelle Rahmungen geprägt, sondern in erster Linie durch das jeweilige Unterrichtskonzept der Lehrkraft. Das heißt, die Lehrkraft etabliert – abgestimmt auf ihre Ziele und passend zu den Schülerinnen und Schülern – für bestimmte wiederkehrende Abläufe Interaktionsskripte, die dafür sorgen, dass allen Beteiligten das Handlungsprogramm für den jeweiligen Ablauf klar ist. Dann kann auf komplizierte Anweisungen in jedem Einzelfall verzichtet werden.

Um Missverständnisse zu vermeiden: Hier soll keineswegs postuliert werden, dass Unterrichten allein oder in erster Linie auf der Basis von standardisierten Mustern funktionieren kann. Ganz im Gegenteil: Unterricht beruht in hohem Maße auf der situationssensiblen Herstellung von Passungen! Auf Verstehensprobleme muss ebenso spontan reagiert werden wie auf reichhaltige Schülerbeiträge. Unterricht ist, wie bereits im zweiten Kapitel beschrieben, immer beides: geplantes Handeln und Improvisieren! Gleichwohl ist der gezielte Einsatz von Interaktionsskripten insbesondere unter folgenden Bedingungen ein unverzichtbares Mittel zur Stabilisierung der sozialen Ordnung:

- wenn Schüler(innen) über eher geringe Selbstregulationsfähigkeiten verfügen,
- wenn Lehrkräfte Unterrichtsskripte verwenden, bei denen häufige Wechsel zwischen Aktivitätsstrukturen vorgesehen sind, also viele Übergänge entstehen,
- wenn Lehrkräfte das Ziel verfolgen, neben Klassengesprächen und Einzelarbeit auch Aktivitäten zu etablieren, bei denen die Schüler eigenständig, d.h. mit geringem Maß an Lehrersteuerung mehrere Arbeitsschritte absolvieren.

Wir unterscheiden im Folgenden zwei verschiedene Typen von Interaktionsskripten und erläutern diese anhand von Fallbeispielen: **Instruktionsprozeduren** beziehen sich auf wiederkehrende Muster von aufeinanderfolgenden Lehr-Lern-Aktivitäten (z.B. Muster der Gruppenarbeit), während **Managementprozeduren** sich auf Muster organisationaler Aktivitäten (Verteilung und Wegräumen von Material, Verfahren der Anwesenheitskontrolle, Verfahren des Einsammelns von Hausaufgaben, Umgang mit zu spät kommenden Schülern usw.) beziehen.

Die Gestaltung von **Instruktionsprozeduren** hängt vor allem von den jeweiligen Zielen der Lehrkraft und von dem damit verbundenen Unterrichtsskript ab. Im Folgenden wird ein Fallbeispiel dargestellt, bei dem die etablierten Instruktionsprozeduren dazu dienen, eine Abfolge von lehrergesteuerten Aktivitäten flüssig zu gestalten:

Fallbeispiel aus dem Geschichtsunterricht (6. Klasse)
Es geht um die Frage, inwieweit Computerspiele zum Mittelalter geschichtliche Ereignisse zuverlässig darstellen. Die Schülerinnen und Schüler sollen in der Auseinandersetzung mit diesen Spielen die Methode der Quellenkritik kennenlernen. Zu diesem Zweck werden unterschiedliche Darstellungen von mittelalterlichen Burgen in Computerspielen miteinander verglichen.

In der folgenden Passage fertigen die Schülerinnen und Schüler nach bestimmten Vorgaben die Skizze einer Burg im Mittelalter an, um diese später mit den Darstellungen im Computerspiel zu vergleichen. Folgende Schritte folgen aufeinander:

- *Partnerarbeit: Die Schülerinnen und Schüler skizzieren auf Tafeln den Entwurf einer Burg. Die Lehrerin geht zu verschiedenen Schülerinnen und Schülern und gibt individuelle Hilfestellung. Die Schülerinnen und Schüler haben wenige Minuten Zeit.*
- *Übergang: Die Lehrerin kündigt das Ende der Partnerarbeit an: »Ihr habt noch zehn Sekunden!« und zählt laut einen Countdown: »10, 9, 8, ... die Stifte hinlegen, hört auf zu zeichnen!« Die kurze Partnerarbeit vermeidet Leerläufe, der Countdown koordiniert die Beendigung der Partnerarbeit.*
- *Klassengespräch: Danach fordert die Lehrerin alle Schülerinnen und Schüler auf, die Tafeln hochzuhalten, damit sie die Skizzen sehen kann. Das Hochhalten der Tafeln entspricht dem ›Rechenschaftsprinzip‹ und stützt den primären Handlungsvektor, indem die Schülerinnen und Schüler sofort wieder aktiv werden. Die Lehrerin deutet auf eine korrekt ausgeführte Skizze, zu der alle hinschauen sollen und bittet eine der beiden Zeichnerinnen, kurz das Wesentliche der Skizze zu erläutern.*
- *Übergang zur nächsten Partnerarbeit: Die Lehrerin richtet die Aufmerksamkeit zur Tafel, um nun Merkmale von Burgen, die mehrere Jahrzehnte später errichtet wurden, zu erläutern. Im Anschluss daran sollen die Schülerinnen und Schüler nach dem gleichen Verfahren wieder Skizzen anfertigen. Zum Schluss werden beide Typen von Burgen mit den Darstellungen in den Computerspielen verglichen.*

Bei diesem Beispiel lassen sich auf verschiedenen Ebenen Instruktionsprozeduren identifizieren, die in ihrem Zusammenspiel darauf abzielen, eine schnelle, kleinschrittige, durch die Lehrerin gesteuerte Abfolge unterschiedlicher Aktivitäten zu unterstützen. Zwei kurze Prozeduren unterstützen den flüssigen Ablauf: der Countdown zur koordinierten Beendigung der Partnerarbeit und das Hochhalten der Skizzen. Auf einer übergreifenden Ebene stellt die gesamte Abfolge von Aktivitäten eine Prozedur dar, die in der Stunde mehrfach durchgespielt wird und auf die sich die Schülerinnen und Schüler einstellen können.

Welche Instruktionsprozeduren den Unterricht unterstützen können, ist – wie bereits gesagt – abhängig vom Handlungsprogramm der Lehrkraft. Wer häufig Gruppenarbeit durchführt, sollte für die Zusammensetzung der Gruppen, für das Arrangement der Gruppentische und für die Präsentation der Gruppenprodukte Prozeduren einführen. Wer mit häufigen Schülerpräsentationen arbeitet, sollte Prozeduren für die Präsentationsfolge und die Kommentierung durch die anderen einführen.

Fragen zur Reflexion

- Welche Instruktionsprozeduren haben Sie in Ihrem Unterricht etabliert?
- Inwiefern unterstützen diese Prozeduren die von Ihnen vorgesehenen Ziele?
- Fallen Ihnen weitere Abläufe ein, die man durch die Einführung von Instruktionsprozeduren optimieren könnte?

Die Abhängigkeit der Prozeduren von jeweils fachspezifischen Unterrichtsskripten gilt auch für die Einführung von **Managementprozeduren** – so sind beispielsweise im Arbeitslehreunterricht Prozeduren für den Gebrauch von Schutzbekleidungen, Werkzeugen und Materialien usw. angebracht. Andere Prozeduren hingegen sind fachunabhängig, so z. B. Prozeduren, die sich auf den Umgang mit zu spät kommenden Schülerinnen und Schülern beziehen. Obwohl das pünktliche Erscheinen zum Unterricht eine der wichtigsten und am häufigsten thematisierten Regeln darstellt, sind Schüler, die aus unterschiedlichen Gründen nach Unterrichtsbeginn in die Klasse kommen, ein verbreitetes Phänomen, für das Lehrkräfte effektive Strategien benötigen. Was die Aufrechterhaltung des primären Handlungsvektors betrifft, ist dieses Phänomen keineswegs eine triviale, zu ignorierende Angelegenheit, denn das ›Hereinplatzen‹ von Schülern in eine Unterrichtsaktivität stellt häufig einen störenden sekundären Handlungsvektor dar, der den prinzipiell labilen primären Handlungsvektor zu schwächen droht. Insbesondere in der Anfangsphase der Unterrichtsstunde, wenn Lehrkräfte eine Fülle von Strategien einsetzen müssen, um überhaupt einen Handlungsvektor in Gang zu bringen, ist das **Zuspätkommen** ein Problem und ein Belastungsfaktor für sie.

Viele Lehrkräfte haben deshalb für den Umgang mit Schülerinnen und Schülern, die zu spät kommen, eine Prozedur zu etablieren. Wie bei vielen Problemen des Klassenmanagements sind hier mindestens zwei Aspekte zu beachten und zu vereinbaren: Einerseits sollte die Prozedur Bedingungen dafür schaffen, dass der primäre Handlungsvektor durch das Hereinkommen und Hinsetzen der Schülerinnen und Schüler nach Möglichkeit wenig beeinträchtigt wird; eine Unterbrechung und eine öffentliche Ermahnung wären aus dieser Perspektive eher ungünstig. Andererseits sollte die Prozedur für die Schülerinnen und Schüler

Anreize enthalten, das Zuspätkommen künftig zu vermeiden, d. h. für die zu spät kommenden Schüler(innen) sollte die Prozedur tendenziell eher mit aversiven (unangenehmen) Reizen (vgl. 4.2) verbunden sein. Bei dem folgenden Praxisbeispiel einer Prozedur wurde versucht, diesen beiden Aspekten gerecht zu werden:

Prozedur im Umgang mit Zuspätkommern
Frau Müller unterrichtet eine 7. Klasse an einer Oberschule im Land Brandenburg. In der zu Beginn des Schuljahres durchgeführten Kennenlernwoche werden neben bestimmten Normen schulischen Lernens auch Regeln eingeführt sowie einige Prozeduren, so insbesondere die folgende Managementprozedur, die Frau Müller seit vielen Jahren in ihrem Unterricht etabliert und die mehrere aufeinanderfolgende Abschnitte für den Fall des Zuspätkommens umfasst:

1. Der Schüler klopft von außen an die Tür.
2. Die Lehrerin ruft: »Einen Moment!«
3. Der Schüler wartet vor der Tür.
4. Die Lehrerin öffnet die Tür.
5. Der Schüler äußert sich leise zum Grund des Zuspätkommens und entschuldigt sich dafür.
6. Die Lehrerin gibt kurz eine Anweisung, was zu tun ist.
7. Der Schüler geht zu seinem Platz.

Ein Ziel der Prozedur besteht darin, durch die Schritte 2 und 3 das unkontrollierte Hereinplatzen von Schülern zu verhindern und damit den primären Handlungsvektor zu schützen. Das Öffnen der Tür durch die Lehrerin ermöglicht dieser einen kurzen individuellen Austausch mit dem Schüler, ohne die ganze Klasse einbeziehen zu müssen. Das Warten vor der Tür sowie die Anforderung, sich mit einer Erklärung und einer Entschuldigung zu äußern, fordert den Schüler auf, das eigene Verhalten und die Verletzung der Pünktlichkeitsregel bewusst zur Kenntnis zu nehmen. Die kurze Anweisung der Lehrerin macht es wahrscheinlicher, dass es dem Schüler gelingt, sich ohne großes Aufheben dem Handlungsvektor anzuschließen. Durch das erforderliche Warten und durch den Akt der Entschuldigung sorgt die Lehrerin dafür, dass das Zuspätkommen für die Schüler mit eher unangenehmen Gefühlen verbunden ist.

An diesem Beispiel einer detaillierten Managementprozedur wird ein weiteres Mal deutlich, dass, wie alle Strategien des Klassenmanagements, auch die Einführung einer Prozedur Teil eines Gesamtkonzepts des Unterrichts und entsprechender Schwerpunktsetzungen ist. Frau Müller hat sich entschieden, hier einen Schwerpunkt zu setzen. Dem entspricht, dass sie den Themen »Pünktlichkeit« und »effektive Nutzung der Lernzeit« auch in anderen Zusammenhängen einen großen Stellenwert beimisst. So achtet sie sehr darauf, sich selbst nicht zu verspäten – und wenn dies vorkommt, dann entschuldigt sie sich bei den Schülerinnen und Schülern dafür, d. h. sie unterstützt die **Pünktlichkeitsregel** und die aufwendige Managementprozedur, indem sie selbst als Vorbild agiert.

Fragen zur Reflexion

- Welche Vorteile und welche Nachteile sehen Sie im Zusammenhang mit der von Frau Müller praktizierten Managementprozedur?
- Wie gehen Sie mit dem Problem zu spät kommender Schüler um?
- Welche Managementprozedur(en) zu weiteren Aspekten haben Sie in Ihrem Unterricht eingeführt?

4.4 Einrichtung einer Lernumgebung

Ein weiterer präventiver Aspekt, der bereits im Vorfeld der Übernahme einer neuen Klasse bedacht und geplant werden sollte, ist die Raumgestaltung. Amerikanische Kollegen sind beim Besuch deutscher Schulen immer wieder überrascht, wie nachrangig die Gestaltung von **Sitzordnungen** oder das **Arrangement von Lernmitteln und Materialen** hier oft behandelt werden. Amerikanische Handbücher und Trainingsprogramme zum Klassenmanagement legen sehr viel Wert auf Fragen der Gestaltung der Lernumgebung. Drei Aspekte sind hier unbedingt zu berücksichtigen:

- die Ausrichtung der Aufmerksamkeit der Schülerinnen und Schüler,
- das Monitoring bzw. die Beobachtung der Schülerinnen und Schüler durch die Lehrkraft und
- das »Floating«: die Schaffung von Durchgängen für Schülerinnen und Schüler, vor allem aber für die Lehrkraft.

Für das Arrangement der Schülertische sind neben der meist praktizierten Sozialform auch folgende Fragen relevant: Wie kann eine Ausrichtung der Aufmerksamkeit auf die zentralen Informationsquellen (z. B. Tafel) am besten unterstützt werden? Wie können Ablenkungsquellen minimiert werden? Wie kann der Durchgang für die Schülerinnen und Schüler, aber auch für die Lehrkraft gesichert werden? Ist der Überblick über alle Schülerinnen und Schüler gewährleistet?

Für die Positionierung des Lehrertisches ist Folgendes zu berücksichtigen: Wenn die Lehrkraft vom Lehrertisch aus den Überblick behalten will, muss der Tisch zentral ausgerichtet sein. Soll der Lehrertisch vor allem für die Beratung und Unterstützung einzelner oder mehrerer Schülerinnen und Schüler genutzt werden, ist er abseits zu platzieren.

Auch die Platzierung von Computern, Bücherregalen oder Materialschränken sollte mit Blick auf die funktionalen Erfordernisse sorgfältig geplant werden.

Fragen zur Reflexion

- Wie sind in Ihrem Klassenzimmer die Tische der Schülerinnen und Schüler angeordnet?
- Wo befindet sich Ihr Lehrertisch?
- Wo befinden sich die Medien (Tafel, Computer, O-H-Projektor ...)?
- Wo sind häufig und weniger häufig benutzte Materialien aufbewahrt?
- Machen Sie eine Skizze!
- Wie beurteilen Sie Ihren Klassenraum im Hinblick auf:
  - die Ausrichtung der Aufmerksamkeit der Schülerinnen und Schüler und die Ausschaltung von Ablenkungsquellen,
  - die Möglichkeit der Beobachtung der gesamten Klasse,
  - Ihre und die schülerseitig notwendige Bewegungsfreiheit?
  - Was könnten Sie an der Einrichtung Ihres Klassenzimmers ohne großen Aufwand ändern?

Zusammenfassung

Die Schaffung von Voraussetzungen und Rahmenbedingungen für effektives Lernen in Schulklassen betrifft vier Aspekte. Bei allen Maßnahmen handelt es sich um zeitintensive vorbereitende Maßnahmen. Diese Maßnahmen müssen im Vorfeld, zu Beginn des Schuljahrs oder in eigens dafür definierten Zeiträumen (Projekten) stattfinden.

- **Regelarbeit** stellt sich dort als besondere Herausforderung dar, wo Normen des sozialen Umgangs aufgrund familiärer Sozialisationsbedingungen nicht vorausgesetzt werden können und wo Normen des Lernens, z. B. aus Gründen der Entwertung von Abschlüssen oder erlernter Hilflosigkeit im Umgang mit Leistungssituationen, auf fundamentale Ablehnung stoßen. Hier müssen diese Normen expliziert, begründet und durch Sanktionen abgesichert werden, stellen sie doch die Geschäftsgrundlage für funktionierenden Unterricht dar. Erst auf der Basis der Legitimation grundlegender Normen können konkrete verhaltensnahe Schul- und Klassenzimmerregeln eingeführt werden. Regeln müssen nicht nur eingeführt, ihre Einhaltung muss auch überwacht und ihre Missachtung sanktioniert werden.
- **Verhaltensmodifikation** kann durch den Einsatz und die Vorenthaltung positiver und negativer Reize geschehen. Eine besondere Bedeutung kommt dem Lob zu, da es immer eine Information über das erwartete Verhalten enthält. Vorsicht: Lob kann auch dysfunktionale Wirkungen entfalten. Techniken des operanten Konditionierens sollten durch eine Vermittlung von Strategien zur Selbstregulation des Verhaltens ergänzt werden: Vielversprechend sind hier die Modellierung erwünschten Verhaltens, die Selbstanweisung und der innere Dialog. Zwei Voraussetzungen sind bei der Vermittlung von Strategien der Selbstregulation des Verhaltens zu beachten: Die Schüle-

rinnen und Schüler müssen Verantwortung für ihr eigenes Handeln akzeptieren und Kontrolle über die Handlung wahrnehmen, also eine Entscheidung treffen können.

- Lehrkräfte entlasten sich von der Steuerung von Verhalten durch die Einführung und Einübung von **Interaktionsskripten** (Prozeduren und Rituale) für wiederkehrende Anlässe. Zwei unterschiedliche Skripts sind hier zu unterscheiden: *Instruktionsprozeduren* (wiederkehrende Lehr-Lern-Aktivitäten) und *Managementprozeduren* (wiederkehrende organisationale Aktivitäten). Diese Skripts werden für bestimmte Aktivitätsstrukturen wie Klassengespräche, Partner- oder Stillarbeiten oder für Übergänge eingeübt. Ihre Ausführung wird durch explizit oder implizit eingeführte Signale ausgelöst.
- Was die **Einrichtung einer Lernumgebung** betrifft, stehen zwei Fragen im Mittelpunkt: Wie ist die Sitzordnung zu gestalten, damit Lehr-Lern-Aktivitäten möglichst reibungslos vonstatten gehen, die Aufmerksamkeit der Schülerinnen und Schüler nicht beeinträchtigt und ein möglichst ungehindertes Monitoring und Floating der Lehrkraft garantiert wird, und wie werden Lern- und Arbeitsmittel gelagert?

5 Steuerung des Unterrichtsflusses

Im vorausgehenden Kapitel wurden vier zentrale Voraussetzungen für eine flüssigen Steuerung der Interaktion im Klassenzimmer beschrieben: erstens die Etablierung von Verhaltenserwartungen, zweitens der gezielte Aufbau bzw. die Modifikation entsprechender Verhaltensweisen, drittens die Einübung von Interaktionsskripts oder Prozeduren für häufig wiederkehrende Situationen und viertens die Einrichtung einer übersichtlichen Lernumgebung. Wenn diese Voraussetzungen nicht erfüllt sind, wird die Steuerung des Interaktionsprozesses nur schwerlich gelingen.

Was sind die besonderen Herausforderungen der **Steuerung von Unterricht** und welche entsprechenden Kompetenzen benötigen Lehrkräfte (5.1)? Wie kann die **Aufmerksamkeit** der Schülerinnen und Schüler auf das Handlungsprogramm ausgerichtet werden (5.2)? Wie kann Verhalten durch Lob und Zurechtweisungen im **Unterrichtsfluss** reguliert werden (5.3)? Wie sind **Störungsinterventionen** zu dosieren und gegebenenfalls zu steigern (5.4)? Das sind die Fragen, die im Zentrum des folgenden Kapitels stehen.

5.1 Grundlegende Steuerungskompetenzen: Monitoring, Overlapping, Gruppenaktivierung

Die Untersuchungen von Jacob Kounin (1970), der übrigens als einer der ersten Unterrichtsforscher den Einsatz der Videografie erprobte, haben deutlich gemacht, dass ein effizienter Unterricht – effizient im Sinne der aktiven Nutzung der Lernzeit durch die Schülerinnen und Schüler – mit bestimmten Kompetenzen der Lehrkraft einhergeht. Guten Klassenmanagern gelingt es, Unterrichtsaktivitäten flüssig zu steuern. Das zeigt sich beispielsweise daran, dass sie dem roten Faden folgen, sich nicht von irrelevanten Ereignissen ablenken lassen, d. h. kleine Störungen auch einmal ignorieren, und vor allem sich selbst nicht ablenken, etwa durch das Betreten von Nebenschauplätzen. Die englischen Begriffe, die Kounin benutzt, um einen flüssigen Unterricht zu beschreiben – »**smoothness**« und »**momentum**« – lassen sich nur schwer ins Deutsche übersetzen: Geschmeidigkeit und gleichbleibender Antrieb sind zugegebenermaßen etwas ungelenke Versuche der Übersetzung.

Gute Manager sind immer genau im Bild darüber, was im gesamten Klassenraum geschieht, und sie vermitteln dies den Schülerinnen und Schülern auch, indem sie Blickkontakt halten, Namen nennen oder sich in die Nähe von potenziellen Störern bewegen. Gute Manager machen selten sogenannte »**Objektfehler**«, das bedeutet, dass regelwidriges oder unerwünschtes Verhalten dem falschen Schüler zugeschrieben wird. Wenn man sich hier noch einmal ins Gedächtnis ruft, dass Unterrichten Handeln in einem sehr komplexen sozialen System unter hohem Zeit- und Erwartungsdruck ist, wird klar, wie schwer es fällt, alles im Blick zu behalten. Jeder hat schon einmal die Situation erlebt, in der eine Störung keinem Störer zugerechnet werden konnte: Wer hat den Papierflieger geworfen? Aus welcher Ecke kam der hörbare Ausdruck der Geringschätzung?

Ein effizientes **Monitoring** der Schülerinnen und Schüler setzt voraus, dass die Lehrkraft den Überblick über die ganze Klasse hat und sich nicht auf einzelne Gruppen von Schülerinnen und Schülern konzentriert. Die Lehrkräfte müssen in einer Situation wichtige Aspekte von unwichtigen unterscheiden können, sie müssen in der Lage sein, das Typische in dieser Situation sehr schnell zu erkennen, um eine adäquate Intervention auszuwählen. Viele Expertenstudien konnten belegen, dass Experten ihre Aufmerksamkeit auf die typischen – meist sind es nur wenige – Elemente einer Situation konzentrieren. In dem Kapitel zur Lehrexpertise (2.3) wurde bereits darauf hingewiesen, dass Experten aufgrund der Verfügbarkeit reichhaltiger Schemata auch in komplexen dynamischen Situationen in der Lage sind, wichtige Merkmale einer Situation von unwichtigen zu unterscheiden und Letztere zu ignorieren, während Novizen sich auf besonders auffällige Merkmale konzentrieren (Carter et al. 1988). Eine solche »Situation Awareness« (Endsley 1995) ist natürlich besonders relevant für die frühzeitige Wahrnehmung möglicher Störungsquellen. Ein Fehler, den Anfänger oft machen: Sie konzentrieren sich entweder auf diejenigen Schülerinnen und Schüler, die dem vorgegebenen Handlungsvektor folgen, oder auf die Störer, und sie verlieren damit die Gesamtsituation aus dem Blick.

Erfahrenen Klassenmanagern gelingt es auch, mehrere Anforderungen gleichzeitig zu bearbeiten. Kounin hat dafür den schönen Begriff »**Überlappung**« (Overlapping) einzelner Aktivitäten geprägt. Jacob Kounin (2006) skizziert in seinem Buch »Techniken der Klassenführung« verschiedene Beispiele für Überlappung. So sind erfahrene Lehrkräfte in der Lage, den Handlungsvektor – z. B. das abwechselnde Lösen von Aufgaben durch verschiedene Schülerinnen und Schüler – auch dann aufrechtzuerhalten, wenn sie zur gleichen Zeit einen störenden Schüler zurechtweisen. Diese Lehrkräfte werden durch die Störungen eben nicht völlig in Anspruch genommen, sondern bearbeiten die Störung parallel zur eigentlichen Unterrichtsaktivität.

Um alle Schülerinnen und Schüler auf den Handlungsvektor zu verpflichten, benutzen erfahrene Manager Strategien der **Gruppenaktivierung** bzw. zur Aufrechterhaltung des **Gruppenfokus**. Sie vermeiden damit Situationen, in denen Schülerinnen und Schüler sich vom Unterrichtsgeschehen verabschieden und entweder in die innere Emigration gehen oder anderen Interessen nachgehen. Gruppenaktivierung wird am besten erreicht durch Aufgaben, die alle Schülerinnen und Schüler gleichermaßen beschäftigen. **Rechenschaftspflicht** besteht dann, wenn die Lehrkraft den Ergebnissen der Arbeit aller Schülerinnen und Schüler gebührend Aufmerksamkeit schenkt. Wenn nicht alle Ergebnisse kontrolliert werden können, sollte die Auswahl der kontrollierten Ergebnisse für die Schülerinnen und Schüler nicht vorhersehbar sein. Das unsystematische Aufrufen von Schülerinnen und Schülern anstelle des Drannehmens derjenigen, die sich melden, ist ein einfaches, aber wirkungsvolles Prinzip (siehe Kasten unten). In einer Videostudie zum Klassenmanagement von Experten haben wir deutliche Unterschiede bei Kompetenzen der Gruppenmobilisierung zwischen Experten und Novizen gefunden. Während Experten die gesamte Gruppe im Blick halten und mittels eines Signalsystems kontinuierlich steuern, beschäftigen sich Novizen oft mit einzelnen Schülerinnen und Schülern oder mit kleinen Gruppen und verlieren den Rest der Klasse aus den Augen (Thiel, Richter & Ophardt im Druck).

Techniken zur Aufrechterhaltung des Gruppenfokus

Kounin unterscheidet drei Aspekte des Gruppenfokus: Gruppenmobilisierung, Rechenschaftsprinzip und Beschäftigungsradius.

Gruppenmobilisierung betrifft das Ausmaß, in dem die gegenwärtig nicht aktiven (z. B. aufgerufenen) Schülerinnen und Schüler in die Unterrichtsaktivitäten einbezogen sind. Beim Unterrichten geht es nicht allein darum, eine Aufgabe oder einen Auftrag für alle Schülerinnen und Schüler klar und verständlich zu formulieren. Es ist darüber hinaus notwendig, alle Schülerinnen und Schüler in eine Art Bereitschaftsmodus zu versetzen, auch wenn zu einem bestimmten Zeitpunkt immer nur Einzelne eine Aktivität wirklich ausführen. Dies ist insbesondere bei Klassengesprächen und bei der Abfrage von Lösungen eine große Herausforderung. Eine einfache Technik stellt das in US-amerikanischen Schulen häufig praktizierte »chorische Sprechen« bei der Nennung der Lösung oder der Wiederholung der Aufgabe dar. Auch die Steigerung der Spannung vor dem Aufrufen (»nun wollen wir mal sehen, wer ...«), das Aufrufen nach dem Zufallsprinzip, Signale, die das nächstfolgende Aufrufen andeuten, versetzen die zum gegenwärtigen Zeitpunkt nicht aktiven Schülerinnen und Schüler in Bereitschaft. Von grundlegender Bedeutung für die Mobilisierung der gesamten Gruppe ist natürlich der Aufmerksamkeitswert der Aufgabe, des Materials oder der Art der Präsentation.

Rechenschaftsprinzip beschreibt das »Ausmaß, in welchem der Lehrer die Schüler... für ihre Arbeitsleistung zur Rechenschaft oder Verantwortung zieht« (Kounin 2006, 126). Das impliziert, dass die Lehrkraft sich aktiv darum bemüht zu erfahren, womit sich die Schülerinnen und Schüler beschäftigen und dies den Schülerinnen und Schülern auch demonstriert. Es ist von entscheidender Bedeutung, möglichst vielen Schülerinnen und Schülern den Eindruck zu vermitteln, dass die Lehrkraft über ihre (Lern-)Aktivitäten informiert ist. Das häufigste Mittel der Rechenschaftslegung ist das Vorzeigen oder Vorführen von Lösungen oder Lösungswegen. Für den Gruppenfokus ist es nicht unerheblich, welche Anzahl der Schülerinnen und Schüler zum Vorzeigen oder Vorführen angehalten werden.

Einen hohen **Beschäftigungsradius** definiert Kounin (2006) als »anhaltende gleichzeitige aktive Teilnahme aller Gruppenmitglieder. Um dieser zu entsprechen, muss von allen Schülern simultan eine wirklich individuelle Leistung verlangt werden, welche die aktive, sichtbare Handhabung irgendeines Arbeitsmittels einschließt« (122). Es geht also darum, wie viele Schülerinnen und Schüler aktiviert werden, auch wenn sich die Lehrkraft gerade mit einer einzelnen Schülerin oder einer Gruppe von Schülern beschäftigt. Was den Beschäftigungsradius betrifft, macht es beispielsweise einen Unterschied, ob bei einer Rechenübung einzelne Schülerinnen und Schüler »vorrechnen« oder ob alle das Ergebnis auf ein Papier schreiben und nachher vergleichen.

Kriterien für die Erhöhung von Gruppenmobilisierung, Rechenschaftspflicht und Beschäftigungsradius sind Unvorhersehbarkeit, hohes Tempo und Öffentlichkeit bei der Abfrage von Arbeitsergebnissen. Unvorhersehbarkeit bedeutet: Die Schülerinnen und Schüler können sich nicht darauf einstellen, wann sie »dran« sind und müssen deshalb ständig in Aktivitätsbereitschaft sein. Ein hohes Tempo bei der Abfrage führt dazu, dass die Schülerinnen und Schüler die Bearbeitungszeit der Aufgabe effizienter nutzen (es darf allerdings kein Überforderungsdruck entstehen), dass ein Aktivitätsfluss in Gang gehalten wird und dass viele Schülerinnen und Schüler »drankommen«. Öffentlichkeit bedeutet, dass die Lehrkraft sich rasch einen Überblick über die Arbeitsergebnisse machen kann: Gemeinsames Vorsprechen der Lösung, rasche Abfrage der schriftlichen Lösung oder Hochhalten des Produkts (z. B. der aufgeschriebenen oder skizzierten Lösung auf kleinen Tafeln oder Whiteboards) sind entsprechende Techniken.

Von grundlegender Bedeutung ist natürlich, dass die Lehrkraft Präsenz demonstriert, intensiv zuhört, Störungen und Fehler, aber auch richtige Beiträge bemerkt und kommentiert.

Die Aufrechterhaltung des Gruppenfokus ist insbesondere bei der Bearbeitung von Störungen von zentraler Relevanz. Konzentriert sich die Lehrkraft hier ausschließlich auf die Störenden, so bricht der Aktivitätsfluss der restlichen Klasse sehr schnell ab und die Schülerinnen und Schüler werden entweder in die Störungssituation involviert oder etablieren selbst sekundäre Handlungsvektoren.

Bei allen von Kounin thematisierten »Techniken der Klassenführung« geht es darum, im Rahmen der unterschiedlichen Aktivitätsstrukturen und beim Wechsel von einer Aktivitätsstruktur zur nächsten (Übergang) den **primären Handlungsvektor zu stärken, aufrechtzuerhalten** und **geordnet zu beenden.** Von grundsätzlicher Bedeutung sind in diesem Zusammenhang zwei Steuerungsaspekte: Die Steuerung der Aufmerksamkeit und die Steuerung des Verhaltens der Schülerinnen und Schüler.

Fragen zur Reflexion

- Welche Techniken zur Gruppenmobilisierung nutzen Sie in Ihrem Unterricht?
- Wie sichern Sie die Rechenschaftspflicht?
- Wie zeigen Sie den Schülerinnen und Schülern, dass Sie alles im Blick haben?

5.2 Steuerung der Aufmerksamkeit der Schülerinnen und Schüler

Zunächst zur Steuerung der Aufmerksamkeit: Ursächlich sowohl für die Flüssigkeit des individuellen Lernprozesses als auch für die Flüssigkeit der unterrichtlichen Interaktion in einer Klasse ist die Klarheit und Eindeutigkeit des Handlungsprogramms. Was sollen die Schülerinnen und Schüler konkret tun und in welcher Reihenfolge? Wann gilt eine Handlung als erfolgreich beendigt und wann muss sie wiederholt werden? Wann soll zur nächsten Handlung übergegangen werden?

Alle diese Fragen müssen durch die Formulierung einer **Aufgabe** oder eines **Auftrags** – wie beispielsweise: »Bitte bearbeitet in den folgenden 10 Minuten die Gleichung Nr. 1 b) auf Seite 34 in Partnerarbeit. Die Ergebnisse werdet ihr nachher vorstellen«; »Bitte hört euch zunächst meine Ausführungen zu der Entstehungsgeschichte dieses Romans an und macht euch Notizen!« – beantwortet werden. Und in vielen Fällen ist bei der Formulierung von Aufgaben auch unterschiedlichen Schülervoraussetzungen in einer Klasse Rechnung zu tragen.

An dieser Stelle wird deutlich, warum wir eingangs die Unterscheidung zwischen den drei Basisdimensionen der Unterrichtsqualität – kognitive Aktivierung, Motivierung und Klassenmanagement – als eine analytische Unterscheidung bezeichnet haben: Ein flüssig gesteuerter Unterricht hängt zunächst von der Qualität der Aufgabe bzw. des Auftrags ab. Sind die Schülerinnen und Schüler überfordert, dann sind Verzögerungen und Störungen ebenso wahrscheinlich wie bei Unterforderung. Sind die Schülerinnen und Schüler nicht motiviert (intrinsisch oder extrinsisch!), werden sie wenig Engagement für die Ausführung der erwarteten Handlungen aufbringen. Die Herausforderung der Klassenführung kann demnach nie vollständig losgelöst von der inhaltlichen Dimension des Unterrichts behandelt werden.

Die **Klarheit des Programms** ist ein wichtiger Aspekt. Aber auch bei der Bearbeitung von Aufgaben und Aufträgen muss der Fluss vielfach durch die Lehrkraft unterstützt werden, durch **aufmerksamkeitssteuernde Hinweise**, sogenannte »**cues**« (Signale), »**prompts**« (Aufforderungen), wie etwa: »Schaut noch einmal auf den letzten Satz!« oder: »Schlage noch einmal die erste Formel nach!«, oder durch **Fragen** und **Verstehenshinweise**, also Hilfen, die Elaborierungsprozesse unterstützen und schlussfolgerndes Denken anregen: »Wie bist du hier vorgegangen?« »Achtet in diesem Abschnitt auf Widersprüche zwischen unterschiedlichen Aussagen!«. Die Funktionsweise solcher diskriminierender Hinweise wurde bereits in dem Kapitel über den Einsatz von positiven und negativen Verstärkern besprochen. Sie helfen den Schülerinnen und Schülern, die erwarteten Verhaltensweisen zu aktivieren. Eine nachträgliche Verstärkung des erwarteten Verhaltens wirkt bekräftigend.

Auch die **Durchsetzung von Rechenschaftspflicht** hilft, die Aufmerksamkeit der Schülerinnen und Schüler zu fokussieren. Zunächst ist es für die Schülerinnen und Schüler wichtig zu wissen, in welchem Maß die Bearbeitung einer einzelnen Aufgabe zum Endergebnis, etwa zur Note im Halbjahreszeugnis, beiträgt. Eine Voraussetzung für die Rechenschaftspflicht ist, dass sowohl der Modus der Bewertung als auch der **Erwartungshorizont** für die Bearbeitung von Aufgaben klar sind (Emmer, Evertson & Worsham 2003). Den Schülerinnen und Schülern muss zudem deutlich gemacht werden, dass jedes Ergebnis der Aufgabenbearbeitung – auch das nicht zu benotende – Beachtung findet. So kann sich die Lehrkraft, wie bereits dargestellt, etwa einen schnellen Überblick verschaffen, wenn sie Ergebnisse in zufälliger Reihenfolge vortragen lässt. Oder wenn alle Schülerinnen und Schüler eine Skizze als Ergebnis einer Aufgabenbearbeitung hochhalten. Wichtig ist, dass Abfrage und Feedback rasch und neutral erfolgen. Es geht hier nicht um eine intensive Diskussion von Lösungen, sondern darum, dass die Lehrkraft demonstriert, dass sie den Lernprozess jedes einzelnen Schülers im Blick hat und Untertauchen nicht möglich ist. Jeder muss das Gefühl haben, gleich aufgerufen zu werden.

Aus der Sicht der Theorie des symbolischen Interaktionismus handelt es sich bei den Techniken zur Steuerung von Aufmerksamkeit und Verhalten häufig um Techniken des »**impression management**« (vgl. zum Begriff des »impression management«: Blumer 1969; Goffman 1967; 1969; Mummendey & Otten 1993, 57). »Impression management« beruht auf nonverbalen Kommunikationsmedien, wie äußere Erscheinung, räumliches Verhalten (Proxemik), Körperkontakt, Körperhaltung, Gesten und Körperbewegungen, Gesichtsausdruck (Mimik), Blick (Kontakt) beim Sprechen und paraverbales Verhalten (Tonhöhe, Stimmlage, Sprechgeschwindigkeit, Pausendauer, Betonung oder Lachen und Seufzen). Zum »impression management« zählt auch die Positionierung der Lehrkraft im Klassenraum. Bei erfahrenen Lehrpersonen lässt sich oft ein »**instructional center**« (Mehan 1979, 27) beobachten. Es erfüllt beim Initiieren eines neuen primären Handlungsvektors eine aufmerksamkeitsorientierende Funktion.

Fragen zur Reflexion

- Sind Sie manchmal mit der Situation konfrontiert, dass Schülerinnen und Schüler mehrfach nachfragen, wie die Aufgabe zu verstehen ist, was sie genau machen sollen und in welcher Reihenfolge?
- Welche Signale zur Steuerung der Aufmerksamkeit der Schülerinnen und Schüler setzen Sie ein?
- Welche Fragen und Verstehenshinweise kommen in Ihrem Unterricht häufig zum Einsatz?

- Überlegen Sie einen Moment!
- Nutzen Sie ein »instructional center« (Instruktionszentrum), d. h. gehen Sie immer zu einem bestimmten Ort im Klassenzimmer, um bestimmte Erwartungen oder Aufträge zu kommunizieren?
- Wenn nicht, könnten Sie sich vorstellen, ein solches Instruktionszentrum einzuführen?

5.3 Steuerung von Verhalten durch Lob und Zurechtweisungen

Lob, das wurde bereits in Kapitel 4.2 deutlich, ist nicht nur ein Instrument zum Aufbau und zur Stabilisierung erwünschter Verhaltensweisen; Lob hilft auch, das Verhalten der Schülerinnen und Schüler während des Unterrichts zu steuern. Verhaltensaufbau und -steuerung greifen hier ineinander. Gemeinsam mit »prompts« und »cues« fügen sich Lob und Zurechtweisungen zu einem mehr oder weniger engmaschigen Netz an Hinweisen zusammen, das den Schülerinnen und Schülern **Verhaltenssicherheit** gibt. Insofern erfüllen Lob und Zurechtweisungen dieselbe Funktion wie Signale: Sie steuern Verhalten. Kritiker der behavioristischen Lerntheorie sehen in dieser Fremdsteuerung des Verhaltens ein großes Handicap für die Ausbildung von Selbstregulationskompetenzen – wir haben diese Kritik in Kapitel 4.2 bereits ausführlich diskutiert. Zunächst aber bleibt festzuhalten: Insbesondere schwächeren Schülerinnen und Schülern mit geringer Frustrationstoleranz und wenig ausgeprägten Selbstregulationsstrategien können in erster Linie Lob, aber auch Zurechtweisungen Orientierungshilfen für erwartetes Verhalten sein.

Bei Lob und Zurechtweisungen handelt es sich um positive und aversive Reize. Anders als bei der im vierten Kapitel beschriebenen Verhaltensmodifikation erfolgt der Einsatz positiver und aversiver Reize zur Steuerung des Unterrichts nicht mit dem expliziten Ziel, ein bestimmtes Verhalten systematisch aufzubauen, sondern mit dem Ziel der **Abschirmung des primären Handlungsvektors**. Ungeachtet der fehlenden systematischen Absicht lösen Zurechtweisungen bei Schülerinnen und Schülern Lernprozesse aus: Sie formen Verhalten! Deshalb will ihr Einsatz wohl reflektiert sein.

Über die steuernde Wirkung von Lob wurde in Kapitel 4.2 schon einiges gesagt. An dieser Stelle wollen wir uns unter dem Gesichtspunkt der Verhaltenssteuerung etwas ausführlicher mit **Zurechtweisungen** befassen. Bei Zurechtweisungen handelt es sich um aversive (unangenehme) Reize, die im Unterschied zu körperlichen Strafen im Unterricht häufig eingesetzt werden. Sie sind ein Mittel, um störendes Verhalten in den Griff zu bekommen, bevor es eskaliert oder sich ausbreitet. Zurechtweisungen zählen zu den milden Formen der Bestrafung. Anders als körperliche Bestrafung oder der Entzug von Privilegien beruhen sie auf dem Konzept des **Tadels**: Sie bringen lediglich die Missachtung für ein bestimmtes Verhalten zum Ausdruck. Strafe und Tadel stehen im gleichen Verhältnis zueinander wie Belohnung und Lob.

Nicht bei jedem unerwünschten Verhalten ist der Einsatz von Zurechtweisungen anzuraten. Gelegentlich ist es sinnvoller, eine Störung zu ignorieren. Ein Grund, der für das **Ignorieren** spricht, ist, dass das unerwünschte Verhalten nicht durch die Gewährung von Aufmerksamkeit verstärkt werden soll (vgl. die Ausführungen zur Extinktion in Kapitel 4.2), ein anderer, dass nicht vom primären Handlungsvektor abgelenkt werden soll. Wenn allerdings die Ausweitung oder Verstärkung der Störung droht oder das Verhalten gegen zentrale Regeln verstößt, ist ein Ignorieren störenden Verhaltens nicht anzuraten. In diesen Fällen kommen Zurechtweisungen zum Einsatz.

Eine Zurechtweisung umfasst die Botschaft, dass ein bestimmtes Verhalten inakzeptabel ist. Oft wird eine Zurechtweisung mit einer expliziten Information darüber verknüpft, warum das Verhalten inakzeptabel ist – z. B. weil eine verabredete Regel übertreten wurde – oder mit einer Anweisung, welches Verhalten alternativ zu erfolgen hat. Walker, Ramsey & Gresham (2004) empfehlen, dass Zurechtweisungen ruhig erfolgen sollten. Zudem sei darauf zu achten, dass sich im Anschluss an eine Zurechtweisung keine Diskussion entspinnt.

Ein positiver Effekt von Zurechtweisungen auf erwünschtes Verhalten ist zwar empirisch belegt, ein nachhaltig wirksamer Einsatz wird jedoch nur in der Kombination mit positiven Verstärkern wie Lob oder der Gewährung von Aufmerksamkeit erzielt (Walker, Ramsey & Gresham 2004).

Manchmal ist gar keine verbale Zurechtweisung nötig. Oft reichen Signale (z. B. Zeigefinger auf die Lippen, Hand ausstrecken), um unerwünschtes Verhalten bereits im Ansatz zu beenden. Eine Voraussetzung für den wirksamen Einsatz dieser Signale ist allerdings, dass Störungspotenziale frühzeitig erkannt werden. Dies ist abhängig vom Monitoring des Schülerverhaltens durch die Lehrkraft.

An dieser Stelle ist eine einschränkende Bemerkung angebracht: Eine optimale flüssige Steuerung des Unterrichts, die dem geplanten Handlungsprogramm in jedem Augenblick Geltung verschafft – etwa durch die Aktivierung geübter Prozeduren, die ständige Steuerung der Aufmerksamkeit und die Regulierung des Verhaltens durch den effektiven Einsatz von Lob und Tadel – kann in Widerspruch geraten zur Entwicklung von Kompetenzen der Selbstregulation bei den Schülerinnen und Schülern. Unterricht kann durch Hinweise und Zurechtweisungen so übersteuert werden, dass Teilprozesse des Lernens gar nicht mehr selbstständig ausgeführt werden und die Steuerung des Verhaltens weitgehend von der Lehrkraft kontrolliert wird. Um ein Problem zu definieren, Ziele und Teilziele zu formulieren, entsprechende Lernhandlungen in Gang zu setzen, ihre Ausführung zu überwachen, die Handlungsimpulse gegen konkurrierende Impulse abzuschirmen, im Prozess nachzusteuern und schließlich das Ergebnis der Lernhandlung zu evaluieren, benötigen Schülerinnen und Schüler umfangreiche Kompetenzen der Selbststeuerung, die sie nur in der selbsttätigen Auseinandersetzung mit angemessenen Aufgaben entwickeln können. Diese komplizierten Prozesse der Informationsverarbeitung, der Selbstmotivierung, der Handlungssteuerung und der metakognitiven Überwachung müssen von den Lehrkräften ermöglicht und angeleitet werden. Was für die Informationsverarbeitung gilt, gilt in ähnlicher Weise für die Selbstregulation des sozialen Verhaltens. Von den Ansätzen des selbstregulierten Lernens kann auch das Klassenmanagement profitieren (vgl. dazu die Ausführungen zur kognitiven Verhaltensmodifikation in Kapitel 4.2). So ist etwa der Anforderungsgehalt der Aufgabe (nicht zu hoch und nicht zu niedrig) auch für die Selbstregulierung des Verhaltens von grundlegender Bedeutung. Auch die Strategien der Unterstützung dieser komplexen Prozesse durch *»modeling«*, also Vormachen, und *»scaffolding«*, d.h. gezielte minimale Unterstützung im Sinne des Aufbaus eines Gerüstes, oder auch Selbstanweisung können beim Klassenmanagement eingesetzt werden. Von zentraler Bedeutung aber ist ein Grundprinzip des selbstgesteuerten Lernens: »Talk about it!« (Rede darüber!). Aus der Forschung zu elterlichen Erziehungsstilen ist bekannt, dass die Begründung von Regeln und Erwartungen zur Akzeptanz und zur Internalisierung dieser Regeln und Erwartungen entscheidend beiträgt (McCaslin et al. 2006). Die Begründungsbedürftigkeit von Regeln haben wir bereits im vorausgehenden Kapitel thematisiert. Erklären und Begründen sollten Grundprinzipien der Interaktion zwischen Lehrkräften und Schülern sein: »Teacher talk and student thought« (Blumenfeld et al. 1983) und umgekehrt! Das bedeutet nicht, dass Gegenstände oder Erwartungen zerredet werden sollen. Manchmal ist die Grenze zwischen Erklärung und Predigt schmal. Aber Selbstregulierung setzt Denkprozesse voraus und diese werden über einfache Konditionierung nur schwer angeregt. Sprache ist ein Mittel der Darstellung, sie macht Implizites sichtbar, macht es so der Reflexion zugänglich. Dadurch werden Vergleiche angeregt, kriteriengestützte Beurteilung wird möglich, **Handlungsalternativen** treten in den Blick – als Voraussetzungen für die Möglichkeit, sich zu entscheiden! Die Erfahrung von Wahlmöglichkeiten und Verantwortung sind darüber hinaus Voraussetzungen für die Entwicklung von Kompetenzen der Selbstregulation. Die Schülerinnen und Schüler müssen, auch was ihr Verhalten betrifft, entscheiden können. Wahlfreiheit begünstigt aktive Partizipation und ist die Voraussetzung dafür, dass Ereignisse überhaupt auf eigene Handlungen zurückgeführt werden (McCaslin et al. 2006). Im Unterschied zur erzwungenen Ausführung einer Handlung durch einfache **Androhung von Bestrafung** erfordert Wahlfreiheit die Bewertung von Alternativen im Hinblick auf ihre Folgen und deren Abgleich mit persönlichen Zielen.

Neben den beschriebenen Verfahren der Stärkung des Handlungsvektors, der Verstärkung erwünschten Verhaltens durch Lob, der Reduzierung unerwünschten Verhaltens durch Ignorieren oder Zurechtweisungen macht sich das im Folgenden vorgestellte Stufenkonzept auch die Eröffnung von Entscheidungsmöglichkeiten zunutze.

Fragen zur Reflexion

- Setzen Sie in Ihrem Unterricht Lob und gezielte Aufmerksamkeit zur Steuerung des Verhaltens der Schülerinnen und Schüler ein?
- Wenn nicht:
  - Was hält Sie davon ab?

- Warum gehen Sie mit Lob sparsam um?
- Welche Erfahrungen haben Sie mit dem Ignorieren von Störungen gemacht?
- Wie setzen Sie Zurechtweisungen ein?
- Gelingt es Ihnen, Zurechtweisungen ruhig zu formulieren?
- Verbinden Sie eine Zurechtweisung mit dem Hinweis darauf, warum das Verhalten nicht akzeptabel ist?
- Lassen Sie sich manchmal in Diskussionen, was das geahndete Verhalten oder die Form der Zurechtweisung betrifft, verwickeln?
- Zeigen Sie den Schülerinnen und Schülern im Zusammenhang mit einer Zurechtweisung alternative Möglichkeiten des Verhaltens auf?
- Eröffnen Sie den Schülerinnen und Schülern im Zusammenhang mit einer Zurechtweisung gelegentlich auch Entscheidungsmöglichkeiten?

5.4 Stufenmodell zum Umgang mit Störungen

Die vorausgehenden Ausführungen zur Steuerung des Unterrichts mittels a) Unterstützung des primären Handlungsvektors durch klare Aufgaben und aufmerksamkeitssteuernde Signale, b) Steuerung des Verhaltens durch Lob und Zurechtweisungen, c) Unterstützung der Selbstkontrolle der Schülerinnen und Schüler durch das Angebot von Entscheidungsmöglichkeiten und d) konsequentes Sanktionieren werden in dem folgenden **Stufenmodell zur Störungsintervention** (Abb. 9) zusammengeführt (vgl. Fink & Halpern 2007):

Stufe 1	**Primären Handlungsvektor stärken**	• Klare Erwartungen (Aufgaben) formulieren • Aufmerksamkeit der Schüler lenken • Erwünschtes Verhalten positiv verstärken • Unerwünschtes Verhalten gezielt ignorieren
Stufe 2	**Primären Handlungsvektor schützen**	• Klare Erwartungen (Aufgaben) formulieren • Aufmerksamkeit der Schüler lenken • Erwünschtes Verhalten positiv verstärken • Bei unerwünschtem Verhalten minimal intervenieren
Stufe 3	**Konkurrierenden Handlungsvektor schwächen**	• Primären Handlungsvektor kurz unterbrechen • Direkt intervenieren bzw. zurechtweisen • Primären Handlungsvektor zügig wieder aufnehmen • Gruppenaktivierung sichern
Stufe 4	**Konkurrierenden Handlungsvektor beenden**	• Konsequent sanktionieren • Primären Handlungsvektor zügig wieder aufnehmen • Gruppenaktivierung sichern

Abb. 9: Vier-Stufen-Modell zum Umgang mit Störungen.

Auf der ***ersten Stufe*** steht die Stärkung des primären Handlungsvektors im Zentrum. Zunächst macht die Lehrkraft das Handlungsprogramm deutlich. Welche Aufgabe, welchen Auftrag sollen die Schülerinnen und Schüler bearbeiten (und in welcher Reihenfolge)? Bei einem Lehrervortrag kann die Lehrkraft den Handlungsvektor beispielsweise dadurch stärken, dass sie zunächst den Gegenstand in den größeren Kontext einordnet, die Dauer des Vortrags ankündigt, die Erwartungen: »Ihr sollt nachher die drei Eigenschaften von X nennen können« klarmacht und während des Vortrags immer wieder aufmerksamkeitslenkende Hinweise gibt: »Achtet auf diesen Zusammenhang, dieser Aspekt ist besonders wichtig, aus X folgt Y«. Auch kurze Zwischenfragen zur Aktivierung stärken die Aufmerksamkeit. Konzentriertes Zuhören kann durch freundliches Lächeln und kleine Gesten, wie Kopfnicken und ein kurzes »ja« oder »mmh«, oder positive Kommentare auf richtige Antworten verstärkt werden. Zeigen die Schülerinnen und Schüler unerwünschtes Verhalten in geringem Umfang, wie z. B. hörbares Stöhnen oder kurzes Schwatzen, entscheidet die Lehrkraft hier bewusst, (noch) nicht zu intervenieren.

Das Kriterium für die Entscheidung, nicht erwünschtes Verhalten zu ignorieren, ist die Stabilität des Handlungsvektors. Können die Schülerinnen und Schüler dem Handlungsprogramm weiterhin folgen? Können sie ungestört weiter lernen?

Wird das Schwatzen lauter oder hat die Lehrkraft das Gefühl, dass das Stöhnen das aktive Zuhören beeinträchtigt, so sollte sie – ohne auf die Steuerung der Aufmerksamkeit zu verzichten und die Bestärkung erwarteten Verhaltens einzustellen – beiläufig intervenieren. Sie unterbricht auf der ***zweiten Stufe*** ihren Vortrag allerdings nicht, sondern schützt das Handlungsprogramm, indem sie minimale nonverbale Signale der Missbilligung zur Schwächung des konkurrierenden Handlungsvektors einsetzt.

Dazu hat sie eine Reihe von Möglichkeiten, unter anderem:

- Bewusster Augenkontakt: Die Lehrkraft sucht gezielt den Blickkontakt mit dem störenden Schüler. Voraussetzung: Regelmäßiger Blickkontakt muss grundsätzlich gegeben sein.
- Wartezeit: Die Lehrkraft macht eine kurze Pause und redet dann weiter.
- Gesten: Die Lehrkraft zeigt auf das Arbeitsblatt, führt den Finger auf die Lippen, macht eine abwehrende Handhaltung.
- Namen erwähnen: Nennen des Namens ohne weiteren Kommentar.
- Physische Nähe zum störenden Schüler herstellen.
- Aufrufen: Zuerst den Namen nennen, dann eine Sachfrage stellen (Nicht: »Emil, kannst du mal wiederholen, was ich gerade gesagt habe?«).

Die minimale Intervention sollte **neutral** erfolgen mit dem Ziel der Unterstützung der Selbstkontrolle der Schülerinnen und Schüler. Die Intervention hat eher den Charakter der Erinnerung an eine Regel.

Reicht eine minimale Intervention nicht aus, muss auf der ***dritten Stufe*** direkt interveniert werden. Direkt intervenieren heißt: den Schüler/die Schülerin, der/die ein Fehlverhalten zeigt, verbal adressieren. Dabei wird (im Unterschied zu Stufe 1 und 2) der Handlungsvektor kurzzeitig unterbrochen. Hierfür gibt es mehrere Möglichkeiten:

- Kurze Zurechtweisungen: »Peter, leg' den Stift weg und schau zur Tafel«.
- Direkte Anregung der Selbststeuerung: »Du hast die Wahl …« (siehe unten).

Wichtig ist dabei eine ruhige, respektvolle und beständige Stimme. Außerdem muss deutlich gemacht werden, dass das Fehlverhalten missbilligt wird.

Eine besondere Variante der direkten Intervention ist die Eröffnung von Entscheidungsmöglichkeiten. Dies bindet den Schüler aktiv ein und stärkt seine Selbstregulation:

- Die Lehrkraft sagt folgenden Satz: Du hast die Wahl *(erwünschtes Verhalten und einhergehende Vorteile für den Schüler)* oder *(Konsequenz)*.
- Ich hoffe, du entscheidest dich dafür, *(erwünschtes Verhalten)*.
- Beispiel: »Du hast die Wahl, ruhig am Tisch zu arbeiten und bei deinen Freunden sitzen zu bleiben oder deine Aufgaben alleine an deinem Tisch zu bearbeiten. Ich hoffe, du entscheidest dich dafür, ruhig mit deinen Freunden zusammenzuarbeiten.«
- Besonders wirkungsvoll ist eine Sanktion, wenn sie, wie in dem obigen Beispiel, den Charakter des Entzugs positiver Reize hat (siehe dazu die Ausführungen zu Bestrafung).

Wichtig: Nach der Intervention wendet sich die Lehrkraft sofort ab, damit der Schüler sein Verhalten reflektieren kann und keine vorschnellen Reaktionen wie Ärger und Wut zeigt. Längere Aufmerksamkeit birgt nicht nur die Gefahr, den Anschluss an den primären Handlungsvektor zu verlieren, sondern auch, den konkurrierenden Handlungsvektor zu verstärken. Die direkte Intervention sollte außerdem so arrangiert werden, dass der primäre Handlungsvektor für die anderen Schülerinnen und Schüler möglichst wenig gestört wird. Die Lehrkraft sollte im optimalen Fall zu dem Schüler hingehen, wenn die anderen Schülerinnen und Schüler mit einer Aufgabe beschäftigt sind.

Kriterien für den Einsatz von direkten Interventionen sind:

- ruhiger Tonfall,
  - Bestimmtheit (»Ich meine es ernst!«) und
  - Freundlichkeit und Zugewandtheit (»Ich wünsche mir gelungenes Verhalten«) müssen gleichzeitig kommuniziert werden,
- zügiges Abwenden nach der Intervention,
- sofortige Wiederaufnahme des primären Handlungsvektors.
- Wichtig für den Erfolg der Methode: Dem Schüler sollte klar sein, dass die Konsequenz durchgeführt wird.

Wird die direkte Intervention missachtet und das erwartete Verhalten nicht gezeigt, muss auf der ***vierten Stufe*** sanktioniert werden. Wenn auf Stufe drei Entscheidungsmöglichkeiten zwischen einem erwarteten Verhalten und einer negativen Sanktion eröffnet wurden, sind nun die angedrohten Konsequenzen umzusetzen (»following through«). Eine weitere Chance für den Schüler sollte nicht eingeräumt werden; dies führt zu Verunsicherungen und wirkt sich ungünstig auf die Glaubwürdigkeit der Lehrkraft aus. Ziel ist es, den Schülerinnen und Schülern die Berechenbarkeit der eigenen Reaktion zu vermitteln. Die Schülerinnen und Schüler können sich somit auf das Abwägen des eigenen Verhaltens konzentrieren; Mutmaßungen über das mögliche Lehrerverhalten entfallen.

Grundsätzlich ist noch einmal zu betonen, dass die Herstellung eines positiven, lerndienlichen Klimas jedem Einsatz von Zurechtweisungen vorangehen sollte. Der Einsatz von Lob ist hier ebenso wirksam wie die Kommunikation klarer und erreichbarer Erwartungen bei gleichzeitiger Signalisierung von Vertrauen in die Leistungsfähigkeit aller Schülerinnen und Schüler. Auch die Gewährung von Unterstützung ist für ein positives Lernklima von zentraler Bedeutung. Die Lehrer-Schüler-Beziehung ist, wie Marzano & Marzano (2003) betonen, »an essential foundation for effective classroom management« (9).

Wichtig für das Klima ist auch die lerndienliche Rückmeldung von Leistungsergebnissen. Eine Leistungsrückmeldung sollte die Schülerinnen und Schüler immer auf Möglichkeiten der Verbesserung hinweisen, sie sollte bei unterdurchschnittlichen Leistungen von Schülerinnen und Schülern mit einem schwach ausgeprägten Fähigkeitsselbstkonzept der individuellen Bezugsnormorientierung folgen. Das heißt: Nicht der soziale Vergleich mit der Klasse wird ins Zentrum gerückt, sondern die individuelle Verbesserung des Schülers im Vergleich mit einem früheren Ergebnis. Im Lernklima findet das Arbeitsbündnis zwischen der Lehrkraft und den Schülerinnen und Schülern seinen Ausdruck.

In der Realität wird eine Steigerung der Intervention entsprechend des Vier-Stufen-Modells nicht immer möglich sein. Die grundlegenden Prinzipien für den Einsatz von Zurechtweisungen und Strafen, die dem Stufenmodell zugrunde liegen, gelten allerdings für jede Intervention zur Bearbeitung von Störungen.

In Störungssituationen müssen immer drei Anforderungen miteinander vereinbart werden:

- eine effektive Unterbindung der Störung,
- die Aufrechterhaltung und Stabilisierung des primären Handlungsvektors für die gesamte Lerngruppe,
- die Aufrechterhaltung des Arbeitsbündnisses mit dem Störer und mit der Klasse.

Die Prinzipien der Störungsintervention orientieren sich an den in Kapitel 4 vorgestellten Techniken der Verhaltensmodifikation: Neben dem Einsatz von Strafen und Verstärkern und der Extinktion sind Techniken der **stellvertretenden Verstärkung** sehr wirksam.

Die Entscheidung für eine bestimmte **Störungsintervention** ist immer abzuwägen, soll doch der primäre Handlungsvektor möglichst aufrechterhalten werden. So ist ein Einsatz von spezifischen Techniken der Verhaltensmodellierung oder von Techniken der Selbstanweisung, wie sie in Kapitel 4.2 zum Aufbau und zur Modifikation von Verhalten vorgestellt wurden, bei der Störungsintervention im laufenden Unterricht nicht anzuraten. Diese sind eher für spezielle Trainingsphasen oder Projektphasen geeignet. Lehrkräfte sollten aber daran denken, dass ihr Verhalten immer Modellwirkung hat, deshalb sind Impulskontrolle und das Einhalten allgemeiner Verhaltenserwartungen durch die Lehrkraft wichtige Erfolgsbedingungen der Störungsintervention.

Maßnahmen zur Stabilisierung des Handlungsprogramms sind, neben der Verdeutlichung des Handlungsprogramms, der Einsatz von Strategien der Gruppenmobilisierung und Rechenschaftspflicht, von Signalen und Techniken des »impression management«.

Die Aufrechterhaltung des Arbeitsbündnisses mit dem Störer und mit der gesamten Klasse ist, wie bereits mehrfach betont, abhängig von der Lehrer-Schüler-Beziehung und dem Klassenklima. Bei der Androhung oder beim Einsatz aversiver Reize ist diese Beziehung grundsätzlich bedroht. Deshalb ist die Beachtung der Prinzipien der **Angemessenheit** und der **Legitimierung von Strafen** von entscheidender Bedeutung.

Eine Intervention auf eine Störung sollte in Abwägung der Risiken einer Ablenkung vom primären Handlungsvektor und einer Beschädigung des Arbeitsbündnisses erfolgen. Das heißt, die Intervention/Zurechtweisung sollte:

- möglichst unmittelbar auf das störende Verhalten erfolgen,
- möglichst direkt und leise an den Störer adressiert werden, die Störung sollte durch die Intervention gewissermaßen isoliert werden,
- ruhig und in neutralem Ton erfolgen (die Impulskontrolle der Lehrkraft ist eine besonders wichtige Voraussetzung für die Wirksamkeit der Intervention),
- eine klare Benennung des regelwidrigen nichtakzeptablen und nach Möglichkeit auch des erwarteten Verhaltens beinhalten.
- Wenn eine Konsequenz/Sanktion angedroht wird, muss diese motivationsadäquat sein, d. h. wirklich als aversiver Reiz erlebt werden (beim Ausschluss vom Unterricht ist dies nicht immer der Fall).
- Bei der Androhung von Konsequenzen sollte die Entscheidungsmöglichkeit für den Störer betont werden.
- Nach der Androhung einer Konsequenz sollte eine sofortige Abkehr der Lehrkraft erfolgen, erstens, um jede Möglichkeit der Verstrickung in Rechtfertigungsversuche auszuschließen, zweitens, um dem Störer tatsächlich die Zeit einzuräumen, eine Entscheidung zu treffen.
- Nach einer kurzen Wartezeit muss das Verhalten des Störers kontrolliert werden. Auch hier ist eine ruhige und leise Annäherung anzuraten. Zeigt der Störer das erwartete Verhalten, sollte eine Anerkennung erfolgen, zeigt er nach wie vor das inakzeptable Verhalten, muss die Sanktion konsequent durchgesetzt werden.

Parallel zur Intervention darf die Klasse nicht aus dem Blick geraten. Die Steuerung von Verhalten und Aufmerksamkeit der restlichen Schülerinnen und Schüler muss parallel zur Intervention fortgesetzt werden.

Nachfolgend finden Sie zwei Fallbeispiele zu ineffektiven Störungsinterventionen:

Fallbeispiel 1: Wegtauchen und Mitarbeit verweigern

- *8. Klasse Gesamtschule*
- *Montag, erste Stunde*
- *Geschichtsunterricht, Thema: Die Ständegesellschaft des Mittelalters*
- *20 Schülerinnen und Schüler, teilweise mit Leistungs- und Verhaltensproblemen*
- *Lehrerin: Frau Lahmer, 42 Jahre*

Die Schülerinnen und Schüler kommen ins Klassenzimmer, sitzen oder stehen in Gruppen, unterhalten und necken sich. Die Lehrerin kommt herein.

L. (stellt sich neben das Pult, das sich rechts vorne am Fenster befindet. Mit angestrengter Stimme versucht sie, den Lärm zu übertönen und sich bemerkbar zu machen): »Hallo. Wir wollen jetzt anfangen. Geht bitte mal alle auf eure Plätze. Hatice, bitte setz dich. Roman, stell deine Privatgespräche ein. So, das gilt auch für euch, Svenja und Lara. Bitte auf die Plätze!«

(Die Schüler bewegen sich nur langsam auf ihre Plätze zu, kichern und necken sich gegenseitig.)

L. (erhöht Tonlage und Lautstärke, sie hält einen Stapel Papier in der Hand): »So, los jetzt, meine Geduld ist bald zu Ende. Wir wollen anfangen. Ich möchte gerne, dass ihr diesen Text zur Rolle des Klerus in der mittelalterlichen Gesellschaft lest ...«

Roman (ruft rein): »Wen interessiert das denn? (halblaut) Wieder so ein Mist.«

(Gelächter in der Klasse)

Laura (in der letzten Reihe, Kapuze ihres Sweaters auf dem Kopf, Körper zum Fenster gedreht. Schreibt offensichtlich eine SMS)

Hatice (ruft nach vorne): »Ist es hier jetzt erlaubt zu simsen?«

L. (deutlich verärgert): »Hatice, ich möchte dich bitten, dich auf die Aufgabe zu konzentrieren. Du hast es wirklich nötig.«

Hatice (empört): »Und Laura kann hier weiterhin mit ihrem Süßen chatten? (mault) Ist doch unfair. Immer werde ich angemacht.«

(Die Schüler rund um Roman tuscheln inzwischen und machen halblaut anzügliche Bemerkungen.)

L. (geht zu Laura, stellt sich hinter sie und ihre Banknachbarin, zieht ihr die Kapuze vom Kopf und sagt laut): »Bei 20 Grad braucht hier wohl keiner eine Kopfbedeckung.«

Laura (empört, schüttelt sich und sagt aggressiv): »Fassen Sie mich nicht an!«

L. (sehr ärgerlich und mit erregter Stimme): »Ich glaube, ich muss deiner Mutter mal erzählen, was du hier im Unterricht so treibst und wie dein Zeugnis ausfallen wird.«

(Rufe aus der Klasse): »Buhh, Buhhhhhhh!«

L. (kann sich nur schwer kontrollieren, der unterdrückte Ärger ist ihr deutlich anzumerken): »Laura, es ist immer dasselbe mit dir. Du bist die einzige in der Klasse, die sich allem entzieht, und meinst, damit durchzukommen. Falls du es noch nicht verstanden hast: Du bist noch schulpflichtig und ich kann dich zwingen, hier mitzuarbeiten.«

Laura (steht auf und geht in Richtung Tür): »Das werden wir ja mal sehen.«
Laura geht aus dem Klassenzimmer, knallt die Tür zu.
L. (wirkt fassungslos und schreit ihr laut hinterher): »Das wird Konsequenzen haben!«

Fallbeispiel 2: »Wettbewerb um die Aufmerksamkeit des Publikums«

- *8. Klasse Gesamtschule*
- *Montag, erste Stunde*
- *Geschichtsunterricht, Thema: Die Ständegesellschaft des Mittelalters*
- *20 Schülerinnen und Schüler, teilweise mit Leistungs- und Verhaltensproblemen*
- *Lehrer: Herr Schröder, 29 Jahre*

Die Schülerinnen und Schüler kommen ins Klassenzimmer, sitzen oder stehen in Gruppen, unterhalten und necken sich. Der Lehrer kommt herein.

L. (stellt sich neben das Pult, das sich rechts vorne am Fenster befindet. Er wartet. Es wird nicht ruhiger. Er klatscht in die Hände, um sich bemerkbar zu machen: »Ich bitte um Ruhe. (wird lauter) Wir wollen jetzt anfangen. Nehmt eure Plätze ein. Hatice, Svenja und Lara, geht es vielleicht ein bisschen schneller? Quatschen könnt ihr in der Pause.«

(Die Schüler unterhalten sich weiter über das Wochenende und nehmen erst nach mehrfachen Ermahnungen ihre Plätze ein.)

L. (erhöht die Lautstärke, um sich gegen den Lärmpegel durchzusetzen): »Fünf Minuten verschenkt, das geht so nicht! Noch einmal so ein Theater, dann hängen wir die Zeit hinten ran. So – Ruhe jetzt, Hatice, wenn du weiter quatschst, bekommst du eine Extraaufgabe. (An alle gerichtet) Ich möchte gerne, dass ihr diesen Text zur Ständegesellschaft im Mittelalter lest ...«

Roman (ruft rein): »Ich habe Sie gestern nach der Schule bei Frau Kubick ins Auto steigen sehen. Sind Sie denn jetzt mit der zusammen?«

(Gelächter in der Klasse)

L. (sichtbar wütend): »Ich ziehe es vor, solche unverschämten Bemerkungen zu ignorieren. Es geht dich überhaupt nichts an, was ich in meiner Freizeit mache.«

Roman (halblaut, sodass es für die Mehrzahl der Schülerinnen und Schüler noch hörbar ist): »Ich weiß nicht, mein Typ wäre Frau Kubick ja nicht. Na ja, wenn man auf Bücherwürmer steht.«

(Gejohle in der Klasse)

Roman (dreht sich um): »Was meint ihr, Mädels?«

L. (um Fassung bemüht): »Schluss jetzt, Ruhe, konzentriert euch auf die Aufgabe. Ansonsten gibt es eine Extraaufgabe für zu Hause.«

Lara (kichert und antwortet halblaut): »Auf jeden Fall zu alt.«

Lisa (ergänzt in Richtung Roman): »Ein bisschen Sport würde der auch gut tun.«

(Gejohle)

L. (steht noch vorne am Pult): »Roman, immer das gleiche mit dir, du musst dich hier aufspielen und nimmst den anderen die Möglichkeit, etwas zu lernen. Und ihr beide seid auch nicht viel besser.«

Roman (selbstgerecht): »Ich bezweifle, dass Pfaffen im Mittelalter hier irgendeinen interessieren.«

Marco: »Bingo!! Außer Mary gibt es hier wahrscheinlich wirklich keinen. Wir können ja abstimmen?«

L. (sichtlich verärgert): »Nächste Woche schreiben wir die Arbeit und wenn ich mir deine bisherigen Leistungen anschaue, Roman, würde ich dir dringend raten, heute aufzupassen.«

Roman (mit demonstrativer Gelassenheit): »Ich lass mir das lieber privat erklären von Mary – o.k. Mary: Heute Nachmittag??? Du darfst auch mein Händchen halten!! Für die Arbeit pauke ich mir das Zeug rein, das sowieso keiner braucht. Gott sei Dank ist es nachher schnell wieder vergessen.«

L. (empört sich): »Mit so einer Einstellung steuerst du geradewegs auf eine Hartz-IV-Karriere zu.«

(Buh-Rufe in der Klasse)

Roman: Das werden wir ja in zehn Jahren sehen! Mal sehen, was Sie dann machen!!

L. (schreit): »Roman, mir reicht's jetzt. Mit deiner unsozialen Art zerstörst du hier jede Lernatmosphäre. Wenn du jetzt nicht sofort anfängst, dein Blatt zu lesen, dann kannst du die Pause im Klassenzimmer verbringen. Das gilt auch für die anderen, die sich nicht benehmen können. Lest das Blatt durch und beantwortet die Fragen an der Tafel.«

Roman (tauscht vielsagende Blick mit anderen Schülerinnen und Schülern aus und beginnt scheinbar zu arbeiten.)

(Für ein paar Minuten wird gearbeitet. Allerdings tuscheln einige Schülerinnen und Schüler.)

(**L.** steht vorne am Pult und sieht ein paar Hefter durch.)

Roman (meldet sich und schnalzt mit den Fingern): »Herr Schröder. Ich kann das hier auf dem Arbeitsblatt überhaupt nichts entziffern. Kann sich unsere Schule nicht mal einen neuen Kopierer leisten? So kann doch keiner arbeiten.«

Marco: »Wo er Recht hat, hat er Recht!«

(Die anderen Schülerinnen und Schüler stellen ihre Arbeit am Aufgabenblatt ein und warten gespannt, was passiert.)

L. (wütend): »Was ist hier nicht zu lesen? Wahrscheinlich brauchst du eine Brille. Arbeite jetzt weiter und hör endlich auf, die anderen zu stören.«

...

Mithilfe der nachfolgend abgedruckten Checkliste zur Störungsintervention im Unterricht können Sie die beiden Beispiele beurteilen und alternative Möglichkeiten der Intervention entwickeln:

Checkliste zur Störungsintervention im Unterricht

Lehrkräfte müssen bei der Störungsintervention drei Aspekte gleichzeitig beachten:

- *den primären Handlungsvektor stärken und schützen,*
- *Störungsverhalten unterbinden und den störenden Schüler zum Handlungsvektor (zurück)führen,*
- *das Arbeitsbündnis mit dem Störer und mit der Klasse durch die Intervention nicht nachhaltig beschädigen.*

1. **»Den Handlungsvektor stärken und schützen« bedeutet: Die Aufgabe für alle klären, eine lerndienliche Atmosphäre herstellen, die Störungsintervention begrenzen.**
   - *Ist ein primärer Handlungsvektor vor dem Auftreten der Störung bereits etabliert oder ist den Schülerinnen und Schülern die Aufgabe/der Auftrag nicht klar?*
   - *Ist eine lerndienliche Situation hergestellt (Material, Aufmerksamkeit) oder ist die Situation weitgehend undefiniert?*
   - *Wird die Störung »privatisiert« (»insulation«) oder interveniert die Lehrkraft »vor Publikum«?*
   - *Nutzt die Lehrkraft ein »instructional center«, von dem aus sie die Klasse mit Signalen zur Weiterarbeit versorgt?*
   - *Demonstriert die Lehrkraft »Allgegenwärtigkeit« oder entsteht der Eindruck, dass sie während der Intervention die Klasse vergessen hat?*
   - *Gibt die Lehrkraft den anderen Schülerinnen und Schülern auch während bzw. unmittelbar nach der Intervention Signale/Anweisungen zur Bearbeitung der Aufgabe oder ist sie völlig auf den Störer/die Störerin konzentriert?*
   - *Gelingt es der Lehrkraft, dass die anderen Schülerinnen und Schüler an ihrer Aufgabe weiterarbeiten oder wird die Aufmerksamkeit der Klasse vom sekundären Handlungsvektor abgezogen:*
   - *Gelingt es der Lehrkraft, die Störung zu begrenzen oder beteiligen sich im Verlauf der Störungsintervention weitere Schülerinnen und Schüler an der Störungskommunikation (Welleneffekt)?*

2. **»Das Störungsverhalten unterbinden und die Störer zum Handlungsvektor (zurück)führen« bedeutet: eindeutige Missbilligung von Fehl*verhalten*, auf Verhaltensänderung bestehen, Unterstützen von Verhaltensänderung, Durchsetzen von Sanktionen bei wiederholtem Fehlverhalten.**
   - *Steigt die Lehrkraft angemessen (möglichst niedrigschwellig) ein, d. h. nutzt sie Gesten, körperliche Nähe, nennt Namen usw. und hält sie sich Steigerungsmöglichkeiten offen oder werden zu Beginn bereits alle Register gezogen?*
   - *Fokussiert die Lehrkraft die Situation (»Es ist mir klar, dass du wegen der Mathenote nicht besonders motiviert bist, trotzdem erwarte ich …«) oder*

hebt sie auf den Charakter ab (»Es ist immer dasselbe mit dir, du hast einfach überhaupt kein Gefühl für andere«)?
- *Lenkt die Lehrkraft die Aufmerksamkeit auf die Aufgabe oder wird das Fehlverhalten zum eigentlichen Thema gemacht?*
- *Bedrängt die Lehrkraft den Schüler physisch oder zeigt sie angemessene körperliche Nähe?*
- *Gelingt der Lehrkraft die Impulskontrolle oder zeigt sie Wut und Hilflosigkeit?*
- *Bringt die Lehrkraft ihre Missbilligung des Fehlverhaltens ruhig und deutlich zum Ausdruck oder zeigt sie eine uneindeutige und widersprüchliche Haltung?*
- *Formuliert die Lehrkraft eine klare Verhaltenserwartung (verbal oder nonverbal)? Vertritt sie ihre eigene Position klar und deutlich oder lässt sie sich auf Diskussionen ein?*
- *Sind die Sanktionen für wiederholtes Fehlverhalten dem Schüler/der Schülerin klar oder bleiben die Konsequenzen im Dunkeln?*
- *Werden von der Lehrkraft mehrfach dieselben oder ähnliche Drohungen formuliert?*
- *Wendet sich die Lehrkraft nach der Intervention sofort wieder ab und gibt dem Schüler/der Schülerin die Gelegenheit, sein/ihr Verhalten zu reflektieren oder drängt sie ihn/sie durch ihr demonstratives Warten zu einer unreflektierten Aktion?*
- *Verstärkt die Lehrkraft (direkt oder stellvertretend) erwartetes Verhalten (»Schön, dass du mit der Aufgabe begonnen hast«) oder setzt sie ausschließlich auf Zurechtweisungen und Strafen?*
- *Setzt die Lehrkraft stellvertretende Verstärkung ein?*
- *Signalisiert die Lehrkraft für den Fall der Einstellung des Fehlverhaltens, wenn nötig, Unterstützung (»Ich helfe dir mit der Aufgabe, wenn du dich angemessen verhältst«) oder muss der Schüler/die Schülerin den verpassten Stoff alleine bewältigen (»Wer stört, muss nachher selbst sehen, wie er den Anschluss wieder findet«)?*
- *Setzt die Lehrkraft Sanktionen bei wiederholtem Fehlverhalten wie angekündigt um (following through) oder verhält sie sich zögerlich und unentschlossen?*

3. **»Das Arbeitsbündnis nicht beschädigen« bedeutet: grundsätzliche Empathie zeigen, Perspektiven eröffnen, eine Problemlösung anstreben.**
   - *Zeigt die Lehrkraft grundsätzliche Empathie (»Grundsätzlich kann ich deine Situation verstehen, trotzdem erwarte ich …«) oder lässt sie eine Geringschätzung des Schülers/der Schülerin erkennen?*
   - *Zeigt die Lehrkraft prinzipielles Interesse an der Erklärung des Schülers/der Schülerin (»Du kannst mir deine Gründe nach der Stunde erklären, jetzt erwarte ich von dir, dass du mitarbeitest«) oder folgt beim Auftreten regelwidrigen Verhaltens unmittelbar und standardmäßig die Strafe (»Dei-*

ne Gründe interessieren mich nicht, was zählt, ist dein Verhalten. Das vierte Mal zu spät – der vierte Eintrag im Klassenbuch«)?
- *Demonstriert die Lehrkraft ein grundlegendes Vertrauen in die Kompetenzen des Schülers/der Schülerin (»Hör mal, Leon, ich weiß genau, du kannst auch anders«) oder gibt sie zu erkennen, dass sie alle Mühe für vergebens hält?*
- *Zeigt die Lehrkraft Perspektiven, die mit einer Verhaltensänderung des Schülers/der Schülerin verbunden sind (»Wenn du es diese Woche schaffst, den Unterricht nicht zu stören, kannst du nächste Woche mit Lara die Interviews führen«), oder hebt sie allein auf die Bestrafung des Fehlverhaltens ab (»Noch einmal und du darfst einen Strafaufsatz schreiben«)?*
- *Zeigt die Lehrkraft, dass sie an einer nachhaltigen Lösung interessiert ist (»Wir müssen uns grundsätzlich über das Problem unterhalten, jetzt erwarte ich aber von dir, dass du den Unterricht nicht weiter störst«), oder geht es ihr nur um die aktuelle Durchsetzung der Regel?*
- *Zeigt die Lehrkraft, dass ihr das erwartete Verhalten persönlich wichtig ist (»Mir liegt viel daran, dass du dich anders verhältst«), oder demonstriert sie persönliches Desinteresse (»Mir persönlich ist es völlig egal, was du hier veranstaltest – die Konsequenzen hast du zu tragen«)?*

Zusammenfassung

Zur effizienten Steuerung des Unterrichts nutzen Lehrkräfte verschiedene Kompetenzen und Strategien. Zum einen verfügen effiziente Klassenmanager über Kompetenzen des Monitorings und die Fähigkeit zur Überlappung, d. h. zur gleichzeitigen Ausführung verschiedener Aktivitäten. Zum anderen stützen sie den primären Handlungsvektor durch Strategien zur Sicherung der Gruppenaktivierung und der Rechenschaftspflicht.

Die Aufmerksamkeit der Schülerinnen und Schüler kann durch den Einsatz von »prompts« (Aufforderungen) und »cues« (Signalen) gesteuert werden. Voraussetzung ist, dass das Handlungsprogramm für die Schülerinnen und Schüler verständlich eingeführt wurde, die Aufgabe oder der Auftrag demnach klar ist. Lehrkräfte nutzen unterschiedliche Techniken des »impression management« zur Steuerung der Aufmerksamkeit: neben Mimik und Gestik insbesondere ein »instructional center«.

Zur Steuerung des Verhaltens kommen dagegen vor allem Lob und Zurechtweisungen (Tadel) zum Einsatz. Im Unterschied zu einer systematischen Verhaltensmodifikation erfolgt der Einsatz von positiven und aversiven Reizen spontan und unsystematisch. Das bedeutet aber nicht, dass nicht gelernt wird!

Beim Umgang mit Störungen spielen Zurechtweisungen eine besondere Rolle. Der Einsatz von Zurechtweisungen ist allerdings riskant! Sie ziehen auch im Umfeld der Zurechtgewiesenen Aufmerksamkeit vom primären Handlungsvektor ab und schwächen als aversive Reize das Arbeitsbündnis mit den Schülerinnen und Schülern.

In vielen Fällen ist es sinnvoll, die Störungsintervention sukzessive zu steigern. Vier Stufen lassen sich hier unterscheiden:

- primären Handlungsvektor stärken,
- primären Handlungsvektor schützen,
- konkurrierenden Handlungsvektor (Störung) schwächen,
- konkurrierenden Handlungsvektor beenden.

Nicht in jedem Fall wird eine Steigerung der Störungsintervention nach diesem Modell möglich sein. Bei jeder Störungsintervention sind allerdings folgende Prinzipien zu beachten:

- Die Zurechtweisung sollte möglichst unmittelbar auf das störende Verhalten erfolgen,
- sie sollte direkt und leise an den Störer adressiert werden,
- sie sollte ruhig und in neutralem Ton erfolgen,
- sie sollte eine klare Benennung des regelwidrigen Verhaltens beinhalten,
- Konsequenzen/Sanktionen müssen motivationsadäquat sein,
- Die Androhung von Konsequenzen sollte mit einer Entscheidungsmöglichkeit verbunden werden,
- sofortige Abkehr der Lehrkraft nach einer Zurechtweisung,
- Überprüfung des Verhaltens des Störers nach kurzer Wartezeit,
- konsequente Sanktionierung im Fall der wiederholten Regelverletzung.

6 Klassenmanagement in schülerzentrierten Lernsettings

Die in den vorangegangenen Kapiteln dargestellten Interventionen und Strategien wurden zunächst für eher lehrerzentrierte Unterrichtssettings entwickelt. Dort kommt der Lehrkraft eine unmittelbare Bedeutung für die Steuerung der Interaktion in der Schulklasse zu. Wie stellen sich die Anforderungen des Klassenmanagements bei **schülerzentrierten Lernformen** dar? Lassen sich die Grundprinzipien des Klassenmanagements auch auf solche Lernsettings übertragen? Welche Steuerungsfunktion übernimmt die Lehrkraft hier?

Bevor diese Fragen im Detail beantwortet werden, ist noch einmal auf die grundlegende Definition von Klassenmanagement hinzuweisen, die wir unseren bisherigen Ausführungen zugrunde gelegt haben. Klassenmanagement – so lautet die Definition von Walter Doyle – kann als ein kontinuierliches Bemühen um die Etablierung und Aufrechterhaltung einer Ordnung gelten, die individuelle, differenzielle und kollektive Lernprozesse in einem komplexen und dynamischen sozialen System ermöglicht. Die Interaktionsprozesse in der Schulklasse werden auf einen dem Handlungsprogramm der Lehrkraft entsprechenden Handlungsvektor ausgerichtet. Dieser Handlungsvektor ist prinzipiell labil und muss gegen konkurrierende Handlungsvektoren abgeschirmt werden. Oder in den Worten Doyles (2006, 119): »To achieve the goal of order (i.e. student cooperation in a program of action appropriate for engaging with a particular curriculum task) a teacher must organize classroom life and recruit, invite, persuade, or convince the students to join forces with her or him for specific periods of time.«

Diese Definition gilt für jedes Lernsetting. Wie allerdings in einem schülerzentrierten Setting der Beschäftigungsradius zu sichern ist oder wie Gruppenaktivierung gelingt, ist ebenso wie die Frage der Störungsintervention für unterschiedliche Lernsettings differenziert zu beantworten (vgl. Brophy 1999).

Bei allen schülerzentrierten Lernformen wird ein Teil der **Steuerungsfunktionen** für einen bestimmten Zeitraum an die Gruppe abgegeben. Dabei sind individuelle Lernerkompetenzen (6.1) und die Unterstützung der Selbststeuerung der Gruppe (6.2) zu unterscheiden.

6.1 Individuelle Voraussetzungen selbstgesteuerten Lernens

Grundsätzlich gilt: Die didaktische Entscheidung, wie viel Selbststeuerung möglich und wie viel Fremdsteuerung notwendig ist, bemisst sich an den **Lernerkompetenzen** der einzelnen Schülerinnen und Schüler. Die Übersicht in Abbildung 10 macht deutlich, welche grundlegenden Lernerkompetenzen selbstgesteuertes Lernen voraussetzt und wie sich die Entscheidung für die Übernahme von Lehrfunktionen aus der Diagnose der individuellen Lernerkompetenzen ableitet.

Lehrfunktionen	Lernerkompetenzen
I. Vorbereitung des Lernens • Orientierung über Ziele und Handlungen • Vorgabe von Zielen • Relevanz der Lernziele deutlich machen • Aufbau der Motivation • Planung der Lernhandlung • Beginn der Lernhandlung • Aufmerksamkeit aktivieren • Anleitung der Rückbesinnung auf frühere Lernprozesse und auf Vorwissen	I. Lernen vorbereiten können • Sich über Ziele und Handlungen orientieren können • Lernziele auswählen können • Sich die Bedeutung von Lernzielen klar machen können • Sich selber motivieren können • Lernhandlungen in Gang setzen • Aufmerksamkeit aktivieren können • Sich rückbesinnen können auf frühere Lernprozesse und Vorwissen
II. Anleitung von Lernhandlungen mit dem Ziel • Verstehen und Behalten des Gelernten • Integration des Gelernten • Anwendung des Gelernten	II. Lernhandlungen ausführen können mit dem Ziel • Verstehen und Behalten des Gelernten • Integration des Gelernten • Anwendung des Gelernten
III. Handlungsregulation • Externe Überwachung des Lernens • Externe Prüfung des Lernens • Gegebenenfalls Korrektur des Lehrverfahrens • Auswertungen der Lernhandlungen anleiten • Rückbesinnung auf den Verlauf des Lernens anregen	III. Lernhandlungen regulieren können • Lernen überwachen können • Lernen überprüfen können • Bei Problemen alternative Lernstrategien auswählen können • Lernhandlungen auswerten können • Sich auf den Verlauf des Lernens rückbesinnen können
IV. Leistungsbewertung • Rückmeldung über Lernprozess und -ergebnisse geben • Lernprozess und -ergebnisse bewerten	IV. Leistungen bewerten können • Sich selbst Rückmeldung über Lernprozess und -ergebnisse geben können • Lernprozess und -ergebnisse realistisch bewerten können
V. Motivation und Konzentration erhalten • Lernmotivation durch direkte und indirekte Intervention erhalten • Konzentration durch direkte und indirekte Intervention erhalten	V. Motivation und Konzentration erhalten können • Seine Motivation erhalten können • Seine Konzentration erhalten können

Abb. 10: Lernerkompetenzen und Lehrfunktionen nach Simons (1992).

Im vierten Kapitel wurden im Zusammenhang mit der Beschreibung des Ansatzes der kognitiven Verhaltensmodifikation vier übergeordnete Kompetenzbereiche beschrieben, die für die Selbstregulierung des Verhaltens unverzichtbar sind: Selbstbeobachtung, Selbstinstruktion, Selbstevaluation und Selbstverstärkung. Sind diese Kompetenzen nicht vorhanden, müssen sie systematisch entwickelt werden, bevor oder während die Spielräume für Selbstregulierung erweitert werden. Dies gilt auch für die sozialen Kompetenzen, die eine wichtige Voraussetzung für das Lernen in Gruppen darstellen, wie Perspektivenübernahme, Kommunikationsfähigkeit oder Impulskontrolle (vgl. Kapitel 7).

6.2 Selbststeuerung in Lerngruppen

Der Blick auf die Voraussetzungen selbstgesteuerten Lernens fokussiert zunächst die individuellen Lernprozesse: Welche Kompetenzen muss ein Schüler oder eine Schülerin besitzen, um selbstgesteuert zu lernen? Welche kognitiven und motivationalen Voraussetzungen sind notwendig? Was die Anforderungen der Steuerung der Interaktion in der Lerngruppe betrifft, müssen diese Kompetenzen allerdings auf die Fragen erweitert werden: Welche Funktionen des Klassenmanagements können die Schülerinnen und Schüler in schülerzentrierten Lernsettings übernehmen und wie können sie von der Lehrkraft entsprechend unterstützt werden?

In den vorausgehenden Kapiteln wurde gezeigt, welche Techniken und Strategien Lehrkräfte anwenden, um individuelle Lernprozesse im sozialen System Schulklasse so zu koordinieren, dass der Unterrichtsfluss im Sinne einer effektiven Umsetzung des Handlungsprogramms gelingt. Ein wichtiger Erfolgsindikator – so wurde argumentiert – ist die Maximierung der aktiven Lernzeit für alle Schülerinnen und Schüler. Wir fassen die Steuerungsfunktionen von Lehrkräften an dieser Stelle noch einmal zusammen, um einen Ausgangspunkt für die Frage der Übernahme dieser Steuerungsfunktionen durch die Schülerinnen und Schüler zu gewinnen:

- Lehrkräfte bereiten Lernsituationen vor, indem sie Regeln definieren, entsprechendes Verhalten gezielt aufbauen und Prozeduren für regelmäßig wiederkehrende Koordinationsanforderungen etablieren.
- Sie richten eine Lernumgebung ein, die es ihnen ermöglicht, Lernprozesse gut zu überwachen und zu steuern.
- Sie definieren ein lernzielorientiertes, stimmiges Handlungsprogramm, das einerseits eine Orientierung für den Ablauf des Unterrichts bietet und ihnen andererseits notwendige Spielräume für die Improvisation lässt.
- Sie etablieren auf der Basis dieses Handlungsprogramms einen primären Handlungsvektor, indem sie eine Aufgabe/einen Auftrag formulieren und Erwartungen hinsichtlich des Bearbeitungsprozesses, wie beispielsweise der Sequenzierung des Vorgehens, des Zeitbudgets oder des Produkts, vorgeben.

- Sie stabilisieren den Handlungsvektor, indem sie kontinuierlich verbale und nonverbale Signale und »prompts« aussenden, die im Sinne der Gestaltung antezendenter Bedingungen den Schülerinnen und Schülern Hinweise auf das erwartete Verhalten geben, und indem sie den Beschäftigungsradius sichern und Rechenschaftspflicht einfordern.
- Sie schützen den Handlungsvektor und schirmen ihn gegen Störungen ab, indem sie Techniken des Ignorierens und Zurechtweisens sowie der Verstärkung und stellvertretenden Verstärkung in Abhängigkeit von der Situation gezielt einsetzen.
- Sie beenden den primären Handlungsvektor, indem sie im optimalen Fall die Erträge der vorausgehenden Aktivitätsstruktur zusammenfassen und Anschlüsse verdeutlichen, die über den Übergang hinweg in die anschließende Aktivitätsstruktur verweisen.

Alle diese Steuerungsfunktionen müssen in schülergesteuerten Lernsettings von den Schülerinnen und Schülern übernommen werden, können allerdings von der Lehrkraft mehr oder weniger gut unterstützt werden.

Die Lehrkraft hat – das soll hier deutlich betont werden – auch in schülerzentrierten Lernsettings wichtige Steuerungsfunktionen:

- Sie definiert grundlegende Regeln für selbstreguliertes Arbeiten,
- sie sorgt dafür, dass die Schülerinnen und Schüler ein Verhaltensrepertoire verfügbar haben, das es ihnen erlaubt, den Verhaltenserwartungen beim selbstgesteuerten Lernen gerecht zu werden,
- sie richtet eine lerndienliche Lernumwelt ein,
- sie entwickelt ein ausdifferenziertes Handlungsprogramm, das für die Selbstregulierung der Gruppe ein Gerüst darstellt,
- sie unterstützt bei Bedarf die gruppenbezogene Kommunikation in der Rolle des Moderators,
- sie unterstützt bei Bedarf die aufgabenbezogene Kommunikation in der Rolle des Tutors.

Spezielle Kooperationsnormen und entsprechende Regeln sind beispielsweise: »Jeder hat das Recht zu fragen und jeder hat die Pflicht zu unterstützen« (vgl. Lotan 2006, 529). Das entsprechende Verhalten in Gruppen muss, wie im ersten Abschnitt dieses Kapitels dargelegt, natürlich ebenso wie jedes erwartete Verhalten gezielt aufgebaut werden. Die Einrichtung der Lernumgebung muss dem spezifischen Lernsetting Rechnung tragen. Das gilt nicht nur für die Anordnung der Tische und Stühle, sondern auch für die Aufbewahrung von Material.

Was die Lehrkraft in schülerzentrierten Lerngruppen allerdings nicht direkt leisten kann und soll, ist die Steuerung des Unterrichtsflusses. Die Übernahme dieser komplexen und anspruchsvollen Steuerungsleistungen kann aber indirekt unterstützt werden.

Von entscheidender Bedeutung ist, so Lotan, die Gestaltung des Handlungsprogramms, und zwar im Hinblick auf »the relationship between the features of the learning task and the nature of peer interactions« (Lotan 2006, 527). Anders formuliert: Die Aufgabe muss einen ausreichenden Komplexitätsgrad und Entfaltungspotenzial aufweisen, um lerndienliche Interaktionen in Gruppen überhaupt erst zu ermöglichen.

Wenn man sich die im ersten Kapitel beschriebenen unterschiedlichen Phasen des Gruppenprozesses vor Augen führt, wird deutlich, welche Herausforderungen mit dem Anspruch der Selbststeuerung für jeden einzelnen Lerner verbunden sind. Aus diesem Grund setzen erfahrene Lehrkräfte selbst bei Lernern mit hohen Selbststeuerungskompetenzen **Kooperationsskripts** ein. Kooperationsskripts sind spezifische Prozeduren, die den komplexen Arbeitsprozess in Gruppen vorstrukturieren. Das Kooperationsskript sequenziert nicht nur die Aufgabenbearbeitung, indem sie diese in Teilschritte, also in einzelne Aktivitäten, zerlegt (Ertl & Mandl 2006; Jurkowski & Hänze 2010), es macht vielmehr auch Zeitvorgaben für diese Aktivitäten und definiert Übergänge zwischen den Aktivitäten. In Kooperationsskripts sind darüber hinaus »**prompts**« (Hinweise mit Aufforderungscharakter) eingebaut, die die »prompts« ersetzen, mit denen Lehrkräfte in lehrerzentrierten Lernsettings die Schülerinnen und Schüler in der Regel direkt versorgen. Ein bekanntes Skript ist das für die Medizinerausbildung entwickelte Skript des »**problem-based-learning**« (vgl. ausführlich 8.2). In sieben Schritten werden die Phasen des Problemlöseprozesses – die Problemidentifikation, die Aktivierung von Vorwissen, die Elaboration des Wissens, die Formulierung von Hypothesen, die Beschaffung neuer Informationen und ihre Integration in vorhandenes Wissen sowie der Wissenstransfer – vorgezeichnet. Ein wirksamer »prompt« zur Etablierung des Handlungsprogramms ist z. B. die Aufforderung, ein Problem in eigenen Worten zu formulieren (vgl. Dochy et al. 2003). Kooperationsskripts werden auch in der Aus- und Fortbildung von Lehrkräften eingesetzt. In Kapitel 8 wird ein Beispiel zum Einsatz von Kooperationsskripts in Videozirkeln vorgestellt.

Ebenso wichtig sind die Festlegung von Rollen und die Komposition der Lerngruppe. Die unterschiedlichen Funktionen der Sequenzierung des Lernprozesses, der Steuerung von Aufmerksamkeit, der Etablierung, Stabilisierung (wie der Sicherung von Gruppenaktivierung und Beschäftigungsradius) und Beendigung von Handlungsvektoren können dadurch in der Gruppe quasi arbeitsteilig erfolgen. Weder die Komposition der Lerngruppe noch die Festlegung der Rollen sollte deshalb dem Zufall oder den Durchsetzungschancen der stärkeren Mitglieder überlassen werden. Beispiele für solche Rollen sind: Diskussionsleiter, Zeitwächter, Protokollant, Materialverantwortlicher, Präsentator, Zusammenfasser oder Evaluator. Bei den Tutoren- und Moderatorenrollen handelt es sich um spezielle Rollen für externe Unterstützer, die in der Regel von der Lehrkraft wahrgenommen werden (siehe oben). Alle definierten Rollen müssen allerdings durch das Handlungsprogramm selbst auch aktiviert werden. Hier ist wieder die Aufgabe bzw. das Problem von zentraler Bedeutung. Wichtig ist auch, dass diese Rollen immer wieder getauscht werden, sodass alle Schülerinnen und Schüler die Möglichkeit erhalten, unterschiedliche Aspekte der Selbststeuerung aktiv auszuprobieren.

In der nachfolgenden Tabelle (Abb. 11) wird dargestellt, wie die Lehrkraft die Übertragung von Steuerungsfunktionen auf die Gruppe unterstützen kann:

Steuerungsfunktionen der Lehrkraft in lehrerzentrierten Lernsettings	Unterstützung der Selbststeuerung der Gruppe durch die Lehrkraft in schülerzentrierten Lernsettings
Normen begründen und Regeln definieren	Spezifische Kooperationsnormen und -regeln einführen
Individuelles Verhaltensrepertoire aufbauen	Kompetenzen der Selbstbeobachtung, Selbstinstruktion, Selbstevaluation und Selbstmotivierung vermitteln
Prozeduren etablieren	Kooperationsskripts einführen
Handlungsprogramm planen	Geeignete Aufgabenformate entwickeln
Handlungsvektor etablieren	Rolle in der Gruppe festlegen (Diskussion leiten), »prompts« in Kooperationsskript einbauen
Handlungsvektor stabilisieren	Rollen festlegen (Diskussion leiten, bei aufgabenbezogenen Schwierigkeiten als Tutor unterstützen)
Handlungsvektor schützen	Rollen festlegen (Konflikte moderieren). Bei gruppenbezogenen Schwierigkeiten als Moderator unterstützen
Handlungsvektor beenden	Rollen festlegen (zusammenfassen)

Abb. 11: Unterstützung der Selbststeuerung von Gruppen.

Ein Problem, das sich mit Gruppenarbeit immer verbindet, ist hier noch nicht angesprochen: der Umgang mit Verweigerern oder nichtpartizipierenden Schülern (Lotan 2006). Diese gefährden nicht nur die Aufrechterhaltung des Handlungsvektors in der Gruppe, sondern bringen sich selbst möglicherweise auch um ihren eigenen Lernertrag. Dass Verweigerung unterschiedlich motiviert sein kann, wurde im vierten Kapitel bereits ausführlich diskutiert. Bei andauerndem Verweigerungsverhalten ist eine auf den Einzelschüler abgestellte funktionale Verhaltensanalyse anzuraten (vgl. Kapitel 4). Grundsätzlich lassen sich viele Schwierigkeiten aber allein dadurch ausräumen, dass die Bedingungen für die Gruppenarbeit von vornherein klar definiert werden. Das gilt vor allem für die Frage der Bewertung des Lernergebnisses – eine Frage, die für die Schülerinnen und Schüler in der Regel eine große Bedeutung hat. Mit der **Beurteilung** verbindet sich auch der von Jacob Kounin für ein effizientes Klassenmanagement betonte Aspekt der Rechenschaftspflicht. Diese kann bei Gruppenarbeit nur durch eine Delegation auf bestimmte Schülerrollen (siehe oben) und durch die Bewertung des Endprodukts erreicht werden. Aus Robert Slavins (1995) umfangreichen Untersuchungen zu **kooperativen Lernformen** ist bekannt, dass die Beurteilung eine entscheidende Rolle spielt für die Minimierung von Trittbrettfahrerverhalten oder dem oft beobachteten Einpendeln der Gruppenaktivität auf dem Niveau des schwächsten Gruppenmitglieds. Wichtig ist es, eine Situation **positiver Interdependenz** herzustellen. Das heißt: Jedes einzelne Gruppenmitglied muss etwas zum Ergebnis und dessen Bewertung beitragen können; anders als in Wettbewerbssituationen sind die individuellen Erfolge und der Gruppenerfolg positiv korreliert. Eine entsprechende Beurteilung ist durch drei Merkmale charakterisiert: teambezogene Beurteilung, individuelle Verantwortlichkeit und gleiche Erfolgschancen. Um sicherzustellen, dass auch schwächere Lerner zum gemeinsamen Ergebnis in derselben Weise beitragen können wie starke Lerner, wird nicht der absolute Lernertrag, sondern der zusätzliche Lernertrag im Verhältnis zum Ausgangsniveau berücksichtigt. Das erfordert zwar höhere zeitliche Investitionen in die Messung, weil ja auch das Ausgangsniveau festgestellt werden muss, schafft aber die Bedingungen für individuelle Verantwortung und gleiche Erfolgschancen.

Fragen zur Reflexion

- Wie schätzen Sie Ihre Schülerinnen und Schüler im Hinblick auf die oben genannten Lernerkompetenzen ein?
- Wie schätzen Sie Ihre Schülerinnen und Schüler im Hinblick auf die Übernahme von Steuerungsfunktion ein? Wer könnte welche Rolle bei Gruppenarbeiten gut übernehmen?
- Wie könnten Sie die Selbststeuerung der Gruppe zielführend unterstützen?
- Welche Bewertungsverfahren praktizieren Sie beim selbstgesteuerten Lernen in Gruppen und wie beurteilen Sie diese?

Zusammenfassung

Ein effizientes Klassenmanagement ist auch für schülerzentrierte Lernsettings eine nicht zu vernachlässigende Erfolgsbedingung für das Lernen.

Um die soziale Ordnung herzustellen und den Handlungsvektor zu etablieren, zu stabilisieren und wieder zu beenden, sind die allgemeinen Strategien und Techniken des Klassenmanagements anzupassen. Die Schülerinnen und Schüler müssen viele Funktionen der Steuerung des Prozesses und der sozialen Koordination selbst übernehmen, können dabei aber von der Lehrkraft wirksam unterstützt werden,

- indem die Lehrkraft Normen und Regeln für schülerzentriertes Lernen explizit einführt,
- indem sie entsprechende Verhaltensweisen und Kompetenzen (Selbstbeobachtung, Selbstinstruktion, Selbstbewertung und Selbstmotivierung) aufbaut,
- indem sie die Lernumgebung für dieses spezifische Setting lerndienlich einrichtet,
- indem sie ein geeignetes Handlungsprogramm plant und entsprechende Aufgaben entwickelt,
- indem sie Kooperationsskripts einführt, die den Lernprozess strukturieren,
- indem sie Rollen festlegt, die eine arbeitsteilige Übernahme der komplexen Steuerungsfunktionen ermöglichen,
- indem sie bei Schwierigkeiten in der Rolle des Tutors oder Mentors externe Unterstützung bereitstellt,
- indem sie spezifische Bewertungs- und Beurteilungsverfahren nutzt.

7 Bearbeitung von Konflikten in der Schulklasse

Wenn ein störendes Verhalten nicht mehr im Rahmen des Unterrichts, sei es beiläufig oder durch eine kurze Unterbrechung, zu bearbeiten ist, sprechen wir von Konflikten. Im Unterschied zu Störungen verweisen Konflikte auf widerstreitende Interessen, Wertvorstellungen oder Ziele der Interaktionsteilnehmer. Weil diese Interessen, Wertvorstellungen und Ziele für beide Interaktionsteilnehmer einen zentralen Stellenwert haben, drängen beide auf deren Realisierung, und zwar auch bei Widerstand. Es besteht – so Walter Neubauer (1994) – ein »subjektiver Handlungsdruck« (61), der sich durch die gegenseitige Blockade verstärkt und zu Frustrationen auf beiden Seiten führt. Blockaden und Behinderungen werden von den Konfliktparteien demnach als Einschränkung ihrer subjektiven Handlungsfreiheit aufgefasst, die es wiederherzustellen gilt. Das entsprechende psychologische Phänomen wird als Reaktanz bezeichnet. Neubauer nennt drei Merkmale eines interpersonalen Konflikts (Neubauer 1994, 61):

- Jede Konfliktpartei ist einer »stark egozentrischen Sichtweise« verhaftet.
- Die Interaktion ist in hohem Maße emotionalisiert.
- Es besteht die Tendenz, die Schuld für den Konflikt der jeweils anderen Partei zuzuweisen.

Konflikte in der Schule haben unterschiedliche Ursachen. Zum einen reiben sich, wie im ersten Kapitel ausführlich beschrieben, die Identitätsentwürfe von Heranwachsenden zwangsläufig mit der institutionellen Realität von Schulen. Zum anderen sind Schülerinnen und Schüler andauernd selbstwertrelevanten leistungsthematischen Situationen ausgesetzt.

Weil eine nachhaltige Konfliktlösung auf Akzeptanz angewiesen ist, verbietet sich der unbegründete Einsatz von Machtressourcen durch die Lehrkraft – nicht allein wegen der fatalen Modellwirkung.

Neubauer nennt als wichtigste Ressource für eine erfolgreiche Konfliktbearbeitung das **interpersonale Vertrauen** (Neubauer 1994, 63). Die Gewährung eines Vertrauensvorschusses erlaubt eine Konzentration der Konfliktbearbeitung auf die Sachebene. Vertrauen gründet auf der Wahrnehmung dreier Merkmale beim Interaktionspartner (Neubauer 1994, 63), hier vor allem der Lehrkraft:

- Die Lehrkraft wird in einem Bereich, in dem die Schüler aktuell oder generell auf Unterstützung angewiesen sind, als kompetent erlebt (**Kompetenz**).
- Das Verhalten der Lehrkraft wird als stabil und vorhersehbar wahrgenommen, Reden und Handeln stimmen überein (**Verlässlichkeit**).

- Bei der Lehrkraft wird ein grundsätzliches Wohlwollen, Respekt und die Bereitschaft zur Unterstützung wahrgenommen (**Engagement**).

Die Bearbeitung von Konflikten erfordert den Einsatz spezifischer Strategien. In der Regel ist die Thematisierung des Konflikts selbst erforderlich und damit eine deutliche Unterbrechung der Unterrichtskommunikation. In der Kommunikationstheorie wird dies als **Metakommunikation** bezeichnet: Die Beziehung der Interaktionspartner wird selbst zum Gegenstand der Kommunikation.

Wir nähern uns dem Thema Konflikte im Unterricht zunächst über die Kommunikationstheorie von Paul Watzlawick, die Konflikte als Ergebnis einer gestörten Kommunikation beschreibt (7.1) (vgl. Watzlawick, Beavin & Jackson 1969). In einem zweiten Schritt betrachten wir die individuellen Ursachen für die Entstehung und Eskalation von Konflikten aus der Sicht der Theorien sozialer Kognitionen (7.2) und schließlich stellen wir Prinzipien und Strategien zur erfolgreichen Bearbeitung von Konflikten mit den Schülerinnen und Schülern vor (7.3).

7.1 Gestörte Kommunikation zwischen Schülern und Lehrern

Konflikte können das Ergebnis einer schwerwiegend **gestörten Kommunikation** sein. Störungen ergeben sich einerseits aus unterschiedlichen Deutungen einer Information durch Sender und Empfänger, andererseits – darauf verweist Abbildung 12 – dadurch, dass ein bestimmter Aspekt einer Nachricht durch den Empfänger überbetont wird.

Nachrichten – so Friedemann Schulz von Thun (1981) im Anschluss an die Kommunikationstheorien von Karl Bühler (1934) und Paul Watzlawick (vgl. Watzlawick, Beavin & Jackson 1969) – haben immer vier Seiten.

Der Sachinhalt bezieht sich auf die Frage, was ein bestimmtes Zeichen bedeutet. Karl Bühler hatte diesen Aspekt als **Symbolfunktion** eines Zeichens bezeichnet. Mit Selbstoffenbarung ist gemeint: Ein Zeichen drückt etwas über den Sender aus, Karl Bühler sprach hier von einer **Symptomfunktion,** und schließlich enthält ein Zeichen eine Aufforderung an den Empfänger, ein bestimmtes Verhalten zu zeigen, und sei es nur, ruhig zuzuhören – es hat **Signalfunktion.**

Schulz von Thun hat das dreistellige Modell von Karl Bühler noch um einen weiteren Aspekt ergänzt, um die Beziehungsdimension: Die Nachricht sagt immer auch etwas darüber aus, wie der Empfänger vom Sender gesehen wird.

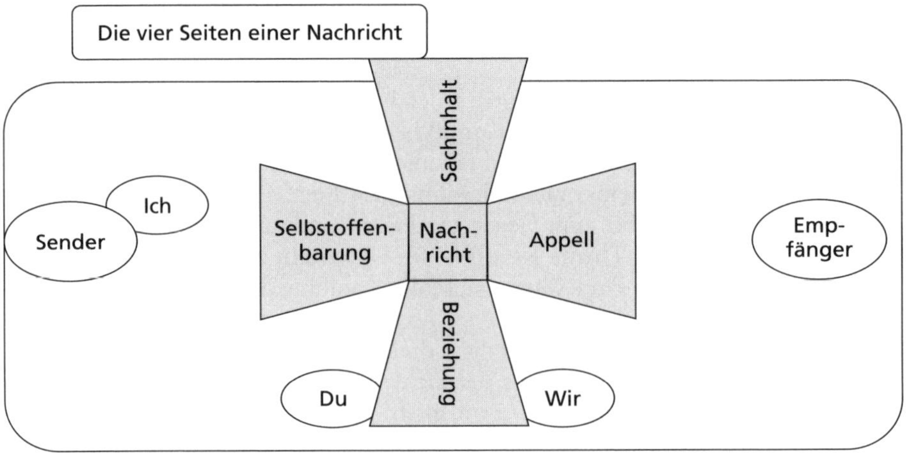

Abb. 12: Vier-Seiten einer Nachricht nach Schulz von Thun (1981).

Störungen können einerseits als Folge der Überbetonung oder verzerrten Interpretation eines bestimmten Aspekts bzw. einer der vier Seiten einer Nachricht interpretiert werden. Der Schüler hört beispielsweise immer mit dem Beziehungsohr und sieht in jedem korrektiven Feedback die Infragestellung der eigenen Person durch die Lehrkraft.

Störungen können aber auch als Folge inkonsistenter Kommunikation des Senders betrachtet werden. Hier ist die Verknüpfung der Unterscheidung zwischen **Inhalts-** und **Beziehungsaspekt** mit der Unterscheidung zwischen **analogem** und **digitalem Kommunikationskanal**, wie sie Paul Watzlawick vorgeschlagen hat, sehr hilfreich. Wir kommunizieren eben nicht nur expressis verbis, mittels gesprochener und Schriftsprache (digital), sondern auch mit Gesten, Körperhaltung, Mimik (analog). Befindlichkeiten lassen sich besser über analoge Kommunikation ausdrücken, der Interpretationsspielraum ist hier allerdings aufgrund fehlender Syntaxregeln sehr hoch. Störungen können dadurch entstehen, dass widersprüchliche Botschaften auf den beiden Kanälen gesendet werden. Die offensichtliche Nachricht im digitalen Modus wird durch die Kommentierung im analogen Modus verzerrt, manchmal sogar ins Gegenteil verkehrt – das Stilmittel der Ironie macht sich diese Möglichkeit der Verzerrung zu eigen.

Fallbeispiel: »Kommunikation im Unterricht«
Malte kommt zum dritten Mal in Folge zu spät zum Unterricht.

Herr Gröber sagt beim Eintritt von Malte ruhig: »Du bist heute das dritte Mal zu spät gekommen. Bitte setz dich jetzt hin und komm im Anschluss an die Stunde zu mir.«

Die Situation könnte auch anders verlaufen. Bei Herrn Schulz hätte Malte mit folgender Reaktion rechnen können: »Mein Gott, das dritte Mal in Folge zu spät. Nur zu deiner Information: Die Ferien beginnen erst nächste Woche«, vorgetragen in einem deutlich verärgerten Ton.

Im ersten Fall ist folgende Interpretation des Lehrerverhaltens durch Malte wahrscheinlich:

Sachinhalt: Herr Gröber hat registriert, dass ich zum dritten Mal zu spät gekommen bin, und missbilligt dies.

Selbstoffenbarung: Herr Gröber lässt sich dadurch nicht verärgern, der hat die Ruhe weg.

Beziehungsebene: Er scheint an meiner Erklärung interessiert und will mich hier nicht vorführen.

Appellebene: Herr Gröber möchte, dass ich in Zukunft pünktlich komme.

Im zweiten Fall könnte Malte die Botschaft von Herrn Schulz wie folgt auffassen:

Sachinhalt: Herr Schulz hat registriert, dass ich zum dritten Mal zu spät gekommen bin, und missbilligt dies.

Selbstoffenbarung: Herr Schulz ist total verärgert und genervt. Meine Güte, der macht aus jeder Mücke einen Elefanten.

Beziehungsebene: Er hält mich für einen undisziplinierten Trottel, der morgens nicht aus den Federn kommt.

Appellebene: Im Grunde sagt der doch, dass ich am besten gleich wegbleiben soll.

Grundsätzlich ist die Kommunikation in der Schule aus folgenden Gründen besonders störanfällig:

- Sie ist thematisch stark eingegrenzt und die Themen stehen im Wesentlichen fest.
- Sie dient immer einem bestimmten Zweck, nämlich das Wissen zu erweitern oder Kompetenzen zu erlernen.
- Sie bedient sich oft einer künstlichen Fachsprache.
- Sie ist stark asymmetrisch, ein Gesprächspartner hat die Definitionsmacht.
- Sie erfolgt sehr oft unter dem Vorbehalt der Beurteilung.

Lehrkräfte können der Entstehung von Konflikten aufgrund von Störungen der Kommunikation dadurch wirksam begegnen, dass sie möglichst sachlich und eindeutig kommunizieren, Widersprüche zwischen analoger und digitaler Kommunikation vermeiden und insbesondere Selbstoffenbarung, Beziehungsseite und Appell explizieren. So kann die deutliche Missbilligung des Verhaltens trotzdem mit dem Signal der grundlegenden Wertschätzung der Person und damit der Beziehung verbunden werden. Verhaltenserwartungen sollten möglichst eindeutig kommuniziert werden. Dies ist, wie wir bereits im Zusammenhang mit Zurechtweisungen diskutiert haben, deshalb besonders wichtig, weil eine Missbilligung keine Information über das erwartete Verhalten enthält.

Fragen zur Reflexion

- Lassen sich manche Konflikte, die Sie mit Schülern haben, mit dem Vier-Seiten-Modell der Kommunikation beschreiben?
- Versuchen Sie die Beschreibung einer konkreten Situation in Analogie zu dem oben skizzierten Beispiel mit Malte!

7.2 Konflikte und soziale Kompetenzen

Konflikte können auch der Tatsache geschuldet sein, dass die Interaktionspartner soziale Hinweisreize nicht adäquat interpretieren können, weil ihnen das Wissen über die Bedeutung dieser Zeichen fehlt oder weil sie sich ständig neu stimulieren und ablenken lassen. Diese **unkontrollierte Impulsivität** führt häufig dazu, dass neutrale oder mehrdeutige Handlungen der Interaktionspartner »vorschnell als provokatives Verhalten« interpretiert werden, auf die wiederum mit »intensiveren und vorwiegend negativen Gefühlen« reagiert wird (Wild, Hofer & Pekrun 2001, 261). In vielen Fällen stellt sich dann selbst bei Schädigung des anderen kein Unrechtsbewusstsein ein, weil das Gefühl vorherrscht, provoziert worden zu sein.

Soziale Kognitionen sind Voraussetzungen für soziales Verhalten. Mit sozialen Kognitionen ist das Wissen über innerpsychische Prozesse und das Verstehen dieser Prozesse gemeint. Perspektivenübernahme bezeichnet das Verstehen psychischer Zustände von anderen im Kontext der Situation, in der sich der andere befindet. Es werden zwei Aspekte der Perspektivenübernahme unterschieden: die **kognitive Perspektivenübernahme** und die **emotionale Perspektivenübernahme,** auch **Empathie** genannt. Die kognitive Perspektivenübernahme setzt z. B. voraus, dass die Blickrichtung des anderen eingenommen werden kann, dass also seine Wahrnehmung, seine Fokussierung auf bestimmte Aspekte im Raum, nachvollzogen werden kann. Emotionale Perspektivenübernahme zielt auf das Nacherleben des Gefühlszustands des anderen. Eine Voraussetzung dafür ist, dass der Gefühlszustand bekannt ist, z. B. Trauer oder Angst. Die Kommunikation ist grundlegend beeinträchtigt, wenn die Kompetenz zur Übernahme der Perspektive des anderen nicht vorhanden ist.

Neben Störungen der Kommunikation spielen **Aggressionen** eine große Rolle bei schulischen Konflikten. Mit dem Begriff Aggression werden Verhaltensweisen von Individuen bezeichnet, die auf die Schädigung von Sachgegenständen oder Personen zielen. Ursachen von Aggressionen können sowohl genetischer als auch sozialer Natur sein. Insbesondere der elterliche Erziehungsstil spielt bei der Genese aggressiven Verhaltens eine bedeutsame Rolle, weil Kinder am Beispiel ihrer primären Bezugspersonen ein Beziehungsmodell entwickeln, das auf spätere Beziehungen Anwendung findet. Aggressive Schüler haben oft nicht nur Defizite im Hinblick auf die kognitive und emotionale Perspektivenübernahme, sie können vielfach auch nicht effektiv mit den eigenen Emotionen, insbesondere Wut und Ärger, umgehen. Ihre Fähigkeit zur Selbstregulation und Impulskontrolle ist nur gering ausgeprägt (Wild, Hofer & Pekrun 2001). Trainings für aggressive Kinder und Jugendliche zielen einerseits auf eine Modifikation des Verhaltens, andererseits aber auch auf die Veränderung von Einstellungen. Außerdem werden eine differenzierte Wahrnehmung sozialer Hinweisreize, die Kontrolle des ersten Handlungsimpulses und die Entwicklung und das mentale Durchspielen und Abwägen von Handlungsalternativen eingeübt (Wild, Hofer & Pekrun 2001).

Fragen zur Reflexion

- Haben Sie in Ihrer Klasse Schüler oder Schülerinnen, die nicht über grundlegende soziale Kompetenzen verfügen?
- Beschreiben Sie genau, welche Kompetenzen den betreffenden Schülerinnen und Schülern aus Ihrer Sicht fehlen!
- Welche Möglichkeiten zur Vermittlung dieser Kompetenzen haben Sie bereits genutzt, welche Möglichkeiten könnten Sie noch nutzen?

7.3 Problemorientierter Umgang mit Konflikten

Emmer, Evertson & Worsham (2003) haben ein Programm für Lehrkräfte zum Umgang mit Konflikten entwickelt, das wir hier in einer adaptierten Form vorstellen:

Das Programm zur Entwicklung von **Kompetenzen konstruktiver Konfliktlösung** nutzt Erkenntnisse der Kommunikationstheorie und der Theorie sozialer Kompetenzen.

Zwei grundlegende Kompetenzen der Lehrkraft sind bei der konstruktiven Konfliktlösung unverzichtbar:

a) konstruktives Durchsetzungsvermögen,
b) empathische Gesprächsführung.

Die damit verbundenen Anforderungen können im konkreten Fall in ein Spannungsverhältnis geraten und müssen im Gespräch immer wieder ausbalanciert werden.

Konstruktives Durchsetzungsvermögen

Durchsetzungsvermögen wird hier definiert als Fähigkeit, die eigenen Interessen zu vertreten, für die eigenen legitimen Rechte einzustehen und die Verletzung dieser

Rechte durch andere nicht zu dulden. Dass eine durchsetzungsfähige Lehrkraft konstruktiv, d.h. im Sinne ihres Auftrags der Wissensvermittlung handeln sollte, muss hier immer im Gedächtnis bleiben. Weil die Grundlage für eine konstruktive Konfliktlösung interpersonales Vertrauen ist, darf sich die Geltendmachung der eigenen Perspektive nicht einfach als bloße Durchsetzung des Machtanspruchs realisieren. Zwar kann es in einer Situation notwendig werden, dass die Lehrkraft Machtmittel zur Beendigung eines nicht akzeptablen Verhaltens auch gegen die Interessen des oder der beteiligten Schüler(s)/Schülerinnen einsetzen muss, in diesem Fall sollte sie die Moderation der Konfliktbearbeitung aber unbedingt an eine neutrale Person abgeben.

Personen, darauf weisen Emmer, Evertson & Worsham (2003) hin, unterscheiden sich hinsichtlich ihres Durchsetzungsvermögens. Manche zeigen in nahezu allen Situationen Durchsetzungsvermögen, andere nur in manchen. Die wichtige Botschaft ist: Durchsetzungsvermögen kann gelernt werden.

Durchsetzungsvermögen zeigt sich:

- in einer klaren Benennung des unerwünschten Verhaltens oder Problems,
- in einer eindeutigen Haltung,
- im Bestehen auf einem angemessenen Verhalten bzw. der Lösung des Konflikts.

Konstruktives Durchsetzungsvermögen geht **nicht** einher mit:

- Feindseligkeit und Aggressivität,
- einem Sich-Einlassen auf Diskussionen über das unerwünschte Verhalten,
- mangelnder Flexibilität,
- uneindeutigem, widersprüchlichem Verhalten.

Von zentraler Bedeutung ist die *klare Benennung des Problems*. Die Lehrkraft muss hier zunächst auf ihrer Perspektive bestehen. Die **Problembeschreibung** umfasst: a) die Benennung des unerwünschten Verhaltens und b) die Beschreibung der Effekte dieses Verhaltens, sofern sie nicht sowieso offensichtlich sind.

- »Ständiges Reinrufen führt dazu, dass andere Schülerinnen und Schüler nicht zum Zuge kommen.«
- »Beschimpfungen sind nicht akzeptabel, weil sie die Gefühle des anderen verletzen.«

Wichtig ist, dass sich die Problembeschreibung auf das konkrete Verhalten und nicht auf die Person des Störers bezieht. *Also nicht*: »Dein Verhalten ist infantil« oder »Du hast einen Hang zur Gewalt«. Solche Zuschreibungen legen internal stabile Ursachen für das unerwünschte Verhalten nahe, die nicht oder nur sehr schwer zu ändern sind. Insofern konfligiert eine solche Zuschreibung mit dem Ziel der Verhaltensänderung. Außerdem sollten Problembeschreibungen als Statements, nicht als Fragen formuliert werden, weil Fragen zu rechtfertigenden oder sarkastischen Antworten einladen. Also: »Du hast X beschimpft, der fühlt sich bestimmt verletzt und das ist nicht akzeptabel«. Nicht: »Warum beschimpfst du X? Kannst du dir nicht vorstellen, wie er sich fühlt?«

Eine *eindeutige Haltung* wird durch eine entsprechende **Körpersprache** signalisiert: Zunächst ist Augenkontakt herzustellen und zu halten. Wichtig ist: Ernsthaftigkeit signalisieren, ohne aggressiv oder feindselig zu starren. Dann ist eine Position in angemessenem Abstand einzunehmen. Nähe sollte zwar hergestellt werden, um die Möglichkeit des Ausweichens zu minimieren – der Schüler sollte aber nicht bedrängt oder in die Ecke getrieben werden. Am besten ist es, an einem Tisch auf den jeweils gegenüberliegenden Seiten Platz zu nehmen. Die dritte Anforderung einer angemessenen Haltung besteht in der Passung von Ton, Mimik, Gestik und Inhalt.

Das *Bestehen auf einem angemessenen Verhalten* zeigt sich im Bestehen auf der Verantwortlichkeit des Schülers. Die Lehrkraft darf sich nicht auf Ausweichmanöver oder Versuche der Selbstentlastung des Schülers einlassen. Eine von Emmer, Evertson & Worsham (2003) vorgeschlagene Reaktion auf Versuche, die Verantwortung abzuwehren, ist: »Es mag eine Menge Gründe für dieses Verhalten geben, aber keine Entschuldigung« (149).

Empathische Gesprächsführung

Empathische Gesprächsführung zeigt sich in einem unerschütterbaren Respekt für die Person und im demonstrativen Willen, nicht nur die eigene, sondern auch die Perspektive des anderen zur Kenntnis zu nehmen.

Empathie darf allerdings nicht die klare Feststellung der Verantwortlichkeit für ein unerwünschtes Verhalten unterminieren. Sie ist vielmehr als Komplement zum konstruktiven Durchsetzungsvermögen zu verstehen und erleichtert eine Problemlösung. Die Lehrkraft demonstriert **prinzipielles Wohlwollen** und ein **grundsätzliches Interesse** an der Sicht des Schülers. Empathie ist insbesondere wichtig, wenn Schülerinnen und Schüler sich zurückziehen und Unwohlsein zeigen. Empathie eröffnet die Bereitschaft zur Fortsetzung der Kommunikation und ein Interesse an der Lösung des Problems.

Eine zentrale Kompetenz ist »**aktives Zuhören**«. Zunächst sind hier **Mimik, Gestik** und eine **zugewandte Haltung** entscheidend: **Blickkontakt** und **nonverbale Zeichen der Ermutigung** (Nicken, Lächeln). Dies kann etwa durch das Zeigen von Interesse mittels **verbaler Bestätigung** (»das ist eine gute Idee«, »dieser Punkt ist sehr interessant«), **Nachfragen** oder durch **Paraphrasieren** der Darstellung des Gegenübers (»Du bist also der Meinung, dass P. dich zuerst beleidigt hat ...«) geschehen. Paraphrasieren kann auch der Absicherung des eigenen Verstehens dienen (»Habe ich dich richtig verstanden ...?«). Zur Herstellung des Kontakts können einfache, **erzählunterstützende Äußerungen** eingesetzt werden (»Hm«, »Ach so«...). Von entscheidender Bedeutung ist auch, dass die anschließenden Fragen zur Klärung des Sachverhalts sich unmittelbar auf die Äußerungen der Konfliktpartei(en) beziehen.

Vier Schritte konstruktiver Problemlösung

Für ein konstruktives Problemlösungsgespräch sind beide Kompetenzen gleichermaßen wichtig.

Problemlösen umfasst immer vier Schritte: Die **Klärung von Gesprächsregeln und Zieldefinition**, die **Identifikation des** Problems, **die Entwicklung von Lösungsmöglichkeiten** und die **Diskussion von Lösungsalternativen** sowie die Herstellung eines Einverständnisses über die **Erprobung der Lösung.** Problemlösegespräche kommen nicht bei einfachen Störungen zum Einsatz, sondern bei massiven Konflikten. Sie werden nicht zuletzt mit dem Ziel geführt, Ursachen für das Verhalten zu identifizieren. Es geht nicht einfach um die Verordnung und Durchsetzung von Strafen!

Zunächst ist es wichtig, in der *ersten Phase* die Konfliktpartei(en) über den Verlauf des Gesprächs zu informieren und die Gesprächsregeln zu erläutern, die für alle gelten (»nach den an unserer Schule geltenden Regeln werden wir in diesem Gespräch ganz besonders darauf achten, dass ...«), und das Ziel des Gesprächs zu definieren (Änderung des Verhaltens, Akzeptanz des anderen, Überdenken der eigenen Verhaltensweisen ...).

Die *zweite Phase* der Problemidentifikation bezieht den Schüler mit ein. Er wird nach seiner Sichtweise gefragt und kann Gründe für sein Verhalten darstellen. Allerdings muss die Lehrkraft bei einer Haltung konstruktiver Durchsetzungsfähigkeit bleiben. Dies ist bisweilen ein schwieriger Balanceakt: Empathische Gesprächsführung muss mit einer klaren Haltung einhergehen und dem Schüler/der Schülerin gleichzeitig die Gelegenheit geben, seine/ihre Gründe darzulegen. Sie darf nicht dazu führen, das Verhalten zu entschuldigen. Wenn Schüler dazu in der Lage sind, können sie auch gebeten werden, langfristige Folgen ihres Verhaltens zu skizzieren, auch die Darstellung von Vorteilen, die aus der Sicht der Schüler aus diesem Verhalten resultieren, kann angeregt werden. Allerdings sollte immer das konkrete Problem im Zentrum der Aufmerksamkeit bleiben. In dieser Phase ist es besonders wichtig, beim Thema zu bleiben, d.h. durch die Gesprächsführung sicherzustellen, dass nicht auf Nebenschauplätze ausgewichen wird.

Im *dritten Schritt* werden Lösungsmöglichkeiten gesucht und diskutiert. Hier ist es wichtig zu prüfen, ob eine Lösung verstanden wird, realistisch ist und mit den verfügbaren Ressourcen des Schülers zu erreichen ist. Wichtig ist auch, festzustellen, was überhaupt zur Entscheidung steht und was als institutionelle Rahmenbedingung (z.B. Rahmenlehrplan) für eine Konfliktlösung zu akzeptieren ist. Werden Schüler aufgefordert, selbst Vorschläge zu machen, sollte auf diese Vorschläge eingegangen werden, auch wenn sie modifiziert oder gar verworfen werden müssen. Wenn mit der vorgeschlagenen Lösung die Verantwortung auf andere oder auf die Lehrkraft abgewälzt wird, sollte der Beitrag des Störers aktiv eingefordert werden: »Das könnte hilfreich sein, aber was ist dein Beitrag zur Lösung des Problems?« (Emmer, Evertson & Worsham 2003, 156). Wichtig ist es auch, die Bedingungen für eine Verhaltensänderung in der Umwelt, z.B. im Klassenzimmer, herzustellen. Der Lösungsvorschlag oder die Lösungsvorschläge müssen abschließend bewertet werden. Hier sind unterschiedliche Kriterien in

Anschlag zu bringen: Nutzen, Nachhaltigkeit, Kosten, Rahmenbedingungen und allgemeine Akzeptanz (Neubauer, Gampe & Knapp 1992, 69). Die gefundene Lösung sollte noch einmal explizit verbalisiert, gegebenenfalls sogar notiert werden.

Im *vierten Schritt* wird die Akzeptanz für die Lösung gefordert, es werden Standards für eine erfolgreiche Lösung festgelegt, Lösungsschritte operationalisiert und ein Erprobungszeitraum für die Änderung des Verhaltens vereinbart. Dieser Zeitraum darf nicht zu lang sein. Erste Lösungsschritte sollten möglichst sofort umgesetzt werden, damit »Fakten geschaffen werden« (Neubauer, Gampe & Knapp 1992, 69). Zwischen Lehrkraft und Schüler wird eine Art Vertrag geschlossen. Ob eine Strafe für den Fall des Scheiterns festgelegt werden sollte, ist abhängig von dem Ausmaß des erstmaligen oder wiederholten Auftretens des Vergehens. Scheitert die Lösung, muss entweder ein neuer Problemlöseprozess in Gang gesetzt oder eine weitere Person – Schulleiterin, Schulpsychologe – hinzugezogen werden.

Das Gespräch wird durch eine Zusammenfassung des Ergebnisses und der Verabredung eines weiteren Gesprächstermins zur Überprüfung der Lösung abgeschlossen.

Beispiel für ein wenig konstruktives Gespräch	**Beispiel für den Einstieg in eine konstruktive Problemlösung**
Der Schüler hat während der Unterrichtsstunde mehrfach gestört und wurde von der Lehrerin aufgefordert, sich nach der Stunde bei ihr zu melden. Die Lehrkraft fängt den Schüler ab, als er das Klassenzimmer verlassen will.	Der Schüler hat während der Unterrichtsstunde mehrfach gestört und wurde von der Lehrerin aufgefordert, sich nach der Stunde bei ihr zu melden. Die Lehrkraft fängt den Schüler ab, als er das Klassenzimmer verlassen will.
L (verärgert, packt den Schüler am Arm): Ich habe dir doch gesagt, du sollst nach der Stunde zu mir kommen.	L (geht ruhig auf den Schüler zu, als dieser seinen Tisch verlässt): Lars, kommst du bitte kurz her. Ich möchte mit dir über die Situation im Unterricht sprechen.
S (reißt sich los und entgegnet aggressiv): Ich bleibe nicht. Sie können mich nicht zwingen.	S (versucht auszuweichen): Ich bleibe nicht. Sie können mich nicht zwingen.
L (wirkt unsicher): Du musst nach der Schule bleiben. Du bist dreimal zu spät gekommen.	L (antwortet ruhig): Das stimmt. Das musst du wissen.
S (wird laut): Mann, ich kann nicht bleiben.	S (spricht mit Nachdruck): Ich kann nicht bleiben.
L (versucht, Boden zurückzugewinnen): So ist das Leben. Wenn du jetzt nicht bleibst, wird die Zeit verdoppelt. So ist die Regel.	L (sagt ruhig): Lars, du hast mehrfach massiv meinen Unterricht gestört, so geht es nicht mehr weiter. Du hältst nicht nur die anderen vom Lernen ab, sondern machst es mir auch verdammt schwer, die Ruhe zu behalten.
S: Ich hau ab.	S (entgegnet leicht genervt): Ich komme zu spät zum Training.
L (drohend): Mach das besser nicht.	L (bleibt ruhig): O. K. Ich verstehe dein Problem.

Beispiel für ein wenig konstruktives Gespräch	Beispiel für den Einstieg in eine konstruktive Problemlösung
S: (geht)	S (antwortet nun auch ruhig): Mann, wenn ich nochmal zu spät komme, muss ich im nächsten Spiel auf die Ersatzbank.
	L (ruhig): Das ist eine schwierige Situation. Aber wir beide haben hier auch ein Problem zu lösen! Was schlägst du vor?
	S (ist zunächst etwas verdutzt): Können wir morgen darüber sprechen?
	L: Gut, morgen um 13.30 Uhr. Nach dem Unterricht im Klassenzimmer. Ich erwarte dich pünktlich.

Abb. 13: Zwei Beispiele für ein Konfliktgespräch.

Neubauer, Gampe & Knapp (1992, 65 f.) weisen darauf hin, dass bei unterschiedlichen Schülertypen unterschiedliche Verhaltensweisen zum Einsatz kommen müssen.

So ist es bei **schüchternen Schülerinnen und Schülern** wichtig, die erwartete »aktive Beteiligung« gewissermaßen erst aufzubauen. Hier sollte jede Äußerung aufgegriffen und verstärkt werden, auch wenn sie zunächst nichts mit dem Problem zu tun zu haben scheint. Besondere Zurückhaltung ist bei diesen Schülerinnen und Schülern bei der Bewertung der Äußerungen des Schülers/der Schülerin geboten. Außerdem kann es sinnvoll sein, schüchterne Schülerinnen und Schüler nicht beim Namen zu nennen oder direkt aufzufordern, sondern eher allgemeine Fragen zu stellen.

Bei **Vielrednern** stellt sich die Aufgabe ganz anders dar. Zwar darf »aktive Beteiligung« nicht unterdrückt werden, sie ist für die konstruktive Konfliktbearbeitung ja eine notwendige Voraussetzung, aber ein konstruktiver Gesprächsverlauf erfordert doch eine gewisse Kanalisierung, insbesondere dann, wenn das Konfliktgespräch mit mehreren Schülerinnen und Schülern geführt wird. Was die Methoden des aktiven Zuhörens betrifft, bieten sich hier insbesondere das Paraphrasieren oder das Zusammenfassen an (»Du hast gerade drei Punkte genannt ..., habe ich das richtig verstanden?«) und die aktive Einbeziehung der anderen Teilnehmer (»Mich würde interessieren, was B. zu diesen drei Punkten sagt«).

Eine besondere Herausforderung stellen Beleidigungen oder **persönliche Angriffe** dar. Für einen konstruktiven Prozess ist es von entscheidender Bedeutung, dass Lehrkräfte sich hier nicht zu einem Gegenangriff oder zu einer Belehrung provozieren lassen. Zunächst geht es um die Kontrolle des unmittelbaren Impulses zum Gegenschlag. Ruhe bewahren kann etwa durch eine Selbstinstruktion unterstützt werden (»Ich darf mich jetzt nicht darauf einlassen, sonst bin ich mit gefangen«, »Ich muss unbedingt die Ruhe bewahren«). Manchmal ist es auch möglich, sich eine ganz kurze Auszeit zu verschaffen, indem man aufsteht, um das Fenster zu öffnen oder um einen Stift zu holen. Wenn Impulskontrolle sichergestellt ist, sollte die Aggression des Schülers/der Schülerin verbalisiert werden (»Du bist also verärgert, weil ich dich gebeten habe ...«) und schließlich ist es wichtig, zu dem sachlichen Kern der aggressiven Äußerung vorzudringen (»Du meinst also, dass ich dich gegenüber G. benachteilige?«). Unter Umständen kann es auch sinnvoll sein, die eigene Gefühlslage und die eigenen Motive zu verbalisieren (»Ich bin jetzt doch ziemlich betroffen darüber, dass du mich so angreifst ...«).

Fragen zur Reflexion

- Wenn Sie an das vergangene Schuljahr denken: An welchen Interessen, Werten oder Zielen haben sich in Ihrer Klasse vorwiegend Konflikte entzündet?
- Welche Konflikte haben sich unter den Schülern entzündet?
- Welche Konflikte hatten Sie mit einzelnen oder mehreren Schülern?
- Wie gehen Sie beim Konfliktlösen normalerweise vor?
- Fällt es Ihnen schwer, konstruktives Durchsetzungsvermögen zu zeigen?
- Wie signalisieren Sie Empathie?
- Welchen Stellenwert haben aus Ihrer Sicht die vier Phasen des Problemlösens (Zieldefinition und Regelklärung, Problemdarstellung und -identifikation, Entwicklung und Bewertung von Lösungsalternativen, Akzeptanz herstellen und Erprobung verabreden)?

Zusammenfassung

Konflikte beruhen auf widerstreitenden Interessen, Wertvorstellungen oder Zielen der Interaktionsteilnehmer, die jeweils für beide Interaktionsteilnehmer einen zentralen Stellenwert haben. Daraus entsteht ein »subjektiver Handlungsdruck«, der durch den anderen blockiert wird. Frustration und Reaktanz sind die Folge.

Weil die Interaktionspartner in Konflikten zu einer egozentrischen Perspektive neigen, in hohem Maße emotionalisiert sind und eine Tendenz entwickeln, die Schuld auf den jeweils anderen zu schieben, sind spezielle Maßnahmen der Konfliktbearbeitung angeraten.

Eine Basis für die Konfliktlösung ist Vertrauen. Vertrauen zeigt sich aus Sicht der Konfliktparteien in Kompetenz, Vorhersehbarkeit und Engagement der Lehrkraft.

Weil Konflikte in den meisten Fällen auf gestörte Kommunikationsbeziehungen zurückgehen, ist die Analyse und reflektierte Gestaltung dieser Kommunikation von entscheidender Bedeutung. Drei Grundsätze sind bei der Kommunikation mit Schülerinnen und Schülern – nicht nur im Konfliktfall – zu beachten:

- sachlich und eindeutig kommunizieren,
- Widersprüche zwischen analoger und digitaler Kommunikation vermeiden,
- Selbstoffenbarung, Beziehungsseite und Appell explizieren.

Wenn soziale Kompetenzen, wie Perspektivenübernahme oder Empathie, bei den Interaktionspartnern nicht vorauszusetzen sind, muss der Problemlöseprozess sorgfältig geplant und gesteuert werden.

Zwei Kompetenzen sind beim Konfliktlösen unverzichtbar:

- konstruktives Durchsetzungsvermögen,
- empathische Gesprächsführung.

Der Konfliktlöseprozess selbst umfasst vier Phasen:

- Klärung der Gesprächsregeln und Zieldefinition,
- Problemdarstellung und Problemidentifikation,
- Entwicklung und Bewertung von Lösungsvorschlägen,
- Einwilligung in die Lösung und Planung ihrer Umsetzung.

8 Entwicklung von Expertise im Klassenmanagement

Im letzten Kapitel dieses Buchs beschäftigen wir uns damit, wie sich professionelle Expertise von Lehrkräften aufbaut und weiterentwickelt und wie dieser Prozess durch Lerngelegenheiten systematisch unterstützt werden kann. Anknüpfungspunkt ist das zweite Kapitel, in dem ausgeführt wurde, dass Unterrichten zum einen eine Planungskompetenz, zum anderen eine Steuerungskompetenz, die Kompetenz zum raschen, situationsangemessenen Handeln, erfordert. Neben einem umfangreichen Wissen zu Fach, Fachdidaktik und Pädagogik wurden folgende spezifische Merkmale professioneller Expertise genannt, die für Lehrkräfte von Bedeutung sind (vgl. 2.3):

- Experten verfügen über integriertes Wissen und gut abrufbare, situationsadäquate Schemata.
- Experten setzen in einem Design-Zyklus vielfältige kognitive Strategien zur Planung, Durchführung und Reflexion von Unterricht ein (Probleme definieren, beurteilen, Handlungsalternativen generieren usw.).
- Experten unterrichten auf der Basis stabil-flexibler Handlungspläne (sogenannte »Agendas«), die kritische Punkte antizipieren, jedoch gleichzeitig eine Offenheit für Unvorhersehbares gewährleisten.
- Experten verfügen über prozeduralisiertes Wissen, das schnelles, automatisiertes Handeln ermöglicht und damit Kapazitäten für die Informationsverarbeitung und für den kompetenten Umgang mit der Komplexität des Unterrichtens freisetzt.

Eine Besonderheit der professionellen Expertise im Bereich des Klassenmanagements besteht darin, dass im Vergleich zu fachlichem oder auch fachdidaktischem Wissen die Kompetenz des Klassenmanagements zu wesentlich geringeren Anteilen auf theoretischem, formalem Wissen beruht. Große Anteile des Klassenmanagements beruhen hingegen auf sogenanntem »**practical knowledge**« (Berliner 2004 b, 20), also auf Wissen und Kompetenzen, die nicht im Rahmen formaler Instruktion, sondern durch die Verarbeitung von praktischen Erfahrungen aufgebaut wurden. Dieses Wissen ist dadurch charakterisiert, dass es situiert, intuitiv und implizit (Leinhardt, McCarthy-Young & Merriman 1995) ist. Erstens wird es in bestimmten praktischen Handlungssituationen erworben. Das bedeutet, dass seine Anwendung auch an entsprechende Situationen gebunden und nicht ohne Weiteres übertragbar ist. Zweitens wird es zu wesentlichen Anteilen in intuitiver Weise durch eine nur bedingt reflektierte Abfolge von Versuch und Irrtum aufgebaut und in prozeduralisiertes Wissen überführt. Dies führt drittens dazu, dass dieses Wissen zu wesentlichen Anteilen **implizites Wissen** ist, d. h. Lehrkräfte können oftmals über wesentliche Aspekte ihrer Kompetenzen nicht explizit Auskunft geben. Die große Bedeutung des »practical knowledge« für den Bereich des Klassenmanagements lässt sich auch daran ablesen, dass sich Novizen in diesem Anforderungsbereich besonders deutlich von Experten unterscheiden (Doyle 2006; Gettinger & Kohler 2006; Westerman 1991).

»Practical knowledge« im Bereich des Klassenmanagements ist weiterhin dadurch geprägt, dass **berufsbezogene Überzeugungen** (oder auch: »beliefs«) einen wichtigen Stellenwert haben (Weinstein 1998; Martin, Yin & Baldwin 1998; Brophy 1996; Reusser, Pauli & Elmer 2011). Überzeugungen beeinflussen nicht nur die Wahrnehmung komplexer Situationen im Klassenzimmer, sondern auch die Auswahl einer angemessenen Intervention, die als Skript im Langzeitgedächtnis gespeichert ist. Außerdem wirken sie bei der Aneignung neuen Wissens wie eine Art Filter (Jones 2006, 895). Überzeugungen geben einerseits Orientierung und Sicherheit angesichts komplexer, widersprüchlicher Anforderungen, so z. B. der Anforderung, ein vertrauensvolles Arbeitsbündnis in einem institutionell geregelten Rahmen zu etablieren (vgl. 2.2). Andererseits scheinen Überzeugungen jedoch auch eine besonders wichtige Rolle bei dem Widerstand gegen die Veränderung von Praktiken und Routinen bei erfahrenen Lehrkräften zu spielen. Die Forschergruppe um Diethelm Wahl versteht Überzeugungen als handlungssteuernde **subjektive Theorien**, die Handeln unter Druck ermöglichen. Diese subjektiven Theorien sind außerordentlich stabil und resistent gegen Veränderungszumutungen und können nur reflexiv bearbeitet werden. Selbstbeobachtung und Handlungsrekonstruktion unter Einschluss der mitlaufenden Gedanken und Emotionen, simulierte Handlungen oder Feedback (vgl. 8.3) unterstützen die reflexive Bearbeitung verdichteter subjektiver Theorien (Wahl 2001).

Wie kann man sich den Erwerb und die Weiterentwicklung professioneller Expertise vorstellen? Welche unterschiedlichen Phasen des Kompetenzerwerbs lassen sich unterscheiden und welche unterschiedlichen Wissensformen sind jeweils beteiligt? Welche Lerngelegenheiten unterstützen den Aufbau und die Weiterentwicklung professioneller Expertise besonders gut? Und: Was heißt dies für die Ausbildung und Weiterentwicklung von Kompetenzen des Klassenmanagements?

Zunächst gehen wir auf die Frage ein, in welchen charakteristischen Phasen sich professionelle Expertise von Lehrkräften entwickelt (8.1). Daran anknüpfend werden Lerngelegenheiten dargestellt, die den Entwicklungsprozess in diesen Phasen unterstützen können (8.2). Im anschließenden Abschnitt (8.3) geht es um den Aspekt des Feedbacks, der in mehreren Phasen der Kompetenzentwicklung einen zentralen Stellenwert für die Weiterentwicklung von Lehrkräften hat. Abschließend stellen wir konkrete Instrumente (8.4) und Feedback-Verfahren (8.5) vor, die sich besonders dazu eignen, die professionelle Expertise im Bereich des Klassenmanagements weiterzuentwickeln.

8.1 Stufen der Entwicklung professioneller Expertise

Wie lässt sich der schrittweise Aufbau von »practical knowledge« durch die Auseinandersetzung mit praktischen Anforderungen beschreiben? Das bekannteste **Stufenmodell zur Expertiseentwicklung**, auf das in der Lehrerforschung am häufigsten Bezug genommen wird, stammt von Hubert L. und Stuart E. Dreyfus (1987). Es wurde von David Berliner auf die Entwicklung von Lehrerexpertise übertragen. Berliner geht im Anschluss an Dreyfus & Dreyfus davon aus, dass Novizen auf dem Weg zum Experten fünf Kompetenzstufen durchlaufen (vgl. im Folgenden: Berliner 2004 a).

Auf der *ersten Stufe (»novice stage«)* erwerben die Lernenden Grundkonzepte und Grundregeln, unabhängig von bestimmten Situationen. Um überhaupt unterrichten zu können, ist zum einen ein Grundverständnis der vier Grundelemente des Unterrichts – Lehrer, Gegenstand, Lerner und Kontext – erforderlich, zum anderen müssen einige kontextfreie Regeln gelernt werden. In diesem Stadium steht das Erlernen von Begriffen, Fakten und Charakteristika von Situationen im Mittelpunkt. Novizen lernen einzelne Aspekte von Handlungen und Situationen zu unterscheiden und zu bezeichnen. Außerdem erlernen sie spezifische Begriffe, wie Verstärkung erwünschten Verhaltens, Fragen höherer Ordnung, Teilleistungsstörungen und kontextfreie Regeln, wie »Warte im Anschluss an Fragen höherer Ordnung drei Sekunden!«. Das Verhalten von Novizen wird von Berliner als rational im Sinne der bewussten Abwägung zwischen den – wenigen – gewussten Handlungsstrategien, als inflexibel und als eng angelehnt an die erlernten kontextfreien Regeln beschrieben. Vor dem Hintergrund dieses Wissens um Grundkonzepte und Regeln machen Novizen eigene praktische Erfahrungen mit Unterricht. In der Regel befinden sich Studierende und Referendare im Stadium von Novizen.

Im *zweiten Stadium (»advanced beginners«)*werden praktische Erfahrungen mit Konzept- und Regelwissen verknüpft und es wird episodisches und fallspezifisches Wissen zu konkreten und typischen Ereignissen aufgebaut. Ähnlichkeiten von Situationen oder Fällen können unabhängig von spezifischen Kontextmerkmalen erkannt werden. Diese Typisierung von Erfahrung entlang spezifischer Episoden oder Fälle erlaubt die Einordnung gegenwärtiger Erfahrung. Im Stadium des »Advanced Beginners« wird aber auch konditionales und strategisches Wissen aufgebaut. Lernende lernen, dass Regeln kontextsensitiv anzuwenden sind. Sie machen beispielsweise die Erfahrung, dass die Daumenregel »drei Sekunden Wartezeit nach Fragen« nicht in jeder Situation angemessen ist. Zwar beginnen Lehrkräfte in diesem Stadium, diese Erfahrungen bereits in ihr Verhalten zu integrieren, sie tun dies allerdings, ohne sich ihrer eigenen Handlungswirksamkeit bewusst zu sein. Im Stadium der »advanced beginners« lernen die Lehrkräfte, Ereignisse zu identifizieren und zu beschreiben, sie lernen, Teilaspekte komplexer Handlungen zu unterscheiden und sie erkennen und klassifizieren Kontexte. Sie können aber noch nicht zuverlässig vorhersagen, welche Folgen spezifische Handlungen haben. Sie verfügen entsprechend noch nicht über die Fähigkeit einer zielgerichteten und aktiven Auswahl von Handlungsalternativen. Die meisten

Lehrkräfte mit zwei- oder dreijähriger beruflicher Praxis befinden sich auf diesem zweiten Level.

Im *dritten Stadium (»competent stage«),* das nicht alle Lehrkräfte erreichen, treffen Lehrkräfte bewusste Entscheidungen, sie formulieren Ziele, setzen Prioritäten und planen Abläufe. Außerdem können sie in der konkreten Situation unterscheiden, was wichtig und was unwichtig ist, worauf sie achten müssen und was sie ignorieren können. In diesem Stadium, so Berliner im Rückgriff auf die Untersuchungen Jacob Kounins, machen Lehrkräfte zunehmend weniger Zeitfehler – sie warten beispielsweise nach einer Störung nicht zu lange – oder Objektfehler – sie adressieren nach einer Störung nicht die falschen Schüler. Außerdem treffen sie kontext- und schülersensible Entscheidungen im Hinblick auf die Länge der Erklärungen, die Unterstützung bestimmter Schüler, Wiederholungen usw. Von den Lehrkräften auf dem nächsten Level unterscheiden sich die Lehrkräfte im »competent stage«, die sich in der Regel im dritten bis fünften Jahr ihrer Berufspraxis befinden, dadurch, dass ihr Unterrichtshandeln noch nicht flüssig, schnell und flexibel ist.

Auf der *vierten Stufe (»proficient level«)*weist der Unterricht von Lehrkräften diese Charakteristika auf, die nach Berliner nur von einer kleinen Zahl von Lehrkräften nach einer Berufserfahrung von etwa fünf Jahren erreicht wird. Auf dieser Stufe scheinen Lehrkräfte intuitiv das Richtige zu tun, es dominiert das Knowing-how. Berliner vergleicht das Handeln von »proficient teachers« mit dem geübter Tänzer. Schritte müssen nicht mehr gezählt werden, die Tänzer reagieren scheinbar unmittelbar auf die Impulse der Musik. In diesem Stadium besitzen Lehrkräfte außerdem die Fähigkeit zur holistischen Wahrnehmung von Situationen. Sie sehen das Typische in unterschiedlichen Situationen, indem sie rasch auf das aufgebaute Fall- und Episodenwissen zurückgreifen (vgl. 2.3). Dieses Erkennen von Mustern erlaubt eine präzisere Vorhersage von Entwicklungen. Trotz der intuitiven Wahrnehmung von Mustern entscheidet die Lehrkraft auf dem »proficient stage« immer noch analytisch und bewusst, was zu tun ist.

Erst im letzten, im *fünften Stadium (»level of experts«),* können Lehrkräfte nicht nur die zentralen Merkmale der Situation intuitiv erfassen, sie reagieren angemessen ohne vorausgehende Analyse. Ihr Handeln wird als flüssig, unangestrengt und selbstverständlich bezeichnet. Berliner spricht von »arational behavior«, weil das Handeln von Experten nicht einer analytischen oder deduktiven Logik folgt. In Normalsituationen tun Experten das, was normalerweise funktioniert, ohne bewusste Entscheidungen zu treffen. Wenn allerdings Anormalitäten sichtbar werden, wenn Probleme auftauchen, schwenken Experten um und handeln analytisch, rational und bewusst. Den Expertenstatus erreichen nur wenige Lehrkräfte. »If the novice is deliberate, the advanced beginner insightful, the competent performer rational, and the proficient performer intuitive, we might categorize the expert as often being arational« (Berliner 2004 a, 207).

Welche Hinweise gibt dieses Stufenmodell im Hinblick auf die Förderung von Unterrichtsexpertise? David Berliner (2001) hat darauf hingewiesen, dass die mit diesem Modell verbundene Experten-Novizen-Forschung zwei gegenläufig miteinander verknüpfte Spezifika des Aufbaus und der Weiterentwicklung von Expertise identifizieren konnte. Auf der einen Seite verdeutlicht das Entwicklungsmodell, wie durch die zunehmende Herausbildung von Schemata und den Aufbau prozeduralen Wissens (Prozeduralisierung) von Abläufen die Performanz von Lehrkräften im Umgang mit der Komplexität des Unterrichts sicherer, flüssiger und situationsadäquater wird. Auf der anderen Seite – und dies lässt sich als Kehrseite des damit verbundenen Konsolidierungsprozesses beschreiben – bestehen die Kosten der Expertise in der Tendenz zu einer **konzeptuellen Rigidität** von Experten. Typisch für Experten ist die folgende Feststellung: »The expert finds it difficult to consider other points of view« (Schraw 2006, 259). Das heißt, der oben beschriebene »level of experts« kann – gerade aufgrund der intuitiven, irrationalen Anteile mit nicht (mehr) reflektiertem und veränderungsresistentem Wissen und Handeln einhergehen (Berliner 2001, 473). Zu diesem Problem gibt es verschiedene Kommentare.

David Berliner selbst hat vor diesem Hintergrund sein Modell um die Unterscheidung zwischen Expertise in einem tendenziell restriktiven Sinn und um »**adaptive expertise**« erweitert: »Adaptive or fluid experts appear to learn throughout their careers« (Berliner 2001, 473). Diese Expertendefinition entspricht in hohem Maße dem Idealbild eines für Schul- und Unterrichtsentwicklung aufgeschlossenen Professionellen. Adaptive Experten suchen sich immer wieder aktiv neue, zunächst irritierende Herausforderungen als Anlass zur weiteren Expertiseentwicklung und arbeiten durch »**deliberate practice**« (Ericsson 2003), also zielgerichtet, auf kontinuierliche Verbesserung und Weiterentwicklung hin. Neben einer stark ausgeprägten Motivation spielt für »deliberate practice« insbesondere **Feedback**, das sich aus verschiedenen Quellen speisen kann, eine zentrale Rolle (Schraw 2006, 257). Im Unterschied zum intrinsisch motivierten Streben nach Verbesserung kann jedoch auch die »**Erfahrung einer Devianz**« (Bauer & Gruber 2006, 12) zur Weiterentwicklung tendenziell veränderungsresistenten Wissens führen. Die Erfahrung einer Devianz tritt auf, wenn Anforderung und Handeln sich nicht mehr entsprechen, so z. B., wenn sich eine Anforderung verschärft oder verändert hat. Ein vielfach genanntes Beispiel im Bereich des Klassenmanagements ist eine veränderte Zusammensetzung der Schulklasse. In Lernkontexten können Devianzerfahrungen auch gezielt *simuliert* werden. Eine Möglichkeit, die der hohen Vulnerabilität des Klassenmanagements in besonderer Weise Rechnung trägt, ist die stellvertretende Bearbeitung von Devianzerfahrungen eines Protagonisten in einem videografierten oder beschriebenen Fall (vgl. dazu die Darstellung von Lerngelegenheiten 8.3).

Neben dem inzwischen für verschiedene Domänen ausbuchstabierten Stufenmodell von Dreyfus & Dreyfus wird in der Expertiseforschung ein weiteres Modell diskutiert, das von *drei aufeinander aufbauenden Stufen des Expertiseerwerbs* ausgeht und von verschiedenen Autoren unterschiedlich ausformuliert wurde (vgl. Schraw 2006; Glaser 1996). Glaser unterscheidet die drei Stufen des Expertiseerwerbs auf der Grundlage einer schrittweisen Verlagerung der Steuerung des Lernprozesses von einer externen Steuerung hin zu einer Selbststeuerung. Schraw geht aus einer wissenspsychologischen Perspektive davon aus, dass in der ersten Phase deklaratives Wissen erworben wird (Akkumulation von Wissen), das in der zweiten Phase zu Schemata, Routinen und Scripts integriert und neu organisiert wird (**Integration von Wissen**). In der dritten Phase findet zum einen die Automatisierung von komplexen Handlungsabläufen statt, zum anderen die adaptive Anpassung der Routinen auf die jeweilige neue Problemstellung.

	Steuerung des Expertise-erwerbs nach Glaser (1996)	Wissenspsychologische Merkmale des Kompetenzerwerbs nach Schraw (2006)
Phase 1	Externe Steuerung	Akkumulation von Wissen (Erwerb von formalem, deklarativem Wissen)
Phase 2	Übergang zwischen externer/ interner Steuerung	Integration von Wissen (Organisation des Wissens in Schemata und Prozeduren)
Phase 3	Selbststeuerung	Automatisierung und Tuning (Anpassung der Routinen an neue Anforderungen)

Abb. 14: Modell zum Expertiseerwerb nach Glaser (1996) und Schraw (2006).

Greift man dieses heuristische Modell (vgl. Abb. 14) auf und überträgt es auf die Phasen der Lehreraus- und Weiterbildung, so lassen sich für jede Phase der Entwicklung professioneller Expertise Lerngelegenheiten identifizieren, die sich dazu eignen, den Expertiseerwerb in spezifischer Weise zu unterstützen.

Fragen zur Reflexion

- Wenn Sie sich an Ihre ersten berufspraktischen Jahre erinnern: Fallen Ihnen Beispiele dafür ein, inwiefern sich Ihre Handlungskompetenzen im Bereich des Klassenmanagements von der ersten zur zweiten Stufe weiterentwickelt haben?
- Können Sie sich an Situationen erinnern, in denen Ihnen aufgefallen ist, dass Ihre berufspraktische Erfahrung auch durch Aspekte »konzeptueller Rigidität« geprägt ist? Welche Aspekte waren das?
- Haben Sie – z.B. im Zusammenhang mit sportlichen oder musikalischen Aktivitäten – Erfahrungen mit dem Prinzip »deliberate practice« (gezielte Arbeit an der Verbesserung von Fähigkeiten) gemacht? Inwieweit spielt dieses Prinzip auch für Ihre unterrichtspraktischen Kompetenzen eine Rolle?
- Haben Sie in Ihrer Berufspraxis schon einmal die »Erfahrung einer Devianz« gemacht? Worin bestand diese Erfahrung und wie sind Sie damit umgegangen?

8.2 Lerngelegenheiten zum Aufbau und zur Weiterentwicklung von professioneller Expertise

Im Folgenden werden im Anschluss an das Modell von Glaser und Schraw drei teilweise überlappende, aber grundsätzlich aufeinander aufbauende Phasen unterschieden und vor dem Hintergrund des jeweils vorgesehenen Entwicklungsprozesses einigen exemplarisch ausgewählten Lerngelegenheiten zugeordnet. Die erste Phase entspricht den theoretischen Studienanteilen an der Hochschule. Die zweite Phase umfasst sowohl universitär begleitete Seminare mit handlungspraktischen Anteilen und Praxisphasen als auch das Referendariat bis hin zur Berufseingangsphase. Die dritte Phase bezieht sich auf die Berufstätigkeit.

Phase	**Entwicklungsprozess**	**Lerngelegenheiten**
Theoretisches Studium	Akkumulation von deklarativem Wissen (Fach, Fachdidaktik, Pädagogik), Anbahnung kognitiver Strategien	Extern gesteuert Prototyp: »problem-based learning«
Praxisseminare und Praktika im Studium, Referendariat	Wissensintegration entlang des Design-Zyklus, Prozeduralisierung, Anwendung kognitiver Strategien	Extern/intern gesteuert Prototyp: »content-focused coaching«
Berufstätigkeit	Professionelles Lernen (Elaboration, Expansion und Externalisation von Kompetenzen)	Selbstgesteuert Prototyp: Videozirkel

Abb. 15: Lerngelegenheiten zur Förderung der Entwicklung professioneller Expertise.

Phase 1: Vermittlung von deklarativem Wissen und kognitiven Strategien

In der ersten Phase, die vor allem den universitären Anteilen der Lehrerausbildung entspricht, erfolgt die *Vermittlung von deklarativem Wissen* aus den Bereichen Fach, Fachdidaktik und Pädagogik. Was könnte dies in Bezug auf das Thema Klassenmanagement bedeuten? Die im vorliegenden Buch dargestellten Fakten und Konzepte repräsentieren deklaratives Wissen. Dazu gehört auch die Einführung von *Begriffen als Werkzeug* für das spätere Planen, Durchführen und Reflektieren von Unterricht. So ist z. B. mit der Definition des Klassenmanagements als »Aufrechterhaltung eines primären Handlungsvektors« (vgl. 3.2) ein begrifflicher Rahmen für das Verständnis der Anforderungen an Lehrkräfte und für die Auswahl von Handlungsstrategien gegeben. Wenngleich in dieser Phase die Bedeutung des hier erworbenen *Fachwissens* für den Aufbau von professioneller Expertise kaum zu überschätzen ist, da der Erwerb des Fachwissens zu wesentlichen Teilen im Studium stattfindet (vgl. die Befunde zu Mathematiklehrkräften bei Krauss et al. 2008), ist diese Phase auch in weiterer Hinsicht von Bedeutung. Hier werden insbesondere die Grundlagen dafür gelegt, *aus Praxiserfahrungen kontinuierlich zu lernen*, eine Kompetenz, die für Experten charakteristisch ist und sie von weniger erfolgreichen Lehrkräften unterscheidet. Ball & Cohen (1999, 11) fordern daher, dass Lehramtsstudierende schon vor den ersten Unterrichtserfahrungen eine zentrale Kompetenz erwerben sollten: »How to learn in and from practice«.

Wie können diese Voraussetzungen im Studium gefördert werden? In der Lehrerbildungsforschung wird verstärkt darauf hingewiesen, dass in dieser Phase in einem handlungsentlasteten Rahmen anhand von Fallbeispielen (z. B. Unterrichtstranskripten oder Videomitschnitten) **kognitive Strategien** angebahnt werden können, die für den Einsatz des Design-Zyklus in den anschließenden Entwicklungsphasen von Bedeutung sind. Die Fallbeispiele sollten so konstruiert sein, dass zwar eine Reduktion der Komplexität erfolgt, der Gesamtzusammenhang aber trotzdem im Blick bleibt. Nur dann kann die für erfahrene Lehrkräfte charakteristische Integration von Wissen erfolgen: »The multiple strands of the skill must be assessed simultaneously and coherently, at some elementary level. The entire interwoven collection of knowledge salient to teaching must be pulled apart, into more manageable pieces without disrupting the fabric« (Leinhardt 1993, 43). Leinhardt schlägt einen »five-part process for learning to teach« (Leinhardt 1993, 44) vor, der sich auch für den Erwerb von Kompetenzen des Klassenmanagements sehr gut eignet. Leinhardt unterscheidet fünf verschiedene kognitive Strategien:

- *Beobachten:* Novizen lernen systematisch, die Interaktion im Klassenzimmer zu beobachten. Spezifische Aspekte, wie Routinen oder Zurechtweisungen, werden dabei fokussiert. Ein wichtiges Instrument zur Analyse von »multiple components« der Lehrerperformanz im Gesamtzusammenhang stellt die kontrastive Analyse mehrerer Unterrichtsbeispiele dar.
- *Vorhersagen:* Vor dem Hintergrund der Beobachtungen sollen die Novizen lernen, das Verhalten von Lehrkräften und Schülern vorherzusagen und den Fortgang des Unterrichtsskripts zu antizipieren.
- *Beurteilen:* Die Ausbildung von Beobachtungs- und Voraussagekompetenzen erlaubt die Beurteilung hinsichtlich funktionierender und nicht-funktionierender Lehreraktivitäten. Hier können auch kriterienorientierte Beobachtungsinstrumente zum Einsatz kommen, anhand derer die Beurteilung begründet werden kann.
- *Generieren von Alternativen:* Eine für den Design-Zyklus zentrale kognitive Strategie stellt das daran anschließende **Generieren von Handlungsalternativen** dar.
- *Theoriegestützt analysieren:* Erst in der letzten Phase dieses Zyklus erfolgt eine theoriegestützte Analyse des Fallbeispiels. Theorie wird demnach als »tool for interpretating activity« (Leinhardt 1993, 45) verstanden, die erst im Anschluss an den Durchgang durch die Phasen der Bobachtung, Vorhersage, Beurteilung und Generierung von Alternativen erfolgt.

Welche Lerngelegenheiten eignen sich zur Vermittlung von deklarativem Wissen und zur Förderung von kognitiven Strategien? Ein seit vielen Jahren erfolgreich erprobter Prototyp für die erste Phase der Ausbildung von Professionellen ist der Ansatz des »**problem-based learning**« (Hmelo-Silver 2004). Dieser Ansatz wurde für die Ausbildung von Medizinern und Juristen entwickelt und ist inzwischen auf weitere Domänen übertragen worden. Die Wirksamkeit hinsichtlich einer kompetenzorientierten Ausbildung ist vielfach nachgewiesen worden (Dochy et al. 2003).

Beim »problem-based learning« ist das sich ergänzende Angebot von zwei verschiedenen Lernarrangements vorgesehen. In *Vorlesungen* wird deklaratives Wissen in kohärenter Form vermittelt. In moderierten »*Tutorials*« (kleine Gruppen von ca. zehn Studierenden) sowie im *Selbststudium* zwischen den Gruppensitzungen werden Problemstellungen bearbeitet, die eine Anwendung des in den Vorlesungen vermittelten abstrakten Wissens auf einen komplexen, praxisbezogenen Fall erfordert. Das Tutorial arbeitet mit einem **Kooperationsskript,** das sieben Schritte umfasst und den Einsatz bestimmter kognitiver Strategien fördert (Probleme definieren, Wissenslücken und Lernziele definieren, Hypothesen bilden, Argumentationen zusammenfassen usw.).

Phase 2: Begleitete Förderung des Design-Zyklus (planen, unterrichten, reflektieren)

Die zweite Phase umfasst alle Ausbildungsanteile, in denen Studierende und Referendare dabei unterstützt werden, aus eigenen praktischen Erfahrungen, die mit den Aspekten des Design-Zyklus (planen, unterrichten, reflektieren) gemacht werden, zu lernen. Lerngelegenheiten dieser zweiten Phase sind somit in einem weiten Spektrum angesiedelt, das sich von **Unterrichtssimulationen** in Seminaren über Seminarveranstaltungen zur Vor- und Nachbereitung von eigenem Unterricht (schulpraktische Studien) bis hin zu Unterrichtsvor- und Nachbesprechungen erstreckt. Diese Phase ist für den Aufbau von Expertise im Bereich des Klassenmanagements von ganz besonderer Bedeutung: Klassenmanagement gehört zu den »complex skills that are accomplished most naturally under instructional conditions that follow the apprenticeship model« (Brophy 1988, 13).

Im Unterschied zur ersten Phase, in der es zunächst um den Erwerb deklarativen Wissens geht, ist ein wichtiges Ziel der zweiten Phase die **Integration von Wissen**. Anhand von praktischen Anforderungen, z. B. der Planung einer Aufgabe für eine Einzelarbeit im Kontext eines Praktikums, wird das vielfach noch wenig verknüpfte Wissen aus den Bereichen Fach, Fachdidaktik und Pädagogik aufeinander bezogen. Das bedeutet z. B., dass das hierfür relevante deklarative Wissen aus dem Bereich des Klassenmanagements (die Bedeutung der Klarheit von Handlungsprogrammen, Spezifika der Aktivitätsstrukturen Übergang und Einzelarbeit, Strategien zur Stärkung des Handlungsvektors in Übergängen usw.) in die Planung einer Aufgabe zur Förderung bestimmter fachlicher Schülerkompetenzen einbezogen werden muss. Die damit verbundene Wissensintegration ist für Novizen zunächst ein herausfordernder Vorgang, dessen mehrfache Erprobung jedoch dazu führt, dass schrittweise entsprechende Schemata aufgebaut werden, die bei zunehmender Expertise schneller abrufbar sind. Durch wiederholende Übung des Planens, Unterrichtens und Reflektierens, vor allem während des Referendariats und der Berufseingangsphase, wird Schritt für Schritt prozedurales Wissen aufgebaut.

Ein zentrales Charakteristikum dieser Phase des Aufbaus professioneller Expertise ist, dass sie den Übergang zwischen externer und interner Steuerung des Lernens darstellt, Glaser (1996) nennt sie daher »transitional«. Allgemeine Grundprinzipien zur effizienten Gestaltung von Lerngelegenheiten, die dieser Phase entsprechen, sind insbesondere durch den Ansatz des »**cognitive apprenticeship**« (Collins, Brown & Newman 1989) formuliert worden. Hierbei werden Prinzipien der traditionellen Handwerkslehre auf den Erwerb komplexer kognitiver Kompetenzen übertragen. Unterschieden werden verschiedene Methodenkomponenten (Collins, Brown & Newman 1989, 480–483), die sich als Grundprinzipien für die Gestaltungen unterschiedlicher Lerngelegenheiten in der zweiten Phase des Expertiseerwerbs verstehen lassen.

1. **Modeling (modellhaftes Zeigen)**
   Der Lehrende zeigt modellhaft, wie er eine praktische Anforderung ausführt und macht die intern ablaufenden kognitiven Prozesse durch »lautes Denken« für den Lernenden nachvollziehbar.
2. **Coaching (Anleiten)**
   Der Lehrende beobachtet den Lernenden bei der praktischen Ausführung, gibt Anregungen und Hinweise und richtet die Aufmerksamkeit des Lernenden auf wichtige Aspekte.
3. **Scaffolding and Fading (Unterstützen und Ausblenden)**
   Ausgehend von einer Diagnose des Lernstands stellt der Lehrende durch möglichst sparsame Hinweise ein Gerüst (»scaffold«) zur Verfügung. Die Unterstützung wird gezielt zurückgenommen.
4. **Articulation (Versprachlichen)**
   Die Lernenden werden angeregt, ihre internal ablaufenden Denk- und Entscheidungsprozesse zu versprachlichen, um sich diese bewusst zu machen.
5. **Reflection (Reflexion)**
   Lernende analysieren und diskutieren ihre eigenes praktisches Vorgehen und vergleichen es mit Varianten von anderen Lernenden oder Lehrenden.
6. **Exploration (eigenständiges Ausprobieren)**
   Lernende definieren Zielstellungen eigenständig, entwickeln eigene Hypothesen und probieren neue, bisher unbekannte Vorgehensweisen aus.

Abb. 16: Methoden des »cognitive apprenticeship« (Collins, Brown & Newman 1989).

Diese allgemein formulierten Grundprinzipien für Lerngelegenheiten sind wiederum auf die speziellen Bedingungen der Förderung von Unterrichtsexpertise zu übertragen. Insbesondere die Aspekte des **Modelings** und der **Reflexion** sind in der Lehrerforschung intensiv diskutiert worden. So lassen sich für den Aspekt des Modelings in der Lehrerausbildung nach Lunenberg & Korthagen (2005) vier verschiedene Varianten unterscheiden:

- *Implizites Modeling* bedeutet unkommentiertes Demonstrieren von Unterrichtspraxis im Sinne von »Vormachen«. Diese – in der Praxis verbreitete – Variante ist nur bedingt wirksam, weil es Novizen häufig schwer fällt, wesentliche Aspekte des Unterrichtens wahrzunehmen.
- *Explizites Modeling* meint, dass der Mentor/die Mentorin expliziert, welche Entscheidungen dem Planen und Unterrichten konkret zugrunde liegen. Dies kann z. B. durch begleitendes »lautes Denken« bei Planungsprozessen oder durch die Kommentierung von Unterrichtsvideografierungen geschehen.

- *Explizites Modeling mit Bezug zur Mentee-Praxis* bedeutet, dass neben den Meta-Kommentaren zur Praxis des Mentors durch direkte Hinweise explizite Bezüge zur Praxis des Mentees hergestellt werden.
- *Praxis-Theorie-Modeling* heißt, dass die kommentierten praktischen Fallbespiele mit theoretischem Wissen in Verbindung gebracht werden, z. B. indem eine bestimmte Entscheidung durch Bezug auf theoretisches Wissen begründet wird.

Für die Ausbildung von Kompetenzen des Klassenmanagements ist Modeling besonders vielversprechend, weil viele Aspekte des Klassenmanagements (z. B. das bewusste Ignorieren von Störungen oder die Auswirkung präventiver Maßnahmen wie Regeln und Prozeduren) quasi »unsichtbar« sind und bei einer unkommentierten Beobachtung unter Umständen nicht beachtet werden.

Eine grundlegende Bedeutung für die Etablierung eines funktionierenden Design-Zyklus sowie für Aufbau und Weiterentwicklung von Expertise hat die **Reflexion** praktischer Erfahrung. Wir folgen hier der allgemeinen Definition von Hans Aebli (1980), der Reflexion als »Selbstbeobachtung des Handelns und Denkens im Lichte der erreichten Ergebnisse« (27), beschreibt. Ziel der Reflexion ist die Optimierung einer Handlung oder Problemlösung; insofern ist mit Reflexion immer ein Lernvorgang verbunden. Von Donald Schön (1983) stammt die Unterscheidung von »reflection-on-action« und »reflection-in-action«. Wird im ersten Fall die Handlung unterbrochen und mental noch einmal durchgespielt, so begleitet im zweiten Fall die Reflexion den Handlungsfluss. »**Reflection-in-action**« erfolgt dann, wenn das implizite Wissen, auf das im Handlungsvollzug spontan und ohne Überlegung zurückgegriffen wird, das »tacit knowledge-in-action«, nicht mehr ausreicht, um ein Problem zu lösen. Das im Handlungsfluss auftauchende Problem wird redefiniert, neue Lösungsstrategien werden entwickelt und durchgespielt. Bei der (Re-)Definition des Problems greift der Handelnde auf verfügbare Schemata – Begriffe, Konzepte, Beispiele oder Erfahrungen – zurück. Aus der Problemdefinition wird eine Lösungsstrategie abgeleitet, die unmittelbar in die Praxis übersetzt wird. Schön bezeichnet die Implementation der Lösung als »on-the-spot-experiment«, das seine Bewährungsprobe unmittelbar in der Situation findet. Entsprechend erfolgt die Evaluation der Güte der Lösung nicht kriteriengeleitet und systematisch, sondern in Form der spontanen Bewertung des Ergebnisses. Diese Form der Reflexion ist immer auf das konkrete Problem, auf die gegenwärtig ausgeführte Handlung bezogen. Weil Distanznahme im Handlungsvollzug nicht möglich ist, können durch »reflection-in-action« auch keine abstrakten Regeln generiert werden. Der Lernertrag der »reflection-in-action« liegt vielmehr in der Sammlung von Beispielen erfolgreicher und gescheiterter Praxis.

Bei der »**reflection-on-action**«, die die Beendigung oder Unterbrechung des Handlungsvollzugs voraussetzt, setzt sich der Handelnde in Distanz zur Handlung. Das erlaubt ihm, eine zurückliegende oder geplante Handlung im Detail mental durchzuspielen, sie zu visualisieren, Handlungsfolgen mental zu simulieren, sie in Begriffe zu übersetzen und sie damit dem Vergleich mit anderen Handlungen und der kriterialen Beurteilung zugänglich zu machen. Handlungsentlastung schafft dafür die erforderlichen kognitiven Kapazitäten. Der Lernertrag der »reflection-on-action« besteht in der Entwicklung neuer Handlungsstrategien und abstrakten

Regelwissens. Die Kompetenz zu »reflection-on-action« gilt als wichtige Voraussetzung für professionelle Expertise und daher als eines der zentralen Lernziele für die zweite Phase der Ausbildung von Lehrkräften.

Welche Lerngelegenheiten eignen sich dazu, die für die zweite Entwicklungsstufe charakteristischen Aspekte professioneller Expertise zu fördern? Ein prototypisches Lernarrangement ist das von Fritz Staub (2004) entwickelte »**content-focused coaching**«, bei dem ein Coach eine Lehrkraft individuell begleitet. Der Bedeutung des Design-Zyklus wird insofern Rechnung getragen, als das Ziel die Förderung der Kompetenz des *»lesson design«* ist. Lesson Design bezieht sich auf die Planung und Durchführung von Unterrichtsstunden, in denen spezifische Schüler mit spezifischen Lernvoraussetzungen einen spezifischen Stoff erlernen können. Die Betonung der Design-Kompetenz zeigt sich bei diesem Ansatz auch daran, dass das Coaching sich nicht auf Unterrichtsbeobachtung und Unterrichtsnachbesprechung, sondern auf drei Kontexte bezieht: *Vorgespräch, Unterrichtsstunde und Nachgespräch*. Der Coach versteht sich in »ko-konstruktiver« Weise (Staub 2004, 134) als mitverantwortlich für die Planung und Durchführung des Unterrichts und kann nach Absprache auch eine aktiv unterrichtende Rolle im Unterricht übernehmen, um z. B. ein *Modeling* durchzuführen. Im Coaching-Gespräch verwendet der Coach zwei verschiedene *»**moves**«:* Zum einen werden Fragen und Hinweise formuliert, die zu »reflection-on-action« und zur Explizierung von berufsbezogenen Überzeugungen anregen sollen. Zum anderen werden – anders als bei Coaching-Ansätzen, die sich nur auf die Prozesssteuerung beziehen – konkrete Hinweise zu Handlungsalternativen gegeben. Diese beziehen sich auf ein ausformuliertes Modell von *»principles of learning«*, d. h. die Hinweise des Coachs nehmen Bezug auf einen expliziten, von Coach und Coachee geteilten theoretischen Wissensrahmen, der konkrete Kriterien für guten Unterricht definiert. Für das Lesson Design wurden bestimmte Leitfragen (z. B. »Wie muss die Unterrichtsstunde konzipiert werden, damit die Schüler die Ziele erreichen?«) formuliert, um bestimmte *kognitive Strategien* des Design-Zyklus gezielt zu fördern.

Fragen zur Reflexion

- Wenn Sie an Ihr Referendariat und an die Lernbegleitung durch Ihre anleitende Lehrperson denken: Welche Merkmale des »cognitive apprenticeship« waren in dieser Lernbegleitung gegeben, welche Merkmale waren nicht vertreten?
- Welche Formen des »modelings« (Demonstrieren von Unterrichtshandeln) haben Sie im Studium und im Referendariat erlebt? Welche Rolle hat das Modeling für die Entwicklung Ihrer Kompetenzen gespielt? Betrifft dies auch den Bereich des Klassenmanagements?

Phase 3: Professionelles Lernen

Die dritte Phase bezieht sich auf die Weiterentwicklung professioneller Expertise im Beruf. Im Unterschied zu den vorherigen Phasen ist der weitere Entwicklungsprozess hier in hohem Maße durch Selbststeuerung geprägt und umfasst ein großes Spektrum potenzieller Aktivitäten, die Simons & Ruijters (2004) mit dem Begriff des »**professionellen Lernens**« zusammengefasst haben. Professionelles Lernen umfasst drei verschiedene Grundprinzipien:

- Durch **Elaboration** wird »practical knowledge« reflektiert und explizit gemacht.
- Durch **Expansion** wird vorhandenes theoretisches Wissen durch forschungsbasiertes Wissen erweitert.
- Durch **Externalisation** wird ein Beitrag zur Weiterentwicklung von Team, Organisation und Profession geleistet.

Elaboration

Im Unterschied zu den vorangegangenen Phasen des Aufbaus von professioneller Expertise ist die Phase der Berufstätigkeit dadurch geprägt, dass in sehr viel größerem Umfang erfahrungsbasiertes »practical knowledge« vorhanden ist. Dieses meist *implizite Wissen*, das in der Regel nicht gezielt erworben und auch nicht als Ergebnis eines »Lernprozesses« betrachtet wird, lässt sich erst im Nachhinein aufgrund von beobachtbaren Veränderungen in der Praxis identifizieren. Elaboration, also das Reflektieren und Explizieren dieses impliziten Wissens, kann sich sowohl auf die Inhalte beziehen (»Was habe ich gelernt, das zu den wahrgenommenen Veränderungen geführt hat?«) als auch auf den Prozess des Erwerbs (»Wie ist es dazu gekommen, dass ich etwas Neues gelernt habe?«). Inwiefern kann es wichtig und sinnvoll sein, implizites »practical knowledge« durch Elaboration in explizites Wissen zu überführen? Simons & Ruijters (2004, 214 f.) nennen drei Argumente dafür, Elaboration als zentralen Ausgangspunkt professionellen Lernens zu begreifen:

- Erstens verbessert sich dadurch die motivationale Situation der Professionellen, denn die Bewusstmachung von implizitem Wissen führt zu »job-related pride« (Simons & Ruijters 2004, 215) und einer veränderten Wahrnehmung: »focussing on what one has learned, not about what is lacking« (Simons & Ruijters 2004, 214).
- Zweitens lässt sich wertvolles kontextbezogenes »practical knowledge« nur dann an Kollegen weiter vermitteln, wenn es expliziert wird und
- drittens können die Prozesse des weiteren impliziten Lernens nur verbessert werden, wenn sie bewusst gemacht wurden.

Eine zentrale Voraussetzung für Elaboration ist der *konkrete Erfahrungsbezug:* »Professionals and other workers need to think of concrete situations and experiences in order to become aware of their implicit learning outcomes« (Simons & Ruijters 2004, 215). Die Arbeit mit Unterrichtsvideografierungen sowie das Geben und Annehmen von kollegialem Feedback können eine günstige Voraussetzung für Lehrkräfte sein, das eigene implizite Wissen zu explizieren (vgl. 8.4).

Expansion

Im Unterschied zum impliziten, nicht geplanten Lernen handelt es sich bei der Expansion um explizites Lernen, d. h. gezielt geplantes, auf ein bestimmtes Lernziel ausgerichtetes Lernen. Expansion kann in drei verschiedenen Formen auftreten:

- *Theoretisches Lernen* bezieht sich auf die Auseinandersetzung mit neuen theoretischen Konzepten und forschungsbasiertem deklarativem Wissen. Theoretisches Lernen kann durch das Lesen von Büchern und Fachzeitschriften, durch den Besuch von Konferenzen sowie durch das Absolvieren von weiterbildenden Studiengängen stattfinden.
- *Forschendes Lernen* findet statt, wenn eigene Hypothesen formuliert und mit einem forschenden Zugriff überprüft werden – z. B. durch ein Evaluationsvorhaben, mit dem die Einführung eines neuen Unterrichtskonzepts überprüft wird.
- *Kritisches Lernen* bedeutet, dass die geltenden Normen der Praxis und ihre Realisierung kritisch überprüft werden und die Frage gestellt wird »are we walking the talk« (Simons & Ruijters 2004, 221).

Externalisation

Die Dimension der Externalisierung geht über die individuelle Ebene der Expertiseentwicklung hinaus und stellt professionelle Experten in den Kontext ihres Teams, ihrer Organisation und ihrer Profession. Lernen durch Externalisierung wird durch das Leisten von Beiträgen für die *Weiterentwicklung des professionellen Kontextes* initiiert. Beiträge zur Weiterentwicklung von Team und Organisation können z. B. darin bestehen, Konzepte für die Weiterentwicklung der Arbeit zu schreiben, in Arbeitsgruppen mitzuwirken, übergeordnete Funktionen zu übernehmen und Kollegen durch das Geben von Feedback zu beraten. Beiträge zur Weiterentwicklung der Profession können z. B. durch Veröffentlichung von Artikeln, Vorträge auf Kongressen sowie die Übernahme von Aus- und Weiterbildungsfunktionen geleistet werden.

Welche Lerngelegenheiten eignen sich zur Förderung von professionellem Lernen? Vergleicht man das Lernen in der dritten Phase der Entwicklung mit den beiden ersten Phasen, so fällt insbesondere das weite Anforderungsspektrum auf, dem Lerngelegenheiten gerecht werden sollten. Dieses reicht von der Vermittlung forschungsbasierten Wissens (Expansion) über Gelegenheiten zur Anregung von »reflection-on-action« (Elaboration) bis hin zur Gelegenheit, »practical knowledge« in einem kollegialen Kontext weiterzugeben (Externalisation). Ein erschwerender Faktor für die Gestaltung von Lerngelegenheiten ist weiterhin, dass im Unterschied zu den beiden vorangehenden Stufen eine langjährige praktische Erfahrung vorliegt, die tendenziell mit großen Anteilen veränderungsresistenten Wissens einhergeht (vgl. 8.1). Lerngelegenheiten für die dritte Phase beziehen sich entweder auf Einzelaspekte oder versuchen, alle Aspekte professionellen Lernens in einem komplexen Lernarrangement zu integrieren.

Als Prototyp für Lerngelegenheiten von erfahrenen Lehrkräften wird im Folgenden der *Videozirkel des Projekts KODEK*[1] skizziert (zu einer ausführlichen Darstellung des Videozirkels vgl. 8.5). Dieser Videozirkel ist Teil eines drei Module umfassenden Trainings für Lehrkräfte, das alle drei Dimensionen professionellen Lernens anspricht. *Modul 1 (Expansion):* Forschungsbasiertes Wissen und theoretische Konzepte zum Klassenmanagement (z. B. das Stufenmodell zum Schutz des Handlungsvektors) werden vermittelt und auf Videobeispiele angewandt. Anhand von Videobeispielen zu konfliktreichen Unterrichtssituationen, die durch starke Störungen geprägt sind, wird in stellvertretender Form die »Erfahrung einer Devianz« (vgl. 8.1) vermittelt. *Modul 2 (Elaboration und Expansion):* Durch Unterrichtssimulationen wird in handlungsnahen Situationen »reflection-on-action« in Bezug auf den Umgang mit Unterrichtsstörungen angeregt. In dosierter Form werden hierbei eigene »Erfahrungen einer Devianz« induziert. Neue Strategien, z. B. im Zusammenhang mit dem Stufenmodell zum Umgang mit Unterrichtsstörungen, werden vertieft und ausprobiert. *Modul 3 (Externalisation, Elaboration und Expansion)*: Im Rahmen eines moderierten Videozirkels (vier teilnehmende Lehrkräfte, eine Moderatorin) werden neue Strategien, die in der eigenen Unterrichtspraxis eingesetzt wurden, anhand von Unterrichtsvideografierungen analysiert. »Reflection-on-action« wird durch die intensive Auseinandersetzung mit ausgewählten Handlungssituationen der eigenen Praxis angeregt. Gemeinsam mit anderen Lehrkräften werden konkrete Handlungsalternativen für die konkreten Anforderungen entwickelt und ausgetauscht.

Fragen zur Reflexion

- In welchen Zusammenhängen bzw. durch welche Anlässe sind Sie dazu angeregt worden, sich Ihr implizites berufspraktisches Wissen bewusst zu machen und zu explizieren? Ist dies auch im Bereich des Klassenmanagements geschehen? Um welche Bereiche handelt es sich? Können Sie bestätigen, dass dies zu »job-related pride« (arbeitsbezogenem Stolz) bei Ihnen geführt hat?
- Welche Formen der Erweiterung Ihres professionellen Wissens (Expansion) sind für Sie besonders wichtig?

1 »Kompetenzen des Klassenmanagements (KODEK) – Entwicklung und Evaluation eines Fortbildungsprogramms für Lehrkräfte zum Klassenmanagement« wurde von 2009 bis 2012 im Rahmen des Rahmenprogramms zur Förderung der empirischen Bildungsforschung (Professionalisierung des pädagogischen Personals) durch das BMBF gefördert.

- Inwieweit spielt für Ihr professionelles Lernen Externalisation, also das Leisten von Beiträgen für das Team, die Organisation oder die Profession eine Rolle? Welche Formen der Externalisation wählen Sie?
- Welche Aspekte des professionellen Lernens würden Sie gerne ausbauen?

8.3 Weiterentwicklung professioneller Expertise durch Feedback

Unter **Feedback** versteht man ganz allgemein eine Information zum Handeln oder zum Wissen des Feedback-Nehmers, mit der dieser vorhandene Wissensbestände, Überzeugungen und Strategien bestätigen, ergänzen und umstrukturieren kann (vgl. Winne & Butler 1994). Insbesondere in der zweiten und dritten Phase der Entwicklung von professioneller Expertise (vgl. 8.2) ist Feedback unverzichtbar. Im Modell des »cognitive apprenticeship« (Stufe zwei der Expertiseförderung) wird Feedback beim »coaching« und »scaffolding« in Form von Rückmeldungen gegeben. Das Ziel der Methode »Reflection« besteht darin, selbstgesteuert Rückmeldungen zum eigenen Handeln zu produzieren. Im Modell des professionellen Lernens (Stufe drei) ist das Erhalten von Feedback ein zentrales Mittel, um sich Veränderungen der Praxis und das eigene implizite »practical knowledge« bewusst zu machen (Elaboration). Das Geben von Feedback wiederum ermöglicht das Weitergeben von eigenem Erfahrungswissen an Kollegen im Team (Externalisation).

Feedback ist jedoch kein ›Selbstläufer‹, der automatisch zu einer Entwicklungsförderung führt, sondern Feedback kann, wie vielfach nachgewiesen wurde, auch negative Auswirkungen auf Lernprozesse haben: »the type of feedback and the way it is given can be differentially effective« (Hattie & Timperley 2007, 81; Kluger & DeNisi 1996). Was sind die Voraussetzungen eines erfolgreich wirkenden Feedbacks und wie lassen sich negative Auswirkungen erklären und vermeiden? Um diese Fragen zu beantworten, wird im Folgenden das **Feedback-Modell** nach Hattie & Timperley (2007) eingeführt (vgl. Abb. 17). Hierbei werden *Feedback-Informationen* (»feed up«, »feed back«, »feed forward«) und *Feedback-Ebenen* (Produkt, Prozess, Selbstregulation, Selbst) unterschieden. Im Anschluss daran werden wir auf die Potenziale verschiedener *Feedback-Quellen* (Schüler, Kollegen usw.) eingehen.

Feedback-Informationen:	Feedback-Ebenen:
• »Feed up«: Was ist das Ziel? • »Feed back«: Wo stehe ich? • »Feed forward«: Was ist zu tun?	• Produkte: Was sind Handlungsergebnisse? • Prozess: Wie wird gehandelt? • Selbstregulation: Wie wird selbst reguliert? • Selbst: Was sind Persönlichkeitsmerkmale?

Abb. 17: Feedback-Modell nach Hattie & Timperley (2007).

Feedback-Informationen

Hattie & Timperley haben eine Fülle von Befunden zur Wirksamkeit von Feedback auf das Lernen ausgewertet und sind zu dem Schluss gekommen: »Feedback has no effect in a vacuum« (Hattie & Timperley 2007, 82). Demnach kann die Information zum Handeln oder Wissen des Feedback-Nehmers (»feed back«: Wo stehe ich?) nur dann Lernprozesse initiieren, wenn gleichzeitig klar ist, welche Ziele und Kriterien eigentlich erreicht werden sollen (»feed up«: Was ist das Ziel?) und wenn klar ist, was als Nächstes zu tun ist, um diesem Ziel näher zu kommen (»feed forward«: Was ist zu tun?). Bezogen auf das Thema Klassenmanagement heißt das:

- Erstens (»**feed up**«) sollte der Feedback-Nehmer entweder von vornherein (z. B. auf der Basis seiner Ausbildung) eine klare Vorstellung davon haben, worin Dimensionen und Kriterien für erfolgreiches Klassenmanagement bestehen (vgl. etwa die Kriterien Klarheit von Handlungsprogrammen, Verstärkung erwünschten Verhaltens usw.) oder dies müsste im Rahmen des Feedback-Prozesses, z. B. durch vorgelagerte Lektüre oder durch entsprechende Fortbildungseinheiten, vermittelt werden.
- Zweitens (»**feed back**«) sollte die Rückmeldung die Frage beantworten, inwieweit das Handeln des Feedback-Nehmers diesen Kriterien entspricht, inwieweit z. B. Handlungsprogramme im Unterricht klar formuliert werden oder, noch besser, inwieweit in diesem Punkt seit dem vorangegangenen Feedback eine Veränderung festgestellt werden konnte (Hattie & Timperley 2007, 89). Das bedeutet auch, dass sich das Feedback auf vorher kommunizierte Kriterien beziehen sollte und nicht auf etwas ganz anderes – nach Hattie & Timperley kann Letzteres die Ursache für ein ineffektives Feedback sein (Hattie & Timperley 2007, 89).
- Drittens (»**feed forward**«) sollte im Anschluss daran eine Information dazu erfolgen, was der Feedback-Nehmer ganz konkret tun kann, um die gegebenenfalls vorhandene Diskrepanz zwischen eigenem Handeln und Kriterium zu verringern. Wie kann z. B. bereits bei der Konzeption einer Aufgabe darauf geachtet werden, dass das Handlungsprogramm nicht zu komplex ist oder wie kann im Unterricht das Handlungsprogramm besser verständlich gemacht werden? Um den von Hattie & Timperley angemahnten Zusammenhang zwischen den genannten drei Fragen zu ermöglichen, wurden in das vorliegende Buch Fragebögen aufgenommen (vgl. 8.4), die ein passgenaues Feedback zu den in diesem Buch dargestellten Kriterien erfolgreichen Klassenmanagements ermöglichen.

Feedback-Ebenen

Die oben genannten Fragen können sich auf vier verschiedene Ebenen beziehen. Erstens, »feedback can be about a task or product« (Hattie & Timperley 2007, 90), d. h. es werden bei einem Feedback »Produkte« im Sinne von Ergebnissen des

Handelns (Outputs) thematisiert. Das können z. B. Rückmeldungen eines Beobachters dazu sein, wie aufmerksam die Schüler an einem bestimmten Punkt einer Unterrichtsstunde waren. Ein weiteres klassisches Beispiel wären Ergebnisse aus Vergleichsarbeiten. Zweitens, »feedback can be aimed at the process used to create a product or complete a task« (Hattie & Timperley 2007, 90), d. h. es werden die Prozesse thematisiert, die zu bestimmten Ergebnissen geführt haben, so z. B. die Art und Weise, wie der Feedback-Nehmer die Aufgabe für eine Gruppenarbeit erklärt hat und wie das dazugehörige Arbeitsblatt aufgebaut war. Drittens kann das Feedback Bezug auf Aspekte der Selbstregulation nehmen, d. h. auf die Frage, wie der Feedback-Nehmer sich künftig selbst regulieren kann, um die angezielten Prozesse besser durchführen zu können. Viertens kann ein Feedback Bezug auf die Person (Selbst) nehmen, z. B. durch ein personenbezogenes Lob oder durch eine Abwertung von Persönlichkeitsmerkmalen – unabhängig von Handlungsergebnissen und den entsprechenden Prozessen.

Ein erfolgreiches Feedback ist durch folgende Merkmale gekennzeichnet:

- Rückmeldungen zur Person werden vermieden, da diese zu wenige konkrete Informationen über das zu erzielende Produkt und die erforderlichen Prozesse enthalten.
- Stattdessen werden im Idealfall die drei anderen Feedback-Ebenen berücksichtigt und miteinander verschränkt: »Feedback to move students from task to processing and then from processing to regulation is most effective« (Hattie & Timperley 2007, 91).
- Feedback, das nur innerhalb einer Ebene stattfindet (insbesondere, wenn nur Outputs thematisiert werden) ist weniger effektiv als ein Feedback, das alle drei Ebenen behandelt.

Feedback-Quellen

Die oben genannten Feedback-Informationen können aus unterschiedlichen **Feedback-Quellen** stammen, wobei zu berücksichtigen ist, dass jede Quelle für bestimmte Feedback-Informationen besser geeignet ist als für andere.

Schüler: Schülerinnen und Schüler haben sich in der Unterrichtsforschung als zuverlässige Quellen erwiesen, was Rückmeldungen zu Unterrichtsprozessen (»feed back«) angeht, denn sie haben einen großen Vergleichshorizont und können den Unterricht über einen längeren Zeitraum hinweg einschätzen (vgl. Clausen 2002). Eine günstige Voraussetzung zur Erfassung der Schülerrückmeldungen ist eine anonymisierte, standardisierte Befragung mit einem validierten Fragebogen (vgl. 8.4). Durch die »aggregierte« (zusammengefasste) Auswertung auf Klassenebene ergeben sich Hinweise zur kollektiven Wahrnehmung der Klasse. Hinweise zu konkreten Handlungsalternativen (»feed forward«) sind allerdings von Schülerinnen und Schülern nicht zu erwarten und müssen daher aus anderen Quellen (siehe unten) herangezogen werden.

Kollegen: Kolleginnen und Kollegen wiederum können durch ein **kollegiales Feedback** wertvolle Informationen zu konkreten Handlungsalternativen anbieten, insbesondere, wenn sie selbst über umfangreiches »practical knowledge« für einen spezifischen Kontext verfügen. Dazu müssen sie allerdings zunächst über eine Hospitation oder durch eine Videografierung einen Zugang zur Unterrichtspraxis erhalten. Zwei Voraussetzungen sollten für ein effektives Feedback gegeben sein. Zum einen sollten Beobachtungsschwerpunkte und Kriterien des Feedbacks geklärt werden, z. B. durch den Einsatz eines *Beobachtungsbogens* (Fukkink, Trienekens & Kramer 2011). Zum anderen setzt ein kollegiales Feedback hoch ausgeprägte Feedback-Kompetenzen voraus, denn nach Hattie & Timperley (2007) sind verschiedene Feedback-Informationen und -ebenen in sinnvoller Weise aufeinander zu beziehen.

Selbst: Die Qualität von Feedback-Informationen vonseiten der Lehrkraft selbst hängt in hohem Maße von deren Kompetenzen ab. Im günstigen Fall verfügt die Lehrkraft nicht nur über eine umfangreiche Wissensbasis, sondern darüber hinaus – insbesondere, wenn das Streben nach kontinuierlicher Verbesserung stark ausgeprägt ist – auch über die Fähigkeit, das eigene Handeln selbst zu überwachen und zu bewerten (Schraw 2006, 257). Je nach vorhandenen Ressourcen kann die Feedback nehmende Lehrkraft Leerstellen, die nach dem oben dargestellten Feedback-Modell auftreten, kompensieren. So können z. B. Informationen aus einem Schüler-Feedback interpretiert und eigenständig um konkrete Überlegungen zum weiteren Vorgehen (»feed forward«) ergänzt werden.

Texte: Die Auseinandersetzung mit theoretischer Fachliteratur ist in der Expertiseforschung immer wieder als wichtige Feedback-Quelle identifiziert worden (Schraw 2006, 257). Die Lektüre von Texten – wie z. B. des vorliegenden Buchs – können einen grundlegenden Beitrag zum »feed up« leisten. Die Übertragung auf die eigene Praxis und die Entwicklung von konkreten Handlungsalternativen stellt jedoch hohe Anforderungen an die Selbstregulation des Rezipienten.

Fasst man die Befunde zur Wirksamkeit von Feedback nach dem Modell von Hattie & Timperley (2007) zusammen und fügt einige Aspekte hinzu, die für die Evaluation an Schulen grundlegend sind (Coe 1998), so lassen sich folgende Kriterien für die Gestaltung von entwicklungsfördernden, effektiven Feedbacks festhalten:

- Die Rückmeldung (»feed back«) alleine reicht nicht aus, sondern sie muss *ergänzt* werden durch Informationen über Ziele (»feed up«) und über konkrete Handlungsperspektiven (»feed forward«).
- Im Feedback sollten im Idealfall *drei Ebenen* thematisiert werden: Produkte, Prozesse und Selbstregulation. Rückmeldungen über die *Person* des Feedback-Nehmers sollten vermieden werden.
- Die unterschiedlichen Feedback-Quellen für Verhalten und Kompetenzen von Lehrkräften (Schüler, Kollegen, Selbst, Texte) sind jeweils für bestimmte Feedback-Informationen prädestiniert. Fehlende Informationen müssen ergänzt werden, um das Feedback zu komplettieren.
- Auf der Ebene der Organisation sollte dafür gesorgt werden, das Feedback so anzulegen, dass Lehrkräfte sich mit der *Verbesserung ihres Unterrichts* beschäftigen, anstatt vor allem Vergleiche mit anderen Lehrkräften vorzunehmen (Coe 1998).

- Ziel des Feedback-Verfahrens sollte die Generierung von Informationen für die *Weiterentwicklung* sein, nicht jedoch die Durchführung von *Kontrollmaßnamen* (Coe 1998). Daher sollten Verfahren zur Förderung von Weiterentwicklung sowie Kontroll- und Beurteilungsverfahren unbedingt sauber voneinander getrennt werden.

Fragen zur Reflexion

- Denken Sie an Ihre bisherigen Erfahrungen mit dem Annehmen und Geben von Feedback im Kontext von Ausbildung und Berufspraxis: Welche Merkmale des Feedbacks würden Sie rückblickend als konstruktiv, welche als weniger konstruktiv einschätzen?
- Könnten Sie anhand des Feedback-Modells von Hattie & Timperley erklären, welche Merkmale zu einem konstruktiven bzw. nichtkonstruktiven Feedback geführt haben? Welche Aspekte erfasst das Modell aus Ihrer Sicht nicht?
- Welche Feedback-Quellen (Schüler, Kollegen, Selbst, Texte) spielen für Ihre derzeitige Entwicklung eine wichtige Rolle?

Im Folgenden werden zwei **Feedback-Instrumente** sowie entsprechende **Feedback-Verfahren** vorgestellt, die vor dem Hintergrund des in diesem Buch ausgeführten Verständnisses zu Kompetenzen des Klassenmanagements entwickelt wurden. Die Instrumente und Feedback-Verfahren eignen sich für den Einsatz im Rahmen individueller und schulischer Entwicklungsvorhaben.

8.4 Zwei Instrumente zur Evaluation von Kompetenzen des Klassenmanagements

In diesem Kapitel werden wir zwei unterschiedliche Instrumente vorstellen, die der Erfassung und Evaluation von zentralen Dimensionen des Klassenmanagements dienen. Der *KODEK-Schülerfragebogen* eignet sich dazu, Schülerinnen und Schüler zum Unterricht bei einer bestimmten Lehrkraft zu befragen. Der *KODEK-Beobachterfragebogen* wiederum ist als Instrument zur Erarbeitung eines *kollegialen Feedbacks* gedacht und unterstützt Lehrkräfte, ihren Kolleginnen und Kollegen eine Rückmeldung zu ihrem Unterricht zu geben.[2]

2 Beide Fragebögen finden Sie im Anhang (A und B). Online finden Sie neben den beiden Fragebögen Hinweise zur Auswertung und Aufbereitung der Ergebnisse unter:www.ewi-psy.fu-berlin.de/kodek.

Die beiden Instrumente eignen sich als Bestandteile eines Feedback-Projekts:

- Anders als andere Instrumente der Unterrichtsqualität erfassen beide Fragebögen Klassenmanagement *mehrdimensional*, d. h. in umfassender Weise und nicht reduziert auf einige wenige Aspekte, wie Störungsintervention und Regelklarheit.
- Beide Instrumente wurden im Rahmen des Forschungsprojekts KODEK entwickelt und in einem mehrstufigen Verfahren im Hinblick auf die Erfüllung der psychometrischen **Gütekriterien** überprüft und überarbeitet (Informationen zu Konstruktion und Überprüfung der Fragebögen vgl. Piwowar im Druck).
- Ein häufiges Problem ist nach Hattie & Timperley (2007) vielfach die fehlende *Passung zwischen* »feed up« *und »feed back«*, d. h. es sollte nach Möglichkeit auch das erfasst und zurückgemeldet werden, das auch vorher als Ziel definiert wurde. Die Herstellung dieser Passung wird hier insofern erleichtert, als Schüler- und Beobachterfragebogen direkt an die Inhalte dieses Buches und das damit verbundene weite Verständnis von Klassenmanagement anknüpfen.
- Erfasst werden von den Instrumenten insbesondere diejenigen Strategien des Klassenmanagements, die in einer oder in mehreren Unterrichtsstunden für Beobachter bzw. Schüler tatsächlich *beobachtbar* sind.
- Beide Varianten beziehen sich auf dieselben Dimensionen des Klassenmanagements, d. h. es bietet sich auch die Möglichkeit, Kompetenzen des Klassenmanagements aus *zwei Perspektiven* zu erfassen.

Erfasst werden mit den beiden Fragebogeninstrumenten insgesamt *zehn Dimensionen des Klassenmanagements*. Hier zunächst ein Überblick über die Dimensionen inklusive einiger Querverweise zu den Kapiteln, in denen die jeweilige Dimension ausführlich dargestellt wird.

Dimensionen des Klassenmanagements in den KODEK-Fragebögen

»**Arbeitsbündnis**« erfasst, inwieweit …

- das Arbeitsbündnis zwischen Schülern und Lehrkraft dazu beiträgt, die Motivation und die Lernbereitschaft der Schüler zu steigern

»**Umgang mit Konflikten unter Schülern**« erfasst, inwieweit …

- die Lehrkraft sich an der Lösung von Konflikten unter Schülern auf eine faire und konstruktive Weise beteiligt

»**Monitoring**« erfasst, inwieweit …

- die Lehrkraft stets alle Schüleraktivitäten registriert
- die Lehrkraft sich einen Überblick über das Geschehen verschafft

»**Gruppenmobilisierung**« erfasst, inwieweit...

- die Lehrkraft das Arbeitsverhalten der Schüler(innen) kontrolliert
- sie jeden einzelnen Schüler aktiv in den Unterricht einbezieht

»**Zeitmanagement**« erfasst, inwieweit...

- es der Lehrkraft gelingt, Unterrichtsphasen so zu planen, dass Unterrichtszeit effizient genutzt wird

»**Störungsintervention**« erfasst, inwieweit...

- die Lehrkraft den richtigen Zeitpunkt für Interventionen wählt
- der Eingriff rasch und effizient vorgenommen wird

»**Prozeduren**« erfasst, inwieweit...

- es etablierte Prozeduren gibt
- es der Lehrkraft in Übergängen gelingt, das Unterrichtsgeschehen zu steuern

»**Regeln**« erfasst, inwieweit...

- ein Regelsystem existiert
- die Schüler wissen, welches Verhalten erlaubt und welches unerwünscht ist

»**Klarheit des Handlungsprogramms**« erfasst, inwieweit...

- sowohl der Stundenverlauf als auch einzelne Aufgaben klar strukturiert sind
- dem Schüler klar ist, was zu tun ist und der rote Faden der Stunde erkennbar ist

»**Störungsausmaß**«[3] (negatives Merkmal) erfasst, inwieweit ...

- Intensität und Häufigkeit von Störungen die Schüler vom Lernen abhalten
- anstelle einer konzentrierten Arbeitsatmosphäre ständige Unruhe herrscht

Konstruktion des KODEK-Schülerfragebogens

Bei der Konstruktion des Schülerfragebogens wurden jeweils einige wenige Aspekte einer Dimension aufgegriffen, die aus der Schülerperspektive besonders zentral und

3 Diese Dimension wurde nicht als Strategie der Lehrperson konzeptualisiert, sondern soll als allgemeiner Indikator zur Klassensituation die Beurteilung des Klassenmanagements vervollständigen.

gut erfassbar sind. Sie werden vielfach durch sogenannte »**niedrig inferente**« **Items** erfasst. Das bedeutet, dass sie sich auf Verhaltensmerkmale beziehen, die *ohne weitreichende Interpretationsleistungen* erfasst werden können. Bei der Formulierung wurde darauf geachtet, dass die Items (Antwortmöglichkeiten) für Schülerinnen und Schüler der Sekundarstufe I – auch nichtgymnasialer Schulformen – *ohne Erläuterungen* verständlich sind. Um die Verständlichkeit zu erhöhen, wurden auch die Dimensionen umbenannt, so wurde statt des voraussetzungsreichen Begriffs »Arbeitsbündnis« die Überschrift »Lehrer-Schüler-Beziehung« gewählt.

Die Schülerinnen und Schüler können zwischen vier Zustimmungsstufen wählen:

Lehrer-Schüler-Beziehung	Stimmt gar nicht	Stimmt eher nicht	Stimmt eher	Stimmt genau
Dieser Lehrer schafft es, dass sich seine Schüler freiwillig anstrengen.	☐	☐	☐	☐
Dieser Lehrer verhält sich uns gegenüber fair.	☐	☐	☐	☐
Dieser Lehrer hat eine gute Beziehung zu den Schülern.	☐	☐	☐	☐
Diesem Lehrer ist es sehr wichtig, dass wir etwas lernen.	☐	☐	☐	☐
Mit diesem Lehrer macht das Lernen Spaß.	☐	☐	☐	☐

Abb. 18: Dimension »Arbeitsbündnis« des KODEK-Schülerfragebogens.

Der KODEK-Schülerfragebogen eignet sich dazu, im Rahmen eines Schüler-Feedbacks eingesetzt zu werden (vgl. 8.5).

Konstruktion des KODEK-Beobachterfragebogens

Während der KODEK-Schülerfragebogen von den Schülern ohne vorherige Erläuterungen ausgefüllt werden kann und sich auf wenige Aspekte konzentriert, setzt der Beobachterfragebogen ein umfassendes Verständnis der jeweiligen Dimension voraus. Die Indikatoren beschreiben für jedes Item eine Unterrichtssituation, die durch ein Bündel von Merkmalen gekennzeichnet ist. Entspricht der beobachtete Unterricht in hohem Maße der Situationsbeschreibung, so ist die maximale Zustimmung, also 5, anzukreuzen. Je nachdem, wie stark der beobachtete Unterricht von der beschriebenen Situation negativ abweicht, ist eine geringere Ausprägung anzukreuzen. Viele Beobachtungsaspekte innerhalb dieser Situationsbeschreibungen sind nicht verhaltensnah formuliert, sondern als »**hoch inferente Items**«. Das heißt, es müssen in der Regel auf der Grundlage der Beobachtung einer Unterrichtsstunde Schlussfolgerungen gezogen werden (vgl. z. B. das Item »Die Schülerinnen und Schüler haben Freude am Lernen«).

Arbeitsbündnis/Unterrichtsklima	**Trifft überhaupt nicht zu**	**Trifft überwiegend nicht zu**	**Trifft tendenziell zu**	**Trifft überwiegend zu**	**Trifft absolut zu**	**Nicht beobachtbar**
Es herrscht ein lernfreundliches Unterrichtsklima.	□	□	□	□	□	□
Die Schülerinnen und Schüler haben Freude am Lernen. / Anstrengung erfährt grundsätzlich Wertschätzung. / Die Schülerinnen und Schüler reagieren *nicht* unwillig auf die Aufträge/Aufgaben der Lehrkraft. / Mit Fehlern und Misserfolgen geht die Lehrkraft so um, dass der Selbstwert der betroffenen Schüler möglichst wenig beeinträchtigt wird. / Die Lehrkraft vermittelt, dass es ihr wichtig ist, dass die Schülerinnen und Schüler etwas lernen. / Die Lehrkraft ist freundlich. / Die Lehrkraft signalisiert den Schülerinnen und Schülern Wertschätzung und Akzeptanz.						
Die Schülerinnen und Schüler ziehen mit der Lehrkraft an einem Strang.	□	□	□	□	□	□
Die Schülerinnen und Schüler zeigen eine grundsätzliche Bereitschaft, mit der Lehrkraft zu kooperieren. / Die Schülerinnen und Schüler zeigen »commitment«. / Die Schülerinnen und Schüler reagieren auch bei Zurechtweisungen nicht respektlos. / Die Schülerinnen und Schüler gehen freundlich und respektvoll mit der Lehrkraft um.						

Abb. 19: Dimension »Arbeitsbündnis« des KODEK-Beobachterfragebogens.

Der Beobachterfragebogen eignet sich für verschiedene Verfahren der kollegialen Hospitation. Im folgenden Kapitel gehen wir genauer auf die Variante »Videozirkel« ein.

8.5 Feedback-Verfahren zur Förderung von Kompetenzen des Klassenmanagements

Damit die Erfassung von Kompetenzen mit einem der vorgestellten Instrumente auch tatsächlich zu einer professionellen Weiterentwicklung führt, sind geeignete entwicklungsfördernde Verfahren notwendig. Diese Verfahren sollten nach Hattie & Timperley (2007) vor allem sicherstellen, dass sich nach dem »feed back« im engeren Sinne ein »feed forward« in Form von konkreten Schlussfolgerungen anschließt und dass die Feedback-Ebenen adäquat berücksichtigt werden. Im Folgenden werden zentrale Prinzipien des Verfahrens für ein **Schüler-Feedback** und für ein **kollegiales Feedback** (in der spezifischen Variante des Video-Feedbacks) dargestellt. Jedes Verfahren bringt bestimmte besondere Potenziale und Herausforderungen mit sich.

Feedback-Verfahren 1: Schüler-Feedback

Wie oben (vgl. 8.3) bereits ausgeführt wurde, sind die Schülerinnen und Schüler wichtige Feedback-Quellen für Lehrkräfte, denn sie können über bestimmte Aspekte des Unterrichts in sehr zuverlässiger Weise eine Rückmeldung geben (Clausen 2002). Voraussetzung ist ein valides und adäquates Instrument sowie die Gewährleistung der Anonymität der Schülerinnen und Schüler bei der Durchführung der Fragebogen-Befragung. Hinausgehend über den Informationswert, den das Schüler-Feedback hat, besteht ein weiteres besonderes Potenzial darin, dass die Schülerinnen und Schüler sich durch eine Befragung zum Unterricht als Partner des Arbeitsbündnisses ernst genommen fühlen. Die Befragungsergebnisse können zum Anlass genommen werden, *weiterführende Gespräche* mit den Schülern zu führen, um deren Perspektive besser nachvollziehen zu können und um so zu einer gemeinsamen Optimierung der Unterrichtssituation zu gelangen. Dazu ein Beispiel:

Bericht zu Potenzialen der Besprechung von Befragungsergebnissen in einer Schulklasse

»Es war uns wichtig, nicht nur eine Bestätigung für die eigene Interpretation der Daten zu bekommen, sondern auch mit der Klasse gemeinsam zu überlegen, weshalb es in manchen Fällen Abweichungen einzelner Schüler(innen) bei ansonsten positiven Einschätzungen des Lehrerinnenverhaltens gab. So stellt sich in dem Gespräch mit der Klasse z. B. heraus, dass vor allem die Schüler, die den Unterricht oft störten, sich durch die Ermahnungen und Maßnahmen der jeweiligen Lehrerin ungerecht behandelt fühlten« (Höhner & Steffens 2001, 50).

Wie das Beispiel zeigt, kann das Gespräch über die Ergebnisse Lehrkräften einen besseren Einblick in die Schülerperspektive vermitteln. In dem Beispiel gibt es Hinweise darauf, dass das Arbeitsbündnis mit der Klasse zwar im Großen und Ganzen positiv ausgeprägt ist. Allerdings schätzen einzelne Schülerinnen und Schüler, die häufiger als andere zu Störungen beitragen, das wertschätzende Verhalten der Lehrerin signifikant geringer ein. Zu berücksichtigen ist hierbei jedoch, dass das Rezipieren der Ergebnisse der Fragebogen-Erhebung sowie das Gespräch über ausgewählte Ergebnisse mit den Schüler(innen) allein nicht ausreichen, um konkrete Handlungsalternativen für die Lehrkraft aufzuzeigen.

Das Beispiel verweist darauf, dass eine prinzipielle Besonderheit des Schüler-Feedback-Verfahrens im Vergleich zum später dargestellten kollegialen Feedback in dem quasi »natürlich gegebenen« Vorhandensein mehrerer klar separierter und unterschiedlich kombinierbarer Einzelschritte gegeben ist. Diese durch die Konstellation bedingte *variable Mehrschrittigkeit* bringt als Potenzial mit sich, dass ein schrittweises Auswerten und Reflektieren der Ergebnisse nahegelegt wird. Ein weiterer Vorteil liegt darin, dass diese Schritte in hohem Maße von der Lehrkraft selbst gesteuert werden können, d.h. die Lehrkraft selbst kann im Prozess entscheiden, welche Ablaufschritte gewählt werden. Grundsätzlich sind folgende Ablaufschritte des Schüler-Feedbacks denkbar:

1. Vorbereitung des Fragebogenmaterials, gegebenenfalls Auswahl von Dimensionen
2. Durchführung der Erhebung (gegebenenfalls: Lehrkraft füllt den Schülerfragebogen ebenfalls aus)
3. Auswertung und Interpretation der Ergebnisse (falls letzter Schritt: Formulieren von Handlungsalternativen)
4. Auswahl und Aufbereitung von Ergebnissen zur Rückmeldung an die Schülerinnen und Schüler
5. Besprechung der Ergebnisse mit den Schülerinnen und Schülern
6. Auswertung und Interpretation der Informationen der Schülerinnen und Schüler (falls letzter Schritte: Formulieren von Handlungsalternativen)
7. Besprechung der Ergebnisse mit Kollegen, Formulieren von Handlungsalternativen

Abb. 20: Ablaufschritte bei der Durchführung eines Schüler-Feedbacks.

Ein Schüler-Feedback kann sich in variabler Weise auf mehr oder weniger Schritte beziehen, im Folgenden werden drei verschiedene Varianten unterschieden:

- Variante 1 beschränkt sich auf die Schritte 1–3. Hierbei wird die Fragebogenerhebung ausgewertet und interpretiert und die Lehrkraft zieht für sich allein Schlussfolgerungen im Hinblick auf die weitere Praxis. Bewährt hat sich im Hinblick auf den zweiten Schritt eine *»Spiegelung« von Lehrer- und Schülerperspektive:* Die Lehrkraft beantwortet die Fragen des Schülerfragebogens, indem sie die Schülerantworten antizipiert (vermutete Ergebnisse der Schülerbefragung) und dies anschließend mit den Mittelwerten der Schülerantworten vergleicht. Die Reflexion von Übereinstimmungen und Abweichungen zwischen Schüler- und Lehrerperspektive hat sich als fruchtbarer Reflexionsimpuls für Lehrkräfte und als günstiger Ausgangspunkt für die folgende Variante 2 erwiesen (vgl. Gärtner 2011, 23).
- Variante 2 umfasst die Schritte 1–6. Hier werden – wie in dem oben ausgeführten Beispiel – gezielt ausgewählte und verständlich aufbereitete Ergebnisse der Befragung zum Anlass genommen, mit den Schülerinnen und Schülern ins Gespräch zu kommen (vgl. zu praktischen Erfahrungen Höhner & Steffens 2001).
- Variante 3 umfasst die Schritte 1–7. Die Ergebnisse der Schülerbefragung werden mit Kolleginnen und Kollegen diskutiert. Diese Variante ist insbesondere dann interessant, wenn Erhebungsergebnisse verschiedener Lehrkräfte aus

verschiedenen Klassen oder sogar aus derselben Klasse verglichen werden können (vgl. Höhner & Steffens 2001).

Selbstverständlich sind weitere Varianten denkbar, z. B. die Kombination der Schritte 1–3 mit dem 7. Schritt oder die Ergänzung des 7. Schritts um ein kollegiales Feedback, das einen Beobachtungsfragebogen nutzt.

Feedback-Verfahren 2: Kollegiales Feedback (Videozirkel)

Der Einsatz des KODEK-Beobachterfragebogens zur Durchführung eines kollegialen Feedbacks kann grundsätzlich im Rahmen verschiedener Verfahren, wie unter anderem Hospitationszirkel (Horster & Rolff 2001, 161), Tandemarbeit (Humpert & Dann 2001), kollegiale Beratung (Macha, Lödermann & Bauhofer 2010), kollegiale Lerngemeinschaften (Borko & Livingston 1989), virtuelle Hospitation (Helmke 2008, 330) oder Videozirkel (Gärtner 2007), erfolgen.

Grundsätzlich unterscheiden sich Verfahren **kollegialen Feedbacks** hinsichtlich der personellen Konstellation (Tandem/Gruppe) und hinsichtlich des Zugangs zur Unterrichtspraxis (Hospitation/Video/Einbringen von Fallbeispielen durch den Feedback-Nehmer). Wir stellen in diesem Kapitel das bereits oben (vgl. 8.2) kurz skizzierte Format des *KODEK-Videozirkels* vor. Um zu verdeutlichen, worauf die Konzeption dieses Videozirkels beruht, gehen wir jedoch vorher ausführlich auf Potenziale und Herausforderungen des Videozirkels und des Video-Feedbacks ein.

Das zentrale *Potenzial des Videozirkels* besteht darin, dass hier zwei Aspekte zusammengebracht werden. Zum einen findet ein kollegialer Austausch in einer Gruppe von Kolleginnen und Kollegen statt, der professionelles Lernen durch Elaboration und Expansion (vgl. 8.2) ermöglicht. Dies gilt insbesondere für die Entwicklung von Handlungsalternativen für die weitere Praxis. Zum anderen wird die Datenquelle Unterrichtsvideografie genutzt, die es erlaubt, ohne persönliche Anwesenheit der Teilnehmenden die Komplexität der konkreten Unterrichtspraxis zu erfassen. »Handlungen und Interaktionen von Lehrpersonen und Lernenden zeigen sich realitätsnah in ihrer Prozesshaftigkeit« (Krammer & Reusser 2005, 36) und dieser Aspekt ist insbesondere für die Bereiche des Klassenmanagements von Vorteil, bei denen es um dynamische Lehrer-Schüler-Interaktionen geht. Hier kommt besonders häufig *implizites Wissen* zum Einsatz, das anhand der Videoaufnahmen in einer handlungsentlasteten Situation bewusst gemacht, reflektiert und erweitert werden kann. Darüber hinaus sind Videografien des eigenen Unterrichts in besonderem Maße dazu geeignet, das Wissen über die Komplexität der Unterrichtspraxis zu erweitern. Das wiederholte, handlungsentlastete Anschauen eröffnet die unter Handlungsdruck nur eingeschränkt bestehende Möglichkeit, Schülerbeiträge und die damit verbundenen Lernprozesse genauer zu rekonstruieren (Van Es & Sherin 2010). Hinzu kommen positive motivationale Aspekte. So wurde immer wieder festgestellt, dass die »**Video-Selbstkonfrontation**«, also das Anschauen eigener Videoaufnahmen, bei Versuchspersonen generell zu einem hohen Anregungs- und Aktivierungsniveau und zu einem relativ lange anhaltenden Interesse führt (Fuller & Manning 1973, 478). Vor dem Hintergrund der genannten Potenziale ist es nicht verwunderlich, dass Fukkink, Trienekens & Kramer (2011) in ihrer Zusammenfassung des aktuellen Forschungsstands zum Einsatz von Video-Feedback bestätigen konnten, dass Video-Feedback nachweisbar *positive Effekte auf Wissen und Handlungskompetenzen* von Lehrkräften hat. Und dies gilt sogar unabhängig von dem Grad der Erfahrung und der Entwicklungsstufe, auf der sich Lehrkräfte befinden (Fukkink, Trienekens & Kramer 2011, 55).

Gleichwohl sind einige besondere *Herausforderungen des Einsatzes von Video-Feedbacks* zu beachten, um nichtintendierte Wirkungen zu vermeiden und die genannten Potenziale zu entfalten. Zunächst einmal sollte berücksichtigt werden, dass das Anschauen des eigenen Handelns in der Unterrichtspraxis (»Video-Selbstkonfrontation«) zwar immer wieder zu einem hohen *Anregungs- und Aktivierungsniveau* führt, dass dieses nichtfokussierte ›Spiegel-Feedback‹ jedoch nachgewiesenermaßen nicht automatisch zu verbesserten Reflexionsprozessen führt. Aus diesem Grund ist das anfangs häufiger eingesetzte ›Spiegel-Feedback‹ bei den aktuellen Ansätzen zum Video-Feedback nicht mehr verbreitet (Fukkink, Trienekens & Kramer 2011, 55). Dies verweist auf eine zentrale Herausforderung für das Video-Feedback: Trotz der Fülle potenzieller Aspekte, die anhand einer Videoaufnahme thematisiert werden können, erfordert ein erfolgreiches Video-Feedback einen klaren inhaltlichen Fokus und Zielkriterien (»feed up«). Die *Fokussierung des Video-Feedbacks* stellt daher die zentrale Herausforderung dar. Ein fehlender Fokus kann beim Video-Feedback zu nichtbeabsichtigten Nebenwirkungen führen. So wurde in mehreren Studien festgestellt, dass bei einem fehlenden Fokus vielfach eine Konzentration der Aufmerksamkeit auf physische Merkmale und die Stimme erfolgt (Fuller & Manning 1973, 474 f.). Das heißt, dass damit die nach Hattie & Timperley (2007) *ineffektive Feedback-Ebene des Selbst* fokussiert wird. Ein fehlender Fokus kann weiterhin dazu führen, dass während der kooperativen Arbeit mit Videoaufnahmen typischerweise auftretende Beobachtungsfehler den Analyseprozess unangemessen dominieren. So kann z. B. der sogenannte »**Halo-Effekt**« dazu führen, dass eine einzelne Beobachtung (beispielsweise die Geste einer Lehrkraft) so stark gewichtet wird, dass wichtigere Beobachtungen (beispielsweise die Formulierung einer Zurechtweisung) unterbewertet werden (Krammer & Reusser 2005, 43).

Dass die Existenz eines Fokus für die Analyse von Videos eine wichtige Grundvoraussetzung darstellt, darüber besteht weitestgehend ein Konsens. Die Frage ist jedoch, wie dieser Fokus hergestellt wird. Reicht der vielfach geäußerte allgemeine Hinweis »Formulieren Sie Beobachtungsschwerpunkte!« – oder ist es erforderlich, diesen kognitiven Akt der Fokussierung zu unterstützen? Trautmann & Wischer (2010) zeigen in einer exemplarischen Fallstudie eines Videozirkels in anschaulicher Weise, dass die in ihrem Projekt vorgesehene freie Wahl des Fokus zu ungeplanten Problemen führte und stellen abschließend die Frage, »ob die freie Wahl des Fokus nicht doch aus unterschiedlichen Gründen eine Überforderung darstellt und Unsicherheiten am Ende nicht sogar verschärft werden können« (Trautmann & Wischer 2010, 140).

Bei dem KODEK-Videozirkel wird das Problem der *Fokussierung des Video-Feedbacks* in mehrfacher Hinsicht berücksichtigt:

- Durch den vorgegebenen Wissensrahmen »Klassenmanagement« ist von vornherein eine Eingrenzung möglicher Feedback-Themen vorgenommen worden.
- Die in den beiden vor dem Videozirkel durchgeführten Fortbildungsmodulen thematisierten Kriterien erfolgreicher Strategien des Klassenmanagements werden gezielt in den Videozirkel transferiert, d. h. der Transfer wird nicht automatisch vorausgesetzt, sondern unterstützt. Dies erfolgt entweder durch die im KODEK-Projekt verwendete Checkliste mit *»Prinzipien des Klassenmanagements«* (vgl. Anhang C) oder durch den Einsatz des sehr viel ausführlicheren KODEK-Beobachterfragebogens (vgl. Anhang B).
- Eine zusätzliche Fokussierung erfolgt durch die Aufgabe des Feedback-Nehmers, im Kontext des Themas Klassenmanagement eine konkrete Fragestellung zu formulieren und einen entsprechenden Ausschnitt aus der Videoaufnahme zu wählen.

Eine weitere Herausforderung ergibt sich aus dem *kooperativen Format*. Im Unterschied zu dem oben dargestellten Schüler-Feedback, dessen einzelne Schritte in hohem Maße von der Feedback nehmenden Lehrkraft gesteuert werden können, tendiert das kollektive Format dazu, dass sich Beschreibung, Auswertung und Interpretation von Videoausschnitten und die Diskussion von Handlungsalternativen unkontrolliert – und unter Umständen in unproduktiver Weise – vermischen. Insbesondere, wenn die teilnehmenden Lehrkräfte über geringe Feedback-Kompetenzen verfügen, kann z. B. eine wenig konstruktive oder gar selbstwertgefährdende Fixierung persönlicher Merkmale der Feedback nehmenden Lehrkraft erfolgen. Zur Gewährleistung einer konstruktiven Kommunikation nutzen Videozirkel daher vielfach Kooperationsskripts (Ertl & Mandl 2006). Bei dem KODEK-Videozirkel wurden die Herausforderungen des kooperativen Formats folgendermaßen bearbeitet:

- Das Feedback erfolgt nach einem *Kooperationsskript mit 9 Schritten*, bei denen konkrete Rollenvorgaben für Feedback-Nehmer, -geber und Moderation vorgesehen sind. Dadurch wird nicht nur die thematische Fokussierung gewährleistet, sondern auch die Gefahr nichtkonstruktiver Äußerungen der Teilnehmenden eingeschränkt.
- Sowohl für die Analyse des Unterrichtsbeispiels als auch für die Diskussion von Handlungsalternativen wurden als weitere Unterstützung des Reflexionsprozesses *Leitfragen* formuliert.
- Um den Feedback-Nehmern Sicherheit und Akzeptanz zu vermitteln, wurde im Skript eine Phase vorgesehen, die zum Ziel hat, die in der ausgewählten Videografierung sichtbaren *Kompetenzen der Lehrkraft* zu thematisieren.
- Eine qualifizierte Moderatorin übernimmt die Gesprächsführung und achtet auf die Einhaltung des Skripts.

Der KODEK-Videozirkel

Der hier vorgestellte Videozirkel stellt das Abschlussmodul eines insgesamt drei Module umfassenden Trainings zum Klassenmanagement dar (vgl. Piwowar, Thiel & Ophardt im Druck). Im Unterschied zu vielen anderen Video-Feedback-Modellen (vgl. Fukkink, Trienekens & Kramer 2011), die professionelles Lernen längerfristig begleiten und überwiegend mindestens vier Video-Feedback-Sitzungen vorsehen (Fukkink, Trienekens & Kramer 2011, 47), handelt es sich hierbei um eine einmalige Sitzung, die das Ziel hat, den individuellen Prozess der Integration von theoretischem Wissen in die Unterrichtspraxis zu unterstützen. Grundsätzlich wäre es jedoch auch denkbar, das Arrangement sowie das Kooperationsskript im Rahmen einer sich häufiger als einmal treffenden Arbeitsgruppe einzusetzen. Im Folgenden die Kernpunkte des Lernarrangements:

Arrangement

Der Videozirkel setzt sich zusammen aus vier bis fünf teilnehmenden Lehrkräften der KODEK-Studie, einer/einem ausgebildeten Moderator/in (MOD). Jeder Mitwirkende stellt zwei Videobeispiele aus dem eigenen Unterricht vor und übernimmt in diesem Fall die Rolle des Feedback-Nehmers (FN). Die anderen Lehrkräfte übernehmen jeweils die Rolle der Feedback-Geber (FG). Für die Arbeit mit den zwei Fallbeispielen sind jeweils 60 Minuten vorgesehen, d. h. das unten vorgestellte Kooperationsskript wird mit jedem FN zweimal durchlaufen. Die Sitzungen dauern entsprechend vier bis fünf Stunden.

Vorbereitung

Das Kooperationsskript des Videozirkels sowie die Liste mit Prinzipien des Klassenmanagements bzw. Beobachtungsfragebogen wird den Mitwirkenden in dem vorangegangenen Modul vorgestellt. Jeder FN erhält ca. ein bis zwei Wochen vor dem Videozirkel die Videografierung einer eigenen Unterrichtsstunde. Der Auftrag lautet: »Wählen Sie zwei Ausschnitte aus der Unterrichtsstunde aus. Die Auswahl sollte durch drei Kriterien bestimmt sein: a) Die Ausschnitte sollten jeweils zwei bis vier Minuten lang dauern, b) es sollte ein Zusammenhang zum Thema Klassenmanagement bestehen, c) Sie sollten ein Interesse daran haben, in dem betreffenden Bereich Ihr Handlungsrepertoire zu erweitern.«

Die Auswahl des Ausschnitts durch den FN soll die optimale Dosierung der Feedback-Situation in Bezug auf die individuellen Voraussetzungen der FN gewährleisten, d. h. die FN können selbst entscheiden, inwieweit sie ein mehr oder weniger ›problematisches‹ Fallbeispiel einbringen wollen. Durch den Auftrag und die vorherige Erläuterung des Kooperationsskripts soll wiederum gewährleistet werden, dass das Beispiel in die Thematik Klassenmanagement hineinpasst und dass der/die FN ein konkretes Anliegen im Hinblick auf die Erweiterung des eigenen Handlungsrepertoires hat.

Kooperationsskript

Der Ablauf einer Besprechungseinheit umfasst neun Schritte, für die jeweils Rollenerwartungen an FN, FG und MOD differenziert wurden. Leitfragen strukturieren die Kommunikation.

	Phasen und Ziele	Rollen	Leitfragen
1.	Einführen: Kontext und Entwicklungsinteresse verdeutlichen	FN: gibt Informationen zu Klasse und Unterricht	Welche Informationen brauchen FG, um den Kontext der Unterrichtspraxis nachvollziehen zu können?
		FN: verdeutlicht, warum der Ausschnitt ausgewählt wurde	In welchem Bereich möchte der FN sein Handlungsrepertoire weiterentwickeln?
2.	Anschauen des Ausschnitts		
3.	Ergänzen (siehe 1)		
4.	Sharing: Herstellen einer ko-konstruktiven, wertschätzenden Ausgangssituation	FG: benennen wertschätzend Gelungenes und Kompetenzen des FN	Welche Kompetenzen und Stärken der Lehrkraft zeigen sich in dem Ausschnitt? Was ist in dem Praxisbeispiel positiv aufgefallen?
		FG: stellen dar, dass sie ähnliche Situationen kennen	Gibt es Aspekte des Beispiels, die auch den FG aus der eigenen Praxis bekannt sind?
5.	Prinzipien/Beobachtungsfragebogen fokussieren: Bezüge zum Wissensrahmen herstellen	FN: erläutert anhand der Prinzipienliste[4]/des Fragebogens[5], in welchem Bereich das Ziel anzusiedeln ist	Welchem Prinzip des Klassenmanagements lässt sich das Entwicklungsinteresse zuordnen?
		MOD: unterstützt die Fokussierung der Prinzipien/des Fragebogens und fasst zusammen	Was sind die wichtigsten Fragen des FN? Wie lassen sie sich den Prinzipien zuordnen?
6.	Handlungsalternativen generieren	FG: äußern sich zu weiteren möglichen Handlungsvarianten, ohne FN zu adressieren FN: hört zu ohne Kommentar	Welche konkreten Handlungsalternativen sind in der Situation denkbar? Passen sie zum Entwicklungsinteresse des FN?

4 Vgl. die Checkliste »Prinzipien des Klassenmanagements« (Anhang C).
5 Vgl. den KODEK-Beobachterfragebogen (Anhang B).

	Phasen und Ziele	Rollen	Leitfragen
7.	Handlungsalternativen auswählen	MOD: fasst zusammen	Welche Handlungsalternativen wurden ausgeführt?
		FN: resümiert, was infrage kommt	Was könnte zu der konkreten Handlungspraxis und zu dem aktuellen Entwicklungsinteresse passen?
		MOD: formuliert Beobachtungsvorschläge für das 2. Anschauen des Videos	An welcher Stelle sind die thematisierten Handlungsalternativen denkbar?
8.	Zweites Anschauen	Anschauen, gegebenenfalls Anhalten	
9.	Abschließen	FN fasst realisierbare Alternativen und Zielsetzungen zusammen	Welche konkreten Strategien werden in die Planung einbezogen?

Abb. 21: Kooperationsskript zum KODEK-Videozirkel.

Zusammenfassung

Kompetenzen des Klassenmanagements beruhen nicht nur auf formalem Wissen, sondern überwiegend auf erfahrungsbasiertem Wissen. Die Entwicklung dieser Kompetenzen erfolgt in fünf Stufen vom Novizen zum Experten (novice stage, advanced beginner, competent stage, proficient stage, level of experts). Das Unterrichtshandeln wird von Stufe zu Stufe immer flüssiger, unangestrengter und selbstverständlicher. Allerdings kann Expertise auch mit mangelnder Veränderungsbereitschaft (konzeptueller Rigididät) einhergehen. Adaptive Experten hingegen haben eine große Bereitschaft und Fähigkeit, sich kontinuierlich weiterzuentwickeln.

Ein weiteres Modell der Expertiseentwicklung unterscheidet drei Phasen. Die Steuerung des Lernprozesses verlagert sich schrittweise von einer externen Steuerung über eine externe-interne Steuerung bis hin zu einer Selbststeuerung. Jede Phase hat in lernpsychologischer Hinsicht ein spezifisches Ziel. Prototypische Lerngelegenheiten zeichnen sich durch Merkmale aus, die besonders dazu geeignet sind, die Erreichung der Lernziele zu unterstützen:

- 1. Theoretisches Studium: Akkumulation von Wissen (Prototyp »problem-based learning«)
- 2. Praktika, Referendariat: Wissensintegration, Design-Zyklus, Prozeduralisierung (Prototyp »content-focused coaching«)
- 3. Berufstätigkeit: Professionelles Lernen – Elaboration, Expansion, Externalisierung (Prototyp Videozirkel)

Insbesondere in der zweiten und dritten Phase spielt das Feedback zum Handeln in der Praxis eine wichtige Rolle für die Weiterentwicklung. Ein effektives Feedback ist nur dann vollständig, wenn es drei verschiedene Informationen umfasst:

- »Feed up«: Was ist das Ziel?
- »Feed back«: Wo steht der Feedback-Nehmer in Bezug auf das Ziel?
- »Feed forward«: Was sind die nächsten Schritte?

Weiterhin können sich die genannten Informationen auf vier Ebenen beziehen (Produkte, Prozesse, Selbstregulation und Selbst). Effektiv ist ein Feedback dann, wenn die ersten drei Ebenen einbezogen werden und die vierte Ebene vermieden wird, denn sie enthält keine Informationen, die mit der Erfüllung der Aufgabe im Zusammenhang stehen.

Die wichtigsten Feedback-Quellen für Lehrkräfte sind die Schüler (sie können anhand einer anonymisierten, standardisierten Befragung ein zuverlässiges »feed back« zum Unterricht geben), Kollegen (sie können gute Hinweise auf »feed forward« geben), die Lehrkraft selbst (je nach Stand können alle Informationen herangezogen werden) und Texte (eine wichtige Quelle für Informationen zum »feed up«).

Feedback wird durch den Einsatz von Instrumenten und Verfahren unterstützt. Der KODEK-Schülerfragebogen und der KODEK-Beobachterfragebogen erfassen zehn beobachtbare Dimensionen des Klassenmanagements (unter anderem Arbeitsbündnis, Gruppenmobilisierung, Störungsintervention, Prozeduren usw.). Beide Fragebögen wurden auf die jeweilige Perspektive zugeschnitten. So erfasst der Schülerfragebogen überwiegend konkret beschreibbare Verhaltensweisen der Lehrkraft, wohingegen anhand des Beobachterfragebogens Schlussfolgerungen in Bezug auf umfassende Kompetenzbündel gezogen werden.

Die Instrumente können in verschiedenen Feedback-Verfahren eingesetzt werden. Das Schüler-Feedback ist ein variables mehrschrittiges Verfahren: Zunächst füllen die Schüler zum Unterricht bei einer bestimmten Lehrkraft einen Fragebogen aus. Die Lehrkraft selbst kann entscheiden, ob sie in einem weiteren Schritt ausgewählte Ergebnisse mit den Schülern bespricht und/oder ob sie darüber hinausgehend Ergebnisse mit Kollegen bespricht. Das kollegiale Feedback umfasst viele Formen, so unter anderem den Videozirkel. Grundsätzlich hat ein Video-Feedback ein hohes Potenzial für die Förderung der Weiterentwicklung. Dazu müssen jedoch bestimmte Voraussetzungen erfüllt sein: So muss vor allem eine Fokussierung des Feedbacks gewährleistet werden und die Feedback-Kommunikation in einem kooperativen Setting muss zielführend gesteuert werden. Beim KODEK-Videozirkel werden in moderierten Zirkeln von den Feedback-Nehmern selbst ausgewählte Unterrichtsausschnitte analysiert. Der Feedback-Prozess wird durch folgende Faktoren gesteuert und fokussiert:

- ein Kooperationsskript, das neun Schritte umfasst,
- definierte Rollen für Feedback-Nehmer, -Geber und Moderation,
- der Einsatz einer Checkliste mit Prinzipien des Klassenmanagements oder der Einsatz des KODEK-Beobachterfragebogens.

Literatur

Aebli, H. (1980): Denken, das Ordnen des Tuns. Stuttgart: Klett-Cotta.

Aebli, H. (2003): Zwölf Grundformen des Lehrens. Eine Allgemeine Didaktik auf psychologischer Grundlage. Medien und Inhalte didaktischer Kommunikation, der Lernzyklus. Stuttgart: Klett-Cotta.

Arlin, M. (1979): Teacher Transitions Can Disrupt Time Flow in Classrooms. In: American Educational Research Journal, 16, 42–56.

Ball, D.L. & Cohen, D.K. (1999): Developing practice, developing practitioners: Toward a practice-based theory of professional education. In: L. Darling-Hammond & G. Sykes (Hrsg.), Teaching as the Learning Profession: Handbook of Policy and Practice, 3–32. San Francisco: Jossey Bass.

Bandura, A. (1965): Influence of models reinforcement contingencies on the acquisition of imitative response. In: Journal of Personality and Social Psychology, 1 (6), 589–595.

Bandura, A. (1976): Lernen am Modell. Stuttgart: Klett Verlag.

Bandura, A. (1977): Self-efficacy: Toward a unifying theory of behavioral change. In: Psychological Review, 84 (2), 191–215.

Bandura, A. (1986): Social foundation of thought and action. New Jersey: Prentice-Hall.

Bauer, J. & Gruber, H. (2006): Workplace changes and workplace learning: advantages of an educational micro-perspective (Research Report No. 24). Regensburg: Universität Regensburg, Lehrstuhl für Lehr-Lern-Forschung.

Baumrind, D. (1991): Parenting Styles and adolescent development. In: R.M. Lerner, A. Petersen & J. Brooks-Gunn (Hrsg.), Encyclopedia of adolescence, Bd. 2, 746–758. New York: Garland.

Beck, U. (1986): Risikogesellschaft. Auf dem Weg in eine andere Moderne. Frankfurt a.M.: Suhrkamp.

Berliner, D.C. (1983): Developing conceptions of classroom environments: Some light on the T of classroom studies of ATI. In: Educational Psychologist, 18 (1), 1–13.

Berliner, D.C. (2001): Learning about and learning from expert teachers. In: Journal of Educational Research 35, 463–482.

Berliner, D.C. (2004 a): Describing the behavior and documenting the accomplishments of expert teachers. In: Bulletin of Science, Technology & Society, 24 (3), 200–212.

Berliner, D.C. (2004 b): Expert teachers: Their characteristics, development and accomplishments. In: R. Batollori, A. Ernesto-Gómez, M. Oller & J. Pages (Hrsg.), De la teoria a l'aula: Formacio del professorat ensenyament de las ciències socials, 13–28. Departament de Didàctica de la Llengua de la Literatura I de les Ciències Socials. Universitat Autònoma de Barcelona.

Bernfeld, S. (1925): Sisyphos oder die Grenzen der Erziehung. Leipzig: Internationaler Psychoanalytischer Verlag.

Blumenfeld, P.C., Hamilton, V.L., Bossert, S.T., Wessels, K. & Meece, J. (1983): Teacher talk and student thought: Socialization into the student role. In: J. Livine & M. Wang (Hrsg.), Teacher and student perceptions: Implications for learning, 143–192. Hillsdale, NJ: Lawrence Erlbaum Associates.

Blumer, H. (1969): Symbolic Interactionism: Perspective and Method. Englewood Cliffs, NJ: Prentice-Hall.

Borko, H. & Livingston, C. (1989): Cognition and Improvisation: Differences in Mathematics Instruction by Expert and Novice Teachers. In: American Educational Research Journal, 26 (4), 473–498.
Bromme, R. (1992): Der Lehrer als Experte. Zur Psychologie des professionellen Wissens. Bern u.a.: Huber.
Bromme, R. (1997): Kompetenzen, Funktionen und unterrichtliches Handeln des Lehrers. In: F.E. Weinert (Hrsg.), Psychologie des Unterrichts und der Schule. Enzyklopädie der Psychologie, Serie I, Bd. 3, 177–212. Göttingen: Hogrefe.
Brophy, J. (1988): Educating Teachers about managing Classroms and Students. In: Teaching and Teacher Education, 4 (1), 1–18.
Brophy, J. (1996): Teaching Problem Students. New York, London: The Guildford Press.
Brophy, J. (1999): Teaching. In: Educational Practices Series 1. Genf: International Academy of Education/International Bureau of Education.
Brophy, J. & Good, T. (1986): Teacher behavior and student achievement. In: M.C. Wittrock (Hrsg.), Handbook of Research on Teaching, 328–375. 3. Aufl., New York: Macmillan.
Bühler, K. (1934): Sprachtheorie. Die Darstellungsfunktion der Sprache. [Das Organon-Modell]. Jena: Fischer.
Carter, K., Cushing, K., Sabers, D., Stein, P. & Berliner, D. (1988): Expert-novice differences in perceiving and processing visual classroom information. In: Journal of Teacher Education, 39 (3), 25–31.
Carter, K. & Doyle, W. (2006): Classroom Management in Early Childhood and Elementary Classrooms. In: C.M. Evertson & C.S. Weinstein (Hrsg.), Handbook of Classroom Management. Research, Practice and Contemporary Issues, 373–406. Mahwah, NJ: Lawrence Erlbaum Associates.
Clausen, M. (2002): Unterrichtsqualität: eine Frage der Perspektive? Empirische Analysen zur Übereinstimmung, Konstrukt- und Kriteriumsvalidität. Münster u.a.: Waxmann.
Coe, R. (1998): Can feedback improve teaching? A review of the social science literature with a view to identifying the conditions under which giving feedback to teachers will result in improved performance. In: Research Papers in Education, 13 (1), 43–66.
Collins, A., Braun, J.S. & Newman, S.E. (1989): Cognitive Apprenticeship: Teaching the Crafts of Reading, Writing and Mathematics. In: L.B. Resnick (Hrsg.), Knowing, Learning and Instruction. Essays In Honour Of Robert Glaser, 453–494. Hillsdale, NJ: Lawrence Erlbaum Associates.
Cornelius-White, J. (2007): Learner-centered teacher-student relationships are effective. A meta-analysis. In: Review on Educational Research, 77 (1), 113–143.
Dahrendorf, R. (1965): Bildung ist Bürgerrecht. Plädoyer für eine aktive Bildungspolitik. Hamburg: Nannen.
Ditton, H. (2009): Unterrichtsqualität. In: K.-H. Arnold, U. Sandfuchs & J. Wiechman (Hrsg.), Handbuch Unterricht, 235–243. 2. Aufl., Bad Heilbrunn: Klinkhardt.
Dochy, F., Segers, M., Van den Bosche, P. & Gijbels, D. (2003): Effects of problem-based learning: A meta-analysis. In: Learning and Instruction, 13 (5), 533–568.
Domke, H. (1991): Erziehungsmethoden. Aspekte und Formen des Methodischen in der Erziehung. In: E. Weber (Hrsg.), Pädagogik. Eine Einführung, Bd. 2, 1–158. Donauwörth: Auer.
Doyle, W. (1984): How Order is achieved in classrooms. In: Journal of Curriculum Studies, 16 (3), 259–277.
Doyle, W. (1986): Classroom organization and management. In: M.C. Wittrock (Hrsg.), Handbook of Research on Teaching, 392–431. 3. Aufl., New York: MacMillan Publishing.
Doyle, W. (2006): Ecological Approaches to Classroom Management. In: C.M. Evertson & C.S. Weinstein (Hrsg.), Handbook of Classroom Management. Research, Practice and Contemporary Issues, 97–125. Mahwah, NJ: Lawrence Erlbaum Associates.
Dreeben, R. (1980): Was wir in der Schule lernen. Frankfurt a.M.: Suhrkamp Taschenbuch Verlag.
Dreyfus, H.L. & Dreyfus, S.E. (1987): Künstliche Intelligenz – Von den Grenzen der Denkmaschine und dem Wert der Intuition. Reinbek: Rowohlt.

Dubs, R. (1995): Lehrerverhalten. Ein Beitrag zur Interaktion von Lehrenden und Lernenden im Unterricht. Zürich: Verlag des Schweizerischen Kaufmännischen Verbandes.
Endsley, M. R. (1995): Toward a theory of situation awareness in dynamic systems. In: Human Factors 37 (1), 32–64.
Emmer, E. T., Evertson, C. M. & Worsham, M. E. (2003): Classroom management for Secondary teachers. Boston: Pearsons Education.
Emmer, E. & Gerwels, M. C. (2006): Classroom management in middle school and high school classrooms. In: C. M. Evertson & C. S. Weinstein (Hrsg.), Handbook of Classroom Management. Research, practice, and contemporary issues, 407–437. Mahwah, NJ: Lawrence Erlbaum Associates.
Emmer, E. & Hickman, J. (1991): Teacher efficacy in classroom management and discipline. In: Educational and Psychological Measurement, 51 (3), 755–765.
Erickson, E. & Schultz, J. (1981): When is context? Some issues and methods in the analysis of social competence. In: J. Green & C. Wallat (Hrsg.), Ethnography and language in educational settings, 147–160. Norwood, NJ: Ablex.
Ericsson, K. A. (2003): The acquisition of expert performance as problem solving: Construction and modification of mediating mechanisms through deliberate practice. In: J. E. Davidson & R. J. Sternberg (Hrsg.), Problem solving, 31–83. New York: Cambridge University Press.
Erikson, E. (1966): Identität und Lebenszyklus. Drei Aufsätze. Frankfurt a. M.: Suhrkamp.
Ertl, B. & Mandl, H. (2006): Kooperationsskripts. In: H. Mandl & H. F. Friedrich (Hrsg.), Handbuch Lernstrategien, 273–281. Göttingen: Hogrefe.
Evertson, C. M. & Emmer, E. T. (1982): Preventive classroom management. In: D. Duke (Hrsg.), Helping teachers manage classrooms, 2–31. Alexandria, VA: Association for Supervision and Curriculum Development.
Fend, H. (1981): Theorie der Schule. Weinheim: Urban & Schwarzenberg.
Fend, H. (1998): Qualität im Bildungswesen. Schulforschung zu Systembedingungen, Schulprofilen und Lehrerleistung. Weinheim/München: Juventa.
Fink, J. & Halpern, J. (2007): More Time to Teach – Responding to Student Behavior, Secondary Version by Child Sense – Seminars and Videos for Parents and Educators. Minnetonka, MN: ChildSense.
Friedman, I. A. (2006): Classroom Management and Teacher Stress and Burnout. In: C. M. Evertson & C. S. Weinstein (Hrsg.), Handbook of classroom management. Research, practice, and contemporary issues, 925–944. Mahwah, NJ: Lawrence Erlbaum Associates.
Fukkink, R. G., Trienekens, N. & Kramer L. J. C. (2011): Video Feedback in Education and Training: Putting Learning in the Picture. In: Educational Psychology Review, 23, 45–63.
Fuller, F. F. & Manning, B. A. (1973): Self-confrontation reviewed: A conceptualization for video playback in teacher education. In: Review of Educational Research, 43 (4), 469–528.
Gärtner, H. (2007): Unterrichtsmonitoring. Evaluation eines videobasierten Qualitätszirkels zur Unterrichtsentwicklung. Münster u. a.: Waxmann.
Gärtner, H. (2011): Selbstevaluation von Unterricht – Angebot und Nutzen des Selbstevaluationsportals (SEP). BLUS, 9, 19–25.
Gettinger, M. & Kohler, K. M. (2006): Process-Outcome Approaches to Classroom Management and Effective Teaching. In: M. E. Carolyn & S. W. Carol (Hrsg.), Handbook of Classroom Management Research. Practice, and Contemporary Issues (pp. 73–95). Mahwah NJ: Lawrence Erlbaum.
Glaser, R. (1996): Changing the agency for learning: Acquiring expert performance. In: K. A. Ericsson (Hrsg.), The Road to Excellence: The Acquisition of Expert Performance in the Arts and Sciences, Sports, and Games, 303–311. Mahwah, NJ: Erlbaum.
Goffman, E. (1967): Interaction ritual. Essay on face-to-face behaviour. London: Fakenham and Reading, Penguin Books.
Goffman, E. (1969): Strategic interaction. Oxford: Basil, Blackwell.
Habermas, J. (1973): Stichworte zur Theorie der Sozialisation. In: Habermas (Hrsg.), Kultur und Kritik. Verstreute Aufsätze, 118–194. Frankfurt a. M.: Suhrkamp.
Hattie, J. (2009): Visible learning. A synthesis of over 800 meta-analyses relating to achievement. New York: Routledge.

Hattie, J. & Timperley, H. (2007): The power of feedback. In: Review of Educational Research, 77 (1), 81–112.
Hare, A. P. (1962): Handbook of Small Group Research. New York: Free press.
Heckhausen, H. (1976): Lehrer-Schüler-Interaktion. Funkkolleg Pädagogische Psychologie, 85–124. Weinheim/Basel: Beltz Verlag
Heckhausen, H. & Rheinberg, F. (1980): Lernmotivation im Unterricht, erneut betrachtet. In: Unterrichtswissenschaft, 1980 (1), 7–47.
Helmke, A. (2008): Unterrichtsqualität und Lehrerprofessionalität. Diagnose, Evaluation und Verbesserung des Unterrichts. Neubearb., 1. Aufl., Seelze/Velber: Kallmeyer Verlag.
Herdt, J., Bengel, J. & Jäckel, W. H. (2003): Wissensmanagement und Verwertung von Forschungsergebnissen in den Rehabilitationswissenschaften. In: Physikalische Medizin, Rehabilitationsmedizin, Kurortmedizin, 13, 199–207.
Hmelo-Silver, C. E. (2004): Problem-based learning: What and how do students learn? In: Educational Psychology Review, 16, 235–266.
Hofstätter, P. R. (1975): Gruppendynamik. Kritik der Massenpsychologie. Hamburg: Rowohlt.
Horster, L. & Rolff, H.-G.(2001): Unterrichtsentwicklung. Grundlagen, Praxis, Steuerungsprozesse. Weinheim/Basel: Betz Verlag.
Höhner, W. & Steffens, U. (2001): Evaluation macht Schule. Erste Erfahrungen mit schulinterner Evaluation. In: Schule gestalten, Heft 4, 40–51. Wiesbaden: Hessisches Landesinstitut für Pädagogik.
Humpert, W. & Dann, H.-D. (2001): KTM kompakt: Basistraining zur Störungsreduktion, Konfliktlösung und Gewaltprävention. Bern: Hans Huber.
Jerusalem, M. & Schwarzer, R. (1991): Entwicklung des Selbstkonzepts in verschiedenen Lernumwelten. In: R. Pekrun & H. Fend (Hrsg.), Schule und Persönlichkeitsentwicklung, 115–128. Stuttgart: Enke.
Jones, M. (2006): The balancing act of mentoring. In: C. Cullingford (Hrsg.), Mentoring in education: An international perspective, 57–86. Aldershot, UK: Ashgate Publishing Ltd.
Jurkowski, S. & Hänze, M. (2010): Soziale Kompetenzen, transaktives Interaktionsverhalten und Lernerfolg – experimenteller Vergleich zweier unterschiedlich gestalteter Gruppenunterrichtsbedingungen und Evaluation eines transaktivitäts-bezogenen Kooperationsskriptes. In: Zeitschrift für Pädagogische Psychologie, 24, 241–257.
Klieme, E. & Rakoczy, K. (2008): Empirische Unterrichtsforschung und Fachdidaktik. Outcome-orientierte Messung und Prozessqualität des Unterrichts. In: Zeitschrift für Pädagogik, 54, 222–237.
Kluger, A. N. & DeNisi, A. (1996): The effects of feedback interventions on performance: A historical review, a meta-analysis, and a preliminary feedback intervention theory. In: Psychological Bulletin, 119 (2), 254–284.
König, J. & Blömeke, S. (2009): Pädagogisches Wissen von österreichischen Lehramtsstudierenden. In: Erziehung & Unterricht, 159 (1/2), 175–186.
König, J., Wagner, C. & Valtin, R. (Hrsg.) (2011): Jugend, Schule, Zukunft. Psychosoziale Bedingungen der Persönlichkeitsentwicklung. Ergebnisse der Längsschnittstudie AIDA. Münster: Waxmann.
Kounin, J. S. (1970): Discipline and group management in classrooms. NY: Holt, Rinehart and Winston.
Kounin, J. S. (1976): Techniken der Klassenführung. Bern: Huber.
Kounin, J. S. (2006): Techniken der Klassenführung. 2. Aufl., Münster: Waxmann.
Krammer, K. & Reusser, K. (2005): Unterrichtsvideos als Medium der Aus- und Weiterbildung von Lehrpersonen. In: Beiträge zur Lehrerbildung, 23 (1), 35–50.
Krapp, A. (2001): Interesse. In: D. H. Rost (Hrsg.), Handwörterbuch Pädagogische Psychologie, 286–294. Weinheim: Beltz/PVU.
Krauss, S., Brunner, M., Kunter, M., Baumert, J., Blum, W., Neubrand, M. et al. (2008): Pedagogical content knowledge and content knowledge of secondary mathematics teachers. In: Journal of Educational Psychology, 100 (3), 716–725.
Kunter, M., Kleickmann, T., Klusmann, U. & Richter, D. (2011): Die Entwicklung professioneller Kompetenz von Lehrkräften. In: M. Kunter, J. Baumert, W. Blum, U. Klusmann,

S. Krauss & M. Neubrand (Hrsg.), Professionelle Kompetenz von Lehrkräften – Ergebnisse des Forschungsprogramms COACTIV, 55–68. Münster: Waxmann.
Landrum, D. J. & Kauffman, J. M. (2006): Behavioral approaches to classroom management. In: C. M. Evertson & C. S. Weinstein (Hrsg.), Handbook of classroom management. Research, practice, and contemporary issues, 47–71. Mahwah, NJ: Lawrence Erlbaum Associates.
Langer, E. J. (1990): Mindfulness. Cambridge, MA: Da Capo Press.
Leinhardt, G. (1989): Math Lessons: A Contrast of Novice and Expert Competence. In: Journal for Research in Mathematics Education,20 (1), 52–75.
Leinhardt, G. (1993): On teaching. In: R. Glaser (Hrsg.), Advances in instructional psychology, Bd. 4, 1–54. Hillsdale, NJ: Lawrence Erlbaum Associates.
Leinhardt, G. & Greeno, J. G. (1986): The Cognitive Skill of Teaching. In: Journal of Educational Psychology, 78 (2), 75–95.
Leinhardt, G., McCarthy-Young, K. & Merriman, J. (1995): Integrating professional knowledge: The theory of practice and the practice of theory. In: Learning and Instruction, 5 (4), 401–408.
Leinhardt, G., Weidmann, C. & Hammond, K. M. (1987): Introduction and Integration of Classroom Routines by Expert Teachers. In: Curriculum Inquiry, 17 (2), 135–176.
Livingston, C. & Borko, H. (1989): Expert-novice differences in teaching: A cognitive analysis and implications for teacher education. In: Journal of Teacher Education, 40 (4), 36–42.
Lotan, R. A. (2006): Managing Groupwork in the Heterogeneous Classroom. In: C. M. Evertson & C. S. Weinstein (Hrsg.), Handbook of Classroom Management. Research. Practice and Contemporary Issues, 525–540. Mahwah, NJ: Lawrence Erlbaum Associates.
Lunenberg, M. & Korthagen, F. (2005): Breaking the didactic circle: A study on some aspects of the promotion of student-directed learning by teachers and teacher educators. In: European Journal of Teacher Education, 28, 1–22.
Macha, H., Lödermann, A. & Bauhofer, W. (2010): Kollegiale Beratung in der Schule: Theoretische, empirische und didaktische Impulse für die Lehrerfortbildung. Weinheim: Juventa.
Martin, N. K., Yin, Z. & Baldwin, B. (1998): Construct validation of the attitudes and beliefs on classroom control inventory. In: Journal of Classroom Interaction, 33 (2), 6–15.
Marzano, R. L. (2000): A new era of school reform: Going where research takes us. Aurora, CO: Mid-Continent Research for Education and Learning.
Marzano, R. J. & Marzano, J. S. (2003): The key to classroom management. In: Educational Leadership, 61 (1), 6–18.
McCaslin, M., Bozack, A. R., Napoleon, L., Thomas, A., Vasquez, V., Wayman, V. & Zhang, J. (2006). Self-regulated learning and classroom management: Theory, research, and considerations for classroom practice. In: C. M. Evertson & C. S. Weinstein (Hrsg.), Handbook of classroom management. Research, practice, and contemporary issues, 223–252. Mahwah, NJ: Lawrence Erlbaum Associates.
McCutcheon, G. (1980): How Do Elementary School Teachers Plan? The Nature of Planning and Influences on It. In: The Elementary School Journal, 81 (1), pp. 4–23.
Mead, G. H. (1968): Geist, Identität und Gesellschaft. Frankfurt a. M.: Suhrkamp.
Mehan, H. (1979): »What time is it, Denise?«: Asking known information questions in classroom discourse. In: Theory into Practice, 28 (4), 285–294.
Meichenbaum, D. (1979): Kognitive Verhaltensmodifikation. München: Urban & Schwarzenberg.
Meijer, P. C., Verloop, N. & Beijaard, D. (1999): Exploring language teachers' practical knowledge about teaching reading comprehension. In: Teaching and Teacher Education, 15 (1), 59–84.
Meyer, W.-U. (1984): Das Konzept von der eigenen Begabung. Huber: Bern.
Mietzel, G. (2003): Pädagogische Psychologie des Lernens und Lehrens. Göttingen: Hogrefe.
Mummendey, A. & Otten, S. (1993): Aggression: Interaction between individuals and social groups. In: R. B. Felson & J. T. Tedeschi (Hrsg.), Aggression and violence. Social interactionist perspectives, 145–167. Washington, DC: American Psychological Association.

Mutzeck, W. & Schlee, J. (2008): Kollegiale Unterstützungssysteme für Lehrer. Gemeinsam den Schulalltag bewältigen. Stuttgart: Kohlhammer.

Neubauer, W. (1994): Interventionsstrategien bei Konflikten im schulischen Bereich. In: Psychologie in Erziehung und Unterricht, 41 (1), 59–65.

Neubauer, W., Gampe, H. & Knapp, R. (1992): Konflikte in der Schule. Möglichkeiten und Grenzen kooperativer Entscheidungsfindung. 4., vollst. überarb. Aufl., Neuwied/Darmstadt: Luchterhand.

Neuweg, G.H. (2001): Könnerschaft und implizites Wissen. Zur lehr-lerntheoretischen Bedeutung der Erkenntnis- und Wissenstheorie Michael Polanyis. Münster: Waxmann.

Oevermann, U. (1996): Theoretische Skizze einer revidierten Theorie professionalisierten Handelns. In: A. Combe & W. Helsper (Hrsg.), Pädagogische Professionalität. Untersuchungen zum Typus pädagogischen Handelns, 70–182. Frankfurt a.M.: Suhrkamp.

Oliver, R., Wehby, J. & Reschly, D. (2011): Teacher classroom management practices: Effects on disruptive or aggressive student behavior. In: Campbell Systematic Reviews 2011, 4.

Ophardt, D. (2006): Professionelle Orientierungen von Lehrerinnen und Lehrern unter den Bedingungen einer Infragestellung der Vermittlungsfunktion. Eine qualitativ-rekonstruktive Studie an einer Hauptschule im Reformprozess (Dissertation, Fachbereich Erziehungswissenschaft und Psychologie, FU Berlin, Berlin, Deutschland). Verfügbar unter: http://www.diss.fu-berlin.de/2006/509.

Ophardt, D. & Thiel, F. (2007): Klassenmanagement als professionelle Gestaltungsleistung. Methodische Überlegungen zur Rekonstruktion von Handlungsmustern des Klassenmanagements anhand von Unterrichtsvideographierungen. In: D. Lemmermöhle, M. Rothgangel, S. Bögeholz, M. Hasselhorn & R. Watermann (Hrsg.), Professionell lehren – erfolgreich lernen, 133–145. Münster: Waxmann.

Ophardt, D. & Thiel, F. (2008): Klassenmanagement als Basisdimension der Unterrichtsqualität. In: M.K.W. Schweer (Hrsg.), Lehrer-Schüler-Interaktion. Inhaltsfelder, Forschungsperspektiven und methodische Zugänge, 259–284. Wiesbaden: Verlag für Sozialwissenschaften.

Parsons, T. (1939): The Professions and Social Structures. In: Social Forces, 17 (4), 457–467.

Parsons, T. (1968): Sozialstruktur und Persönlichkeit. Frankfurt a.M.: EVA. (Orig. 1964).

Patterson, G.R. (1980): Mothers: the unacknowledged victims. In: Monographs of the Society for Research on Child Development, 45 (5) (Serial No. 186), 1–64.

Piwowar, V. (im Druck): Konstruktion und Validierung eines Beobachter- und eines Schülerfragebogens zur Beurteilung des Klassenmanagements von Lehrkräften in der Sekundarstufe 1.

Piwowar, V., Thiel, F. & Ophardt, D. (im Druck): Training inservice teachers' classroom management.

Putnam, R.T. & Borko, H. (2000): What do new views of knowledge and thinking have to say about research on teacher learning? In: Educational Researcher, 29 (1), 4–15.

Reißig, B. & Gaupp, N. (2007): Hauptschüler: Schwierige Übergänge in den Beruf. In: Zeitschrift aus Politik und Zeitgeschichte, 28, 10–17.

Reusser, K., Pauli, C. & Elmer, A. (2011): Berufsbezogene Überzeugungen von Lehrerinnen und Lehrern. In: E. Terhart, H. Bennewitz & M. Rothland (Hrsg.), Handbuch der Forschung zum Lehrerberuf, 478–496. Münster: Waxmann.

Rheinberg, F. (2008): Motivation. Stuttgart: Kohlhammer.

Robinson, S.L. & Ricord Griesemer, S.M. (2006): Helping individual students with problem behavior. In: C.M. Evertson, & C.S. Weinstein (Hrsg.), Handbook of classroom management. Research, Practice and Contemporary Issues, 787–802. Mahwah, NJ: Lawrence Erlbaum Associates.

Rosebery, A. (2005): What are we going to do next? Lesson planning as a resource for teaching. In: R. Nemirovsky, A. Rosebery, J. Solomon & B. Warren (Hrsg.), Everyday matters in science and mathematics, 299–327. Mahwah, NJ: Lawrence Erlbaum Associates.

Salmivalli, C., Lagerspetz, K., Björqvist, K., Österman, K. & Kaukiainen, A. (1996): Bullying as a group process: Participant roles and their relations to social status within the group. In: Aggressive Behavior, 22 (1), 1–15.

Schäfer, M. & Korn, S. (2004): Mobbing in der Schule. In: Deutsches Kinderhilfswerk e.V. (Hrsg.), Kinderreport Deutschland 2004, 275–286. München: kopaed.

Schiefele, U. & Köller, O. (1998): Intrinsische und extrinsische Motivation. In: D.H. Rost (Hrsg.), Handwörterbuch Pädagogische Psychologie, 193–197. Weinheim: Beltz/PVU.

Schraw, G. (2006): Knowledge: Structures and processes. In: P.A. Alexander & P.H. Winne (Hrsg.), Handbook of educational psychology, 245–263. Mahwah, NJ: Erlbaum.

Schön, D. (1983): The Reflective Practitioner. How Professionals Think in Action. New York: Basic Books.

Schön, D. (1987): Educating the Reflective Practitioner. Toward a New Design of Teaching and Learning in the Professions. San Francisco: Jossey-Bass Publishers.

Schulz von Thun, F. (1981): Miteinander reden: Störungen und Klärungen. Psychologie der zwischenmenschlichen Kommunikation. Rowohlt: Reinbek.

Shavelson, R.J., Hubner, J.J. & Stanton, G.C. (1976): Self-concept: Validation of construct interpretations. In: Review of Educational Research, 46 (3), 407–441.

Simons, P. (1992): Lernen, selbstständig zu lernen – ein Rahmenmodell. In: H. Mandl & H.F. Friedrich (Hrsg.), Lern- und Denkstrategien – Analyse und Intervention, 251–264. Göttingen: Hogrefe.

Simons, P. & Ruijters, M. (2004): Learning Professionals: Towards an integrated model. In: H. Boshuizen, R. Bromme & H. Gruber (Hrsg.), Professional Learning: Gaps and Transitions on the way from novice to expert, 207–229. Dordrecht: Kluwer Academic Publishers.

Slavin, R. (1995): Cooperative Learning: Theory, Research and Practice. 2. Aufl., Englewood Cliffs, NJ: Prentice-Hall.

Staub, F. (2004): Fachspezifisch-Pädagogisches Coaching: Ein Beispiel zur Entwicklung von Lehrerfortbildung und Unterrichtskompetenz als Kooperation. In: Zeitschrift für Erziehungswissenschaft, 7 (Beiheft 3), 113–141.

Stough, L.M. (2006): The place of classroom management and standards in teacher education. In: C.M. Evertson & C.S. Weinstein (Hrsg), Handbook of classroom management. Research, practice and contemporary issues, 909–923. Mahwah, NJ: Lawrence Erlbaum Associates.

Superfine, B.M. (2008): The Courts and Standards-Based Education Reform. New York: Oxford University Press.

Thiel, F. (2007): Profession als Lebensform. Entwürfe des neuen Lehrers nach 1900. In: Zeitschrift für Pädagogik, 1, 74–91.

Thiel, F., Richter, S. & Ophardt, D. (im Druck): Steuerung von Übergängen in Unterricht mit hoher Störungsanfälligkeit. Eine Experten-Novizen Studie zum Klassenmanagement. In: Zeitschrift für Erziehungswissenschaft.

Tillmann, K.-J. (2000): Sozialisationstheorien. Eine Einführung in den Zusammenhang von Gesellschaft, Institution und Subjektwerdung. Reinbek: Rowohlt.

Trautmann, M. & Wischer, B. (2010): Die Formulierung eigener Beobachtungsschwerpunkte für das Feedback – eine nicht zu unterschätzende Herausforderung. In: M. Trautmann & J. Sacher (Hrsg.), Unterrichtsentwicklung durch Videofeedback. Besser kommunizieren lernen, 127–141. Göttingen: Vandenhoeck & Ruprecht.

Treiber, B. (1982): Lehr- und Lernzeiten im Unterricht. In: B. Treiber & F.E. Weinert (Hrsg.), Lehr-Lern-Forschung, 12–36. München: Urban & Schwarzenberg.

Tuckman, B.W. (1965): Developmental sequences in small groups. In: Psychological Bulletin, 63 (6), 348–399.

Ulich, K. (2001): Einführung in die Sozialpsychologie der Schule. Weinheim/Basel: Beltz Verlag.

Vandevoort, L., Beardsley, A. & Berliner, D.C. (2004): National Board Certified Teachers and their students' achievement. In: Education Policy Analysis Archives, 12 (46), 1–117.

Veenman, S. (1984): Perceived problems of beginning teachers. In: Review of Educational Research, 54 (2), 143–178.

Van Es, E.A. & Sherin, M.G. (2010): The Influence of video clubs on teachers' thinking and practice. In: Journal of Mathematics Teacher Education, 13, 155–176.

Voss, T., Kunter, M. & Baumert, J. (2011): Assessing teacher candidates' general pedagogical and psychological knowledge: Test construction and validation. In: Journal of Educational Psychology, 103 (4), 952–969.

Wahl, D. (1991): Handeln unter Druck: der weite Weg vom Wissen zum Handeln bei Lehrern, Hochschullehrern und Erwachsenenbildnern. Weinheim: Deutscher Studienverlag.

Wahl, D. (2001): Nachhaltige Wege vom Wissen zum Handeln. In: Beiträge zur Lehrerbildung, 19 (2), 157–174.

Wahl, D. (2002): Mit Training vom trägen Wissen zum kompetenten Handeln? In: Zeitschrift für Pädagogik, 48 (2), 227–241.

Wang, M.C., Haertel, G.D. & Walberg, H.J. (1993): Toward a knowledge base for school learning. In: Review of Educational Research, 63 (3), 249–294.

Walberg, H.J. (1990): Productive Teaching and Instruction: Assessing the Knowledge Base. In: Phi Delta Kappa International, 71 (6), 470–478.

Walker, H.M., Ramsey, E. & Gresham, F.M. (2004): Antisocial behaviour in school: strategies and best practices. 2. Aufl., Pacific Grove, CA: Brooks Cole.

Watzlawick, P., Beavin, J.H. & Jackson, D.D. (1969): Menschliche Kommunikation – Formen, Störungen, Paradoxien. Huber: Bern.

Weinstein, C.S. (1998): »I want to be nice, but I have to be mean«: Exploring prospective teachers' conceptions of caring and order. In: Teaching and Teacher Education, 14 (2), 153–163.

Westerman, D.A. (1991): Expert and novice teacher decision making. In: Journal of Teacher Education, 42 (4), 292–305.

Wild, E., Hofer, M. & Pekrun, R. (2001): Psychologie des Lernens. In: A. Krapp & B. Weidemann (Hrsg.), Pädagogische Psychologie, 207–270. 4. Aufl., Weinheim: Beltz.

Winne, P.H. & Butler, D.L. (1994): Student cognitive processing and learning. In: T. Husen & T.N. Postlethwaite (Hrsg.), The international encyclopedia of education, 5739–5745. 2. Aufl., Oxford, UK: Pergamon.

Woolfolk, A. (2008): Pädagogische Psychologie. 10. Auflage – bearbeitet und übersetzt von Prof. Dr. Ute Schönpflug. München: Pearson Studium.

Yinger, R.J. (1980): A Study of Teacher Planning. In: Elementary School Journal, 80 (3), 107–127.

Yinger, R.J. (1987): By the seat of your pants. An inquiry into improvisation and teaching. Paper presentation at the annual meetings of the American Educational Research Association, Washington, DC.

Anhang A

Der KODEK-Schülerfragebogen zur Erfassung von Kompetenzen des Klassenmanagements

Valentina Piwowar

Vorbemerkung

Der folgende Schülerfragebogen wurde von Valentina Piwowar im Rahmen des Forschungsprojekts »KODEK – Kompetenzen des Klassenmanagements« an der Freien Universität Berlin entwickelt und steht zur freien Verfügung. Weitere Angaben zur Konstruktion des Fragebogens finden Sie im Kapitel 8.4 sowie bei Piwowar (im Druck). Zusätzliche Angaben zum Verfahren des Schülerfeedbacks erhalten Sie im Kapitel 8.5. Die hier abgedruckte Variante ist für die Befragung zu einer männlichen Lehrkraft gedacht. Beide Fragebogenvarianten (weiblich/männlich), genaue Skalen-Kennwerte sowie weitere Hinweise zur Auswertung und Aufbereitung der Ergebnisse finden Sie online unter www.ewi-psy.fu-berlin.de/kodek.

Freie Universität Berlin

Kompetenzen des Klassenmanagements

Schülerfragebogen

Liebe Schülerin, lieber Schüler!

In diesem Fragebogen geht es um den Unterricht Deines Lehrers.

Es geht um Deine persönliche Meinung. Es gibt hier keine richtigen oder falschen Antworten!

Die Befragung ist anonym, das heißt: Dein Name wird nirgends erfasst. Es wird also niemand erfahren, was Du persönlich geantwortet hast.

Schreibe deshalb bitte ***nicht*** Deinen Namen auf den Fragebogen.

Hinweise zum Ausfüllen des Fragebogens

Lies bitte jede Frage sorgfältig durch! Wähle die Antwort aus, die Deiner Meinung am ehesten entspricht.

	stimmt gar nicht	**stimmt eher nicht**	**stimmt eher**	**stimmt genau**
Ich treibe gern Sport.	☐	☐	☐	☒

Wenn Du der Meinung bist, dass die Aussage „Dieser Lehrer achtet darauf, dass alle mitarbeiten" für Deinen Lehrer genau zutrifft, dann kreuze bitte wie in dem Beispiel das Kästchen im vierten Feld an.

Bitte kreuze ***für jede Aussage nur ein Kästchen*** an!

Möchtest Du Deine Antwort noch einmal ändern, kennzeichne die neue Antwort bitte durch ein eingekreistes Kreuz wie im unten stehenden Beispiel.

Ich treibe gern Sport.	☐	☐	(☒)	☒

Du hast z. B. zuerst *„stimmt genau"* angekreuzt, möchtest Dein Kreuz aber ändern und *„stimmt eher"* ankreuzen.

Wenn Du Dir nicht ganz sicher bist, was Du ankreuzen sollst, wähle die Antwort, der Du am ehesten zustimmen kannst.

Wenn Du noch Fragen hast, melde Dich bitte jetzt.

Viel Spaß beim Ausfüllen des Fragebogens!

Angaben zu Deiner Person

1. Wie alt bist Du? _____ Jahre

2. Bist Du ein Junge oder ein Mädchen? ☐ Junge ☐ Mädchen

Fragen zum Unterricht bei Deinem Lehrer

	stimmt gar nicht	stimmt eher nicht	stimmt eher	stimmt genau
Störungen im Unterricht				
3. Bei diesem Lehrer können wir im Unterricht ungestört arbeiten.	☐	☐	☐	☐
4. Bei diesem Lehrer ist unsere Klasse während des Unterrichts aufmerksam und konzentriert.	☐	☐	☐	☐
5. Dieser Lehrer muss im Unterricht ständig Schüler ermahnen.	☐	☐	☐	☐
6. Bei diesem Lehrer wird der Unterricht oft sehr gestört.	☐	☐	☐	☐
Regeln, die im Unterricht gelten				
7. Bei diesem Lehrer ist klar, was man machen darf und was nicht.	☐	☐	☐	☐
8. Bei diesem Lehrer sind die Regeln, die man einhalten muss, allen bekannt.	☐	☐	☐	☐
9. Bei diesem Lehrer ist uns Schülern klar, warum bestimmte Regeln wichtig sind.	☐	☐	☐	☐
10. Dieser Lehrer hat uns klar gemacht, wie wir miteinander umgehen sollten.	☐	☐	☐	☐
Mitarbeit der Schüler im Unterricht				
11. Bei diesem Lehrer nimmt meist die *gesamte* Klasse aufmerksam am Unterrichtsgeschehen teil.	☐	☐	☐	☐
12. Wenn ich bei diesem Lehrer eine Aufgabe nicht bearbeite, fällt das gar nicht auf.	☐	☐	☐	☐
13. Dieser Lehrer sorgt dafür, dass alle etwas zu tun haben.	☐	☐	☐	☐
14. Bei diesem Lehrer arbeiten immer nur einige wenige Schüler mit.	☐	☐	☐	☐
Klare Aufgaben und logische Reihenfolge				
15. Bei diesem Lehrer frage ich mich oft, was zu tun ist.	☐	☐	☐	☐

	stimmt gar nicht	stimmt eher nicht	stimmt eher	stimmt genau
16. Bei diesem Lehrer weiß ich oft gar nicht, wo wir im Stoff gerade sind.	☐	☐	☐	☐
17. Bei diesem Lehrer sind die Aufgaben immer ganz klar.	☐	☐	☐	☐
18. Dieser Lehrer geht im Unterricht in einer logischen Reihenfolge vor.	☐	☐	☐	☐
Umgang des Lehrers mit Störungen				
19. Dieser Lehrer reagiert angemessen auf Störungen (also nicht zu streng und nicht zu mild).	☐	☐	☐	☐
20. Dieser Lehrer beendet Störungen von Schülern schnell und ohne Diskussion.	☐	☐	☐	☐
21. Diesem Lehrer gelingt es, Störungen schnell zu beenden.	☐	☐	☐	☐
22. Dieser Lehrer reagiert so auf Störungen, dass die Schüler aufhören zu stören.	☐	☐	☐	☐
23. Dieser Lehrer reagiert auf störende Schüler oft gar nicht und es wird dann nur noch schlimmer.	☐	☐	☐	☐
Zeitsparende und reibungslose Abläufe im Unterricht				
24. Bei diesem Lehrer nehmen Übergänge von einem Unterrichtsabschnitt zum nächsten (z. B. vom Klassengespräch zur Stillarbeit) oft viel Zeit in Anspruch.	☐	☐	☐	☐
25. Bei diesem Lehrer dauert es zu Beginn der Stunde sehr lange, bis die Schüler ruhig werden und zu arbeiten beginnen.	☐	☐	☐	☐
26. Bei diesem Lehrer sind wichtige Abläufe so gut eingeübt, dass kaum Zeit verloren geht (z. B. bei Gruppenarbeit, am Beginn der Stunde oder beim Verteilen von Arbeitsblättern).	☐	☐	☐	☐
27. Wenn Hilfsmaterialien beschafft werden, entsteht viel Unruhe.	☐	☐	☐	☐
Wachsamkeit des Lehrers				
28. Dieser Lehrer ist oft so auf den Stoff konzentriert, dass er Störungen gar nicht bemerkt.	☐	☐	☐	☐
29. Dieser Lehrer bemerkt nicht, wenn sich Schüler mit etwas anderem beschäftigen.	☐	☐	☐	☐
30. Dieser Lehrer merkt sofort, wenn Schüler beginnen, sich mit etwas anderem zu beschäftigen.	☐	☐	☐	☐
31. Dieser Lehrer merkt, was beim Rest der Klasse vorgeht, auch wenn er mit einzelnen Schülern beschäftigt ist.	☐	☐	☐	☐

	stimmt gar nicht	stimmt eher nicht	stimmt eher	stimmt genau
Zeitverschwendung im Unterricht				
32. Dieser Lehrer behält die Zeit im Blick.	☐	☐	☐	☐
33. Dieser Lehrer wird mit dem Stoff, den er in einer Unterrichtsstunde behandeln will, oft nicht fertig.	☐	☐	☐	☐
34. Dieser Lehrer kann die Zeit, die wir für die Bearbeitung von Aufgaben brauchen, meistens richtig einschätzen.	☐	☐	☐	☐
35. Bei diesem Lehrer wird im Unterricht viel Zeit vertrödelt.	☐	☐	☐	☐
Unterstützung bei Schülerkonflikten				
36. Dieser Lehrer hilft uns, Konflikte zu klären.	☐	☐	☐	☐
37. Dieser Lehrer hört sich bei Streit zwischen Schülern beide Seiten an.	☐	☐	☐	☐
38. Dieser Lehrer hilft uns, Streit untereinander zu schlichten.	☐	☐	☐	☐
39. Diesem Lehrer gelingt es, Auseinandersetzungen unter den Schülern fair zu klären.	☐	☐	☐	☐
Lehrer-Schüler-Beziehung				
40. Dieser Lehrer schafft es, dass sich seine Schüler freiwillig anstrengen.	☐	☐	☐	☐
41. Dieser Lehrer verhält sich uns gegenüber fair.	☐	☐	☐	☐
42. Dieser Lehrer hat eine gute Beziehung zu den Schülern.	☐	☐	☐	☐
43. Diesem Lehrer ist es sehr wichtig, dass wir etwas lernen.	☐	☐	☐	☐
44. Mit diesem Lehrer macht das Lernen Spaß.	☐	☐	☐	☐

Vielen Dank für Deine Unterstützung!

Anhang B

Der KODEK-Beobachterfragebogen zur Erfassung von Kompetenzen des Klassenmanagements

Valentina Piwowar

Vorbemerkung

Der folgende Beobachterfragebogen wurde von Valentina Piwowar im Rahmen des Forschungsprojekts »KODEK – Kompetenzen des Klassenmanagements« an der Freien Universität Berlin entwickelt und steht zur freien Verfügung. Weitere Angaben zur Konstruktion des Fragebogens finden Sie im Kapitel 8.4 sowie bei Piwowar (im Druck). Den Fragebogen, Angaben zu Skalen-Kennwerten sowie weitere Hinweise zur Auswertung und Aufbereitung der Ergebnisse erhalten Sie online unter www.ewi-psy.fu-berlin.de/kodek.

Kompetenzen des Klassenmanagements

Beobachterfragebogen

Datum	Schule	Beobachter (Nachname)
Klasse (z. B. *7a*)	Unterrichtsstunde (z. B. *1. Stunde*)	Unterrichtsfach

Die Indikatoren beschreiben für jedes Item eine Situation, bei deren Beobachtung maximale Zustimmung, also 6, anzukreuzen ist. Je nachdem, wie stark der beobachtete Unterricht von der beschriebenen Situation negativ abweicht, ist eine geringere Ausprägung anzukreuzen.

<u>Antwortoptionen:</u> 1–3 sind in der Tendenz ablehnende, 4–6 sind zustimmende Beurteilungen.

1 – trifft überhaupt nicht zu

2 – trifft überwiegend nicht zu

3 – trifft tendenziell nicht zu (eher nicht zutreffend als zutreffend)

4 – trifft tendenziell zu (eher zutreffend als nicht zutreffend)

5 – trifft überwiegend zu

6 – trifft absolut zu

Nicht beobachtbar – Merkmal kann nach der beobachteten Stunde nicht bewertet werden.

	Trifft überhaupt nicht zu	Trifft überwiegend nicht zu	Trifft tendenziell nicht zu	Trifft tendenziell zu	Trifft überwiegend zu	Trifft absolut zu	**Nicht beobachtbar**
Störungsausmaß							
Der Unterricht wird massiv gestört.	1	2	3	4	5	6	☐
In der Klasse ist es so laut, dass die Lehrkraft manchmal Mühe hat, sich Gehör zu verschaffen. / Es herrscht eine ständige Unruhe in der Klasse. / Bei diesem Lärmpegel ist es schwer möglich, sich zu konzentrieren.							
Der Unterricht verläuft nahezu störungsfrei.	1	2	3	4	5	6	☐
Der Unterricht läuft ruhig und geordnet ab. / Störungen treten sehr selten auf. / Wenn kleinere Störungen auftreten, behindern sie den Unterricht nicht.							

	Trifft überhaupt nicht zu	Trifft überwiegend nicht zu	Trifft tendenziell nicht zu	Trifft tendenziell zu	Trifft überwiegend zu	Trifft absolut zu	Nicht beobachtbar
Die Lehrkraft ist ständig damit beschäftigt, auf Störungen zu reagieren.	1	2	3	4	5	6	☐
Die Lehrkraft weist einzelne Schülerinnen und Schüler häufig zurecht. / Die Lehrkraft ermahnt die Schülerinnen und Schüler sehr oft. / Der Unterrichtsfluss wird immer wieder durch Zurechtweisungen unterbrochen.							
Störungsintervention							
Der Lehrkraft gelingt es, auftretende Störungen rasch und effizient zu unterbinden.	1	2	3	4	5	6	☐
Wenn Störungen auftreten, beendet sie die Lehrkraft effizient (d. h. die Störung tritt nicht wiederholt auf oder zieht weitere Störungen nach sich). / Wenn Störungen auftreten, beendet die Lehrkraft sie so, dass wenig Unterrichtszeit verloren geht.							
Zurechtweisungen bei Störungen sind angemessen.	1	2	3	4	5	6	☐
Die Lehrkraft ist bei Zurechtweisungen freundlich und bestimmt. / Die Lehrkraft zeigt keine Überreaktion bei Störungen (reagiert nicht zu hart). / Kleinere Störungen beendet die Lehrkraft unauffällig, ohne großes Aufheben zu machen (z. B. mit Blickkontakt, Gesten …). / Über kleinere Störungen geht die Lehrkraft hinweg, wenn kein Risiko einer Ausbreitung besteht.							
Regelarbeit							
In der Klasse gelten klare Verhaltensregeln.	1	2	3	4	5	6	☐
Allgemeine Regeln (wie respektvoller Umgang, Pünktlichkeit) werden eingehalten. / Die Schülerinnen und Schüler wissen genau, was erlaubt ist und was nicht. / Bei unerwünschtem Verhalten genügt es oft, die Schülerin/den Schüler kurz an die Regel zu erinnern. / Die Schülerinnen und Schüler versuchen nicht, bei Sanktionen zu diskutieren. / Eingesetzte Sanktionen sind angemessen und konsequent.							
Klarheit des Handlungsprogramms							
Das Vorgehen der Lehrkraft ist klar und strukturiert.	1	2	3	4	5	6	☐
Der Ablauf der Stunde wird zu Beginn verdeutlicht. / Der Stundenaufbau ist auch für den Beobachter klar und nachvollziehbar. / Wichtige Zwischenschritte werden zusammengefasst. / Die Schülerinnen und Schüler haben den roten Faden immer vor Augen.							
Die Lehrkraft formuliert Aufgaben so, dass die Schüler genau wissen, was zu tun ist.	1	2	3	4	5	6	☐
Die Anweisungen der Lehrkraft zur Bearbeitung der Aufgaben sind eindeutig. / Den Schülerinnen und Schülern ist klar, was sie in welcher Reihenfolge tun sollen. / Es gibt keine Nachfragen zum Verständnis der Aufgaben. / Es gibt keine Unklarheiten bei der Bearbeitung der Aufgaben.							

	Trifft überhaupt nicht zu	Trifft überwiegend nicht zu	Trifft tendenziell nicht zu	Trifft tendenziell zu	Trifft überwiegend zu	Trifft absolut zu	**Nicht beobachtbar**
	Trifft überhaupt nicht zu	Trifft überwiegend nicht zu	Trifft tendenziell nicht zu	Trifft tendenziell zu	Trifft überwiegend zu	Trifft absolut zu	**Nicht beobach tbar**
Zeitmanagement							
Die Unterrichtszeit wird effektiv genutzt.	1	2	3	4	5	6	☐
Die Stunde beginnt ohne Verzögerung. / Die Stunde endet nicht frühzeitig. / Die Lehrkraft verhindert Wartezeiten, treibt die Stunde konsequent voran, bleibt beim Thema. / Im Unterricht wird wenig Zeit mit Dingen vertrödelt, die auch vor oder nach dem Unterricht erledigt werden könnten. / Die Lehrkraft ist die ganze Stunde engagiert bei der Sache und lässt sich nicht vom Gegenstand ablenken. / Das Voranschreiten im Stoff wird nicht durch die Thematisierung von Nebensächlichkeiten behindert.							
Die Lehrkraft schreitet in angemessenem Tempo (nicht zu zügig und nicht zu langsam) durch den Stoff.	1	2	3	4	5	6	☐
Es entstehen keine größeren Leerläufe. / Es entsteht nicht der Eindruck, dass die Schülerinnen und Schüler im Unterricht nicht hinterherkommen. / Die zur Verfügung gestellte Zeit zur Bearbeitung von Aufgaben erscheint angemessen (d. h. es entsteht weder Leerlauf noch geraten Schülerinnen und Schüler unter Zeitdruck oder werden mit den Aufgaben nicht fertig).							
Das, was die Lehrkraft sich für die Stunde vorgenommen hatte, wird in der Stunde auch erreicht.	1	2	3	4	5	6	☐
Die Lehrkraft gerät am Ende der Stunde nicht unter Zeitdruck. / Die Lehrkraft muss die Stunde nicht überziehen, um sie abzuschließen. / Man hat nicht den Eindruck, dass in dieser Stunde Wichtiges unerledigt geblieben ist.							
Prozeduren							
Regelmäßig wiederkehrende Abläufe verlaufen flüssig und ohne Zeitverlust.	1	2	3	4	5	6	☐
In regelmäßig wiederkehrenden Situationen (z. B. Verstauen des Materials am Ende der Stunde, Formieren von Tischgruppen für Gruppenarbeit) weiß jede/jeder was sie/er zu tun hat. / Bestimmte „Rituale", z. B. Anwesenheitskontrolle, Austeilen von Arbeitsblättern, Abfragen von Hausaufgaben gehen geordnet und zügig vonstatten. / Die Lehrkraft hat Prozeduren in der Klasse etabliert.							
Übergänge zwischen einzelnen Unterrichtsphasen laufen routiniert ab.	1	2	3	4	5	6	☐
Übergänge zwischen einzelnen Unterrichtsphasen (z. B. zwischen Gruppenarbeit und anschließendem Klassengespräch) laufen rasch und zügig ab – die Lehrkraft kann sich auf die inhaltlichen Anweisungen konzentrieren. / In Übergangssituationen entsteht keine Unruhe. / Übergänge nehmen nicht viel Zeit in Anspruch. / Bei Übergängen entstehen keine unnötigen Wartezeiten für die Klasse oder einzelne Schülerinnen und Schüler.							

	Trifft überhaupt nicht zu	Trifft überwiegend nicht zu	Trifft tendenziell nicht zu	Trifft tendenziell zu	Trifft überwiegend zu	Trifft absolut zu	**Nicht beobachtbar**
Monitoring							
Die Lehrkraft bekommt alles mit, was in der Klasse vor sich geht.	1	2	3	4	5	6	☐
Auch entfernte Störmanöver werden von der Lehrkraft bemerkt. / Die Lehrkraft registriert auch das Schwatzen oder die Unaufmerksamkeit der Schülerinnen und Schüler, die sich nicht in ihrem unmittelbaren Umfeld befinden. / Auch wenn die Lehrkraft der Klasse den Rücken zuwendet, entsteht keine Unruhe. / Auch wenn die Lehrkraft sich kurzzeitig mit einem Schüler oder einer Gruppe beschäftigt, verliert sie den Rest der Klasse nicht aus dem Blick.							
Schüleraktivierung							
Die Lehrkraft bindet *alle* Schülerinnen und Schüler aktiv in das Unterrichtsgeschehen ein.	1	2	3	4	5	6	☐
Die Lehrkraft macht nicht nur mit einigen Schülerinnen und Schülern Unterricht, während der Rest der Klasse unbeschäftigt ist. / Die Lehrkraft aktiviert alle Schülerinnen und Schüler mit ihren Fragen. / Die Lehrkraft sorgt dafür, dass unbeteiligte oder abgelenkte Schülerinnen und Schüler in den Unterricht eingebunden werden (in Unterrichtsgesprächen werden z. B. auch Schülerinnen und Schüler aufgerufen, die sich nicht melden.)							
Die Lehrkraft macht deutlich, dass sie eine aktive und engagierte Bearbeitung der Aufgaben von jedem Einzelnen bzw. jeder Einzelnen erwartet.	1	2	3	4	5	6	☐
Ergebnisse von Einzel- oder Gruppenaufgaben werden immer besprochen oder eingesammelt. / Die Schülerinnen und Schüler wissen, dass zu jederzeit des Unterrichts eine Aktivität von ihnen gefordert werden könnte (Ergebnisse vorlesen, Fragen beantworten, Ansagen mitschreiben). / Die Lehrkraft achtet darauf, dass jede Schülerin und jeder Schüler ihre/seine Aufgaben konzentriert bearbeitet (z. B. durch Herumgehen). / Die Lehrkraft reagiert sofort, wenn einzelne Schülerinnen oder Schüler eine Aufgabe nicht bearbeiten (gibt Hilfestellungen, motiviert zur Weiterarbeit).							
Arbeitsbündnis / Unterrichtsklima							
Es herrscht ein lernfreundliches Unterrichtsklima.	1	2	3	4	5	6	☐
Die Schülerinnen und Schüler haben Freude am Lernen. / Anstrengung erfährt grundsätzlich Wertschätzung. / Die Schülerinnen und Schüler reagieren nicht unwillig auf die Aufträge/Aufgaben der Lehrkraft. / Mit Fehlern und Misserfolgen geht die Lehrkraft so um, dass der Selbstwert der betroffenen Schüler möglichst wenig beeinträchtigt wird. / Der Lehrkraft vermittelt, dass es ihr wichtig ist, dass die Schülerinnen und Schüler etwas lernen. / Die Lehrkraft ist freundlich. / Die Lehrkraft signalisiert den Schülerinnen und Schülern Wertschätzung und Akzeptanz.							

Anhang C

Checkliste zum KODEK-Videozirkel mit »Prinzipien des Klassenmanagements«

Diemut Ophardt

Vorbemerkung

Die folgende Checkliste zu Prinzipien des Klassenmanagements wurde im Rahmen des Forschungsprojekts »KODEK – Kompetenzen des Klassenmanagements« an der Freien Universität Berlin entwickelt. Weitere Angaben zum Einsatz der Checkliste erhalten Sie im Kapitel 8.4. Sie finden die Checkliste auch unter www.ewi-psy.fu-berlin.de/kodek.

KODEK-Videozirkel: Checkliste mit »Prinzipien des Klassenmanagements«

Mit Verhaltensnormen arbeiten

- Allgemeine Normen thematisieren
- Regeln für Lernen thematisieren
- Verstöße gegen Normen und Regeln angemessen und konsequent sanktionieren
- Funktionale Interaktionsskripte (Rituale) für wiederkehrende Abläufe einsetzen

Das Arbeitsbündnis stärken

- Freundlich und respektvoll mit den Schüler(innen) umgehen
- Positiv verstärken (loben)
- die Erwartung an eine aktive Mitwirkung deutlich machen
- Zurechtweisungen auf konkrete Verhaltensaspekte konzentrieren
- Eigene Affekte kontrollieren, Provokationen ignorieren

Den Handlungsvektor stärken und schützen

- Klare, eindeutige Handlungsprogramme konzipieren
- Das Handlungsprogramm für alle klar verständlich machen
- Alle Schüler(innen) in das Unterrichtsgeschehen einbinden
- Präsent für die ganze Klasse sein (Blickkontakt, Position wechseln)
- Fokussierung auf Handlungsvektor (Abschweifungen vermeiden)
- Für Signalkontinuität sorgen (Leerläufe vermeiden)
- Erwünschtes Verhalten positiv verstärken

- Einzelinterventionen auslagern (hingehen, leise sprechen)
- Sekundäre Handlungsvektoren strategisch ignorieren
- Minimal intervenieren (physische Nähe, Gesten, Blickkontakt usw.)

Sekundäre Handlungsvektoren schwächen

- Kurze, klare Zurechtweisungen aussprechen
- Verhaltenserwartungen klar formulieren
- Konsequenzen ankündigen, Wahlmöglichkeiten eröffnen
- Zeit für Selbstregulation einräumen (kurze Ansagen, weggehen)
- Positives Verhalten verstärken

Mit Konflikten im Unterricht umgehen

- Trennung des Konflikts vom Handlungsvektor
- Handlungsprogramm für die anderen Schüler deutlich machen
- Problem und Verhaltenserwartung klar und durchsetzungsfähig formulieren
- Empathie ausdrücken
- Eigene Affekte kontrollieren
- Vereinbarte Regeln thematisieren
- Konsequenzen formulieren und Wahlmöglichkeiten eröffnen
- Die Konfliktbearbeitung auf einen anderen Zeitpunkt verschieben
- Handlungsvektor immer wieder stärken
- Konsequent und fair sanktionieren

Sachregister

N

O

P

Q

R

S